国家文化产业资金支持媒体融合重大项目

高等职业教育会计专业富媒体智能型·工学结合系列教材

刘金星　编著

管理会计实训与案例

（第二版）

Practice and Case of Management Accounting

东北财经大学出版社
Dongbei University of Finance & Economics Press
大连

图书在版编目（CIP）数据

管理会计实训与案例 / 刘金星编著. —2版. —大连：东北财经大学出版社，2020.6（2021.6重印）
（高等职业教育会计专业富媒体智能型·工学结合系列教材）
ISBN 978-7-5654-3841-7

Ⅰ. 管… Ⅱ. 刘… Ⅲ. 管理会计-高等职业教育-教材 Ⅳ. F234.3

中国版本图书馆CIP数据核字（2020）第056226号

东北财经大学出版社出版
（大连市黑石礁尖山街217号 邮政编码 116025）
网 址：http://www.dufep.cn
读者信箱：dufep@dufe.edu.cn
大连日升彩色印刷有限公司印刷 东北财经大学出版社发行
幅面尺寸：185mm×260mm 字数：317千字 印张：15 插页：1
2020年6月第2版 2021年6月第2次印刷
责任编辑：王天华 周 慧 责任校对：慧 心
封面设计：冀贵收 版式设计：原 皓
定价：32.00元

教学支持 售后服务 联系电话：（0411）84710309

如有印装质量问题，请联系营销部：（0411）84710711

第二版前言

本书是东北财经大学出版社《管理会计》（第二版）的同步配套教材。本书自2018年2月出版以来，深受会计、财务管理等专业师生的青睐，许多高职院校的相关专业都选用本书作为学生的辅助用书。

本书是以2016年6月22日财政部印发的《管理会计基本指引》、2017年9月29日财政部发布的《关于印发〈管理会计应用指引100号——战略管理〉等22项管理会计应用指引的通知》、2018年8月17日财政部发布的《关于印发〈管理会计应用指引第202号——零基预算〉等7项管理会计应用指引的通知》、2018年12月27日财政部发布的《关于印发〈管理会计应用指引第204号——作业预算〉等5项管理会计应用指引的通知》，以及最新会计准则为依据，设计实训与案例。

本书项目一至项目十三与主教材同步，每个项目包括“学习目的与要求”“重点、难点解析”“案例分析”“复习思考”“项目实训”等板块，结合案例着重对基础理论与实务操作进行介绍，注重反映其理论与方法的应用，借助案例分析，提高学生对理论的理解和实际操作能力。

为了提高读者对管理会计的实际应用能力，本书单独设计了“项目十四——管理会计案例”，选取了大量的企业真实案例进行分析、思考，以供大家借鉴。

本书第二版除了修改纰漏之处外，还增加了附录“管理会计技能大赛试题”。同时，为了便于学生自主学习，删除了书中的参考答案，改为以“二维码”的形式呈现。

本书在编写过程中引用了国内外管理会计相关的文献资料，在此表示衷心的感谢。由于作者水平有限，书中难免有疏漏之处，恳请广大读者批评指正。

编　者

2020年4月

目　录

项目一　管理会计认知 / 001

学习目的与要求 / 002
重点、难点解析 / 002
案例分析 / 006
复习思考 / 007
项目实训 / 007

项目二　成本习性 / 013

学习目的与要求 / 014
重点、难点解析 / 014
案例分析 / 018
复习思考 / 020
项目实训 / 020

项目三　变动成本法 / 026

学习目的与要求 / 027
重点、难点解析 / 027
案例分析 / 029
复习思考 / 030
项目实训 / 030

项目四　本量利分析 / 036

学习目的与要求 / 037
重点、难点解析 / 037
案例分析 / 039
复习思考 / 041
项目实训 / 041

项目五 经营预测分析 / 050
学习目的与要求 / 051
重点、难点解析 / 051
案例分析 / 053
复习思考 / 053
项目实训 / 054

项目六 短期经营决策分析 / 060
学习目的与要求 / 061
重点、难点解析 / 061
案例分析 / 064
复习思考 / 065
项目实训 / 065

项目七 长期投资决策分析 / 073
学习目的与要求 / 074
重点、难点解析 / 074
案例分析 / 077
复习思考 / 079
项目实训 / 079

项目八 全面预算 / 085
学习目的与要求 / 086
重点、难点解析 / 086
案例分析 / 087
复习思考 / 088
项目实训 / 088

项目九 标准成本系统 / 094
学习目的与要求 / 095
重点、难点解析 / 095
案例分析 / 097
复习思考 / 102
项目实训 / 102

项目十 责任会计 / 108
学习目的与要求 / 109
重点、难点解析 / 109
案例分析 / 110
复习思考 / 114
项目实训 / 114

项目十一 业绩评价 / 120
学习目的与要求 / 121
重点、难点解析 / 121
案例分析 / 123
复习思考 / 126
项目实训 / 127

项目十二 作业管理 / 130
学习目的与要求 / 131
重点、难点解析 / 131
案例分析 / 137
复习思考 / 139
项目实训 / 140

项目十三 战略管理会计 / 147
学习目的与要求 / 148
重点、难点解析 / 148
案例分析 / 151
复习思考 / 154
项目实训 / 154

项目十四 管理会计案例 / 159
案例一 兵装集团："四注重" 管理会计体系 / 160
案例二 京东集团：基于价值链的全方位成本管理 / 165
案例三 宝钢集团：建立 "四位一体" 的管理会计框架 / 169
案例四 海尔集团：打造 "人单合一" 模式，与关联方双赢 / 172
案例五 神华集团：预算管理的模型化之路 / 174
案例六 中航工业：管理会计体系化建设 / 178

案例七 长安汽车：作业成本法探索实践及成效 / 181
案例八 上汽集团：全面预算管理的应用 / 188
案例九 美的集团：采购供应链管控模式 / 191
案例十 许继集团：基于战略执行的全员绩效管理体系的构建 / 193

参考文献 / 198

附录 管理会计技能大赛试题 / 199

附表 / 224

项目一

管理会计认知

学习目的与要求

管理会计是会计学专业、管理学专业和其他相关经济学专业的一门重要的专业基础课程。它涵盖了管理会计的基本理论、基本概念和基本方法。本项目介绍了管理会计的形成与发展，管理会计的概念，管理会计与财务会计的关系，管理会计的特征、内容、职能、工作程序与信息质量要求，以及管理会计的理论进展与职业化发展。学习本项目，应重点掌握以下内容：

（1）管理会计的形成与发展；

（2）管理会计的概念；

（3）管理会计的内容、特征、职能、工作程序与信息质量要求；

（4）管理会计的理论进展与职业化发展。

重点、难点解析

一、管理会计的含义

管理会计是指在市场经济条件下，以强化企业内部经营管理、提高经济效益为最终目的，以现代企业经营活动及其价值表现为对象，通过对财务等信息的深加工和再利用，实现对经济过程的预测、决策、规划、控制、考核评价等职能的一个会计分支，是企业管理信息系统的重要组成部分。其本质既是一种侧重于在现代企业内部经营管理中直接发挥作用的会计，同时又是企业管理的重要组成部分。

我们可以从广义和狭义两个方面来理解和把握管理会计的内涵和实质。

广义的管理会计，是现代会计系统中区别于传统会计的分支，由直接体现预测、决策、规划、控制和责任考核评价等会计管理职能组成。目的是为管理层提供所需信息，有利于制定政策、计划等，对企业拟采用的备选方案做出决策。

狭义的管理会计又称微观管理会计，其核心内容为：（1）管理会计以企业为主体展开其管理活动；（2）管理会计是为企业管理者的管理目标服务的；（3）管理会计是一个信息系统。它侧重于在企业内部经营管理中直接发挥作用，因而也有人称其为内部经营管理会计。

通过上述管理会计的定义，我们可以看出，管理会计有以下三个方面的特征：

（1）管理会计的理论基础是现代管理科学。从管理会计的形成和发展看，管理科学对管理会计的形成和发展起到了推动作用。随着现代管理科学理论的发展，管理会计也不断地向前发展。

（2）管理会计的职能作用是在有限的资源上尽可能地提高经济效益。经济效益的提高不应以利润最大化为唯一目标，企业在重视利润的同时，应抓好企业的标准化管理、目标管理，落实好责任制。

（3）管理会计是一个以提供经济管理信息为主的会计信息系统。管理会计所提供的信息不仅能对一个企业过去的活动进行反映与监督，而且能对其现在及未来的经营活动进行预测、决策、规划，以及对其经营过程进行控制和考核。

二、管理会计与财务会计的关系

（一）管理会计与财务会计的联系

1.起源相同

管理会计与财务会计都是在传统会计中形成、发展和分离出来的两大基本内容，二者源于同一母体，共同构成了现代企业会计系统的有机整体。两者相互依存、相互制约、相互补充。

2.最终目标相同

财务会计为企业外部的投资人、债权人等如实了解企业的财务状况和经营成果提供咨询服务；而管理会计则为企业内部的管理者、决策者有效组织经营提供咨询服务。可见，二者的目标不是对立而是相通的，都是为企业的有关方面提供参谋、咨询服务。管理会计与财务会计共同服务于企业经济管理，最终目标都是提高企业经济效益，实现企业价值最大化。

3.基本信息相同

管理会计所需的许多资料来源于财务会计信息，其主要工作内容是对财务会计信息进行一系列特殊的深加工和再利用，因而受财务会计工作质量的约束；同时管理会计信息有时也使用一些与财务会计并不相同的方法来记录、分析和预测企业的经营状况。

4.服务对象交叉

虽然管理会计侧重于对企业内部经营管理提供服务，但管理会计的信息有时也对企业外部利益集团提供服务；同样，财务会计虽然侧重于对外提供信息服务，但财务会计信息对企业内部决策的影响也是至关重要的。财务会计提供的许多重要财务成本指标，如资金、成本、利润等，为企业的管理者特别是高层管理者所需要；而管理会计提供的许多重要经济信息，同样也为企业外部的投资人、债权人所需要。财务会计有时把一些原属于管理会计范围的内部报表对外公开发表；而管理会计也有时把一些企业内部管理的资料数据（如实际成本与标准成本、实际利润与目标利润的对比）作为财务报表的补充资料对外公开。

（二）管理会计与财务会计的区别

管理会计与财务会计的区别见表1-1。

三、管理会计的基本内容

（一）成本管理会计

（二）预测决策会计

表1-1 管理会计与财务会计的区别

名称 要点	管理会计	财务会计
核算对象	企业内部各层次的责任单位，侧重于内部管理服务，是“对内报告会计”	整个企业，侧重于对外服务，是“对外报告会计”
核算程序	没有固定的核算程序	必须执行固定的会计核算程序
核算方法	灵活多样，大量运用概率论、微积分等现代数学方法	简单数学计算
核算重点	预计将要发生或应当发生的经济活动	过去已经发生的经济活动
核算时间	不确定，按管理需要进行	按会计期间定期进行
核算行为影响	注重管理行为的结果，关注管理过程，设法调动人的主观能动性	注重财务状况和经营成果，一般不注重管理人员的行为影响
信息使用者	内部使用者：企业各级管理者	外部使用者：股东、债权人、监管机构等
信息的属性	现时性、预测性	历史性
信息精确度	要求及时性和相关性，计算结果不要求绝对精确	要求及时性、相关性、真实性，计算结果要求绝对精确
会计报告的类型与频率	内部报告：根据需要随时提供	对外财务报表：年度、半年度、季度
会计报告目的	特定决策、控制等具体目的	一般目的的财务报表
会计报告内容	反映企业内部机构、部门等的详细情况，与决策相关	反映企业整体的总括性情况
约束性	不受会计准则约束	应符合会计准则
验证程序	无须审计	公认会计师审计

（三）控制与评价会计

四、管理会计的职能

（一）分析职能

（二）预测职能

（三）决策职能

（四）计划职能

（五）控制职能

（六）成本计算

（七）考核职能

五、管理会计信息的质量特征

（一）准确性
（二）相关性
（三）可理解性
（四）及时性
（五）成本和效益原则

六、管理会计的职业化进展

管理会计的职业化发展对管理会计的业务水平的提高、职业道德的规范有很大的促进作用。1969年，管理会计师协会成立了“管理会计实务委员会”（Management Accounting Practices Committee，MAPC），1995年改名为“管理会计委员会”（Management Accounting Committee，MAC），负责管理会计实践中的发展和信息交流等事务。该委员会的工作之一是就有关的会计问题向其他职业组织或政府机构发表见解，表明立场；工作之二是就管理会计的概念、术语、技术方法和实务，向协会成员和企业管理提供指南和指导。管理会计委员会关于管理会计技术和实践等多方面的见解，是通过发表文告的方式进行的，其文告称为“管理会计公告”，如1981年发表的“管理会计的定义”，1985年6月发表的“服务和行政管理成本的分配”，1988年发表的“管理会计职业教育”和1997年发表的“管理会计和财务管理道德规范标准”等。管理会计委员会的工作促进了管理会计技术水平的提高，推动了管理会计概念、术语、方法和道德规范的公认化和标准化。

管理会计委员会于1997年4月30日发表了“管理会计公告——目标”“管理会计和财务管理道德规范标准”，从四个方面对管理会计师的品质提出要求：胜任、严守秘密、诚信、客观。

除美国以外，其他发达国家的管理会计也正在向职业化和专业化方向发展。1980年4月，美国、澳大利亚和欧洲的10个国家的会计人员联合会在法国巴黎举行了一次国际性会议，第一次探讨如何推广和应用管理会计，表明管理会计的发展和应用得到了世界的关注和认可。目前，英国、加拿大、澳大利亚和日本等国都有类似美国管理会计的资格考试和职业组织。

我国注册会计师资格考试和职业认可的制度已运行多年，2017年7月中国总会计师协会组织了第一次管理会计师（初级）专业能力考试，标志着我国开始实施专业管理会计师资格制度。事实上，我国无论是注册会计师资格考试还是一般会计师的资格考试，都已将管理会计纳入考试的重要内容。管理会计方法在我国企业管理中的运用也非常广泛。推动管理会计师职业化在我国的发展，无疑会对我国管理会计理论与方法的研究，以及在企业管理中的实践、推广和应用起到更大的促进作用。

案例分析

“波司登”：顺势而为与逆势突围

近年来，纺织服装业持续低迷、库存高企，被业界冠以“史上最难期”。在此形式下，作为传统服装行业的“领航者”，“波司登”亦面临着重重压力。有观点认为，作为传统服装行业的“领航者”，“波司登”亦是“船大掉头难”。对此，波司登国际控股有限公司总裁高德康则表示：“‘船大’并不意味着‘掉头难’，对于‘波司登’而言，反倒得益于自身多年来积累的渠道资源与品牌价值。”

早在2012年，面对行业出现的持续疲软及消费理念的提升蜕变，“波司登”意识到消费秩序正在一定程度上改变着服装品牌的走势，单一品牌的低水平竞争已不足以支撑服装企业的可持续发展。随后，“波司登”打破了以羽绒服为单一主营业务的模式，确立了“四季化、多品牌化、国际化”的战略定位，开启了品牌转型之路。

有业内专家认为，多品牌是服装企业未来的发展方向，多品牌让服装企业在渠道布置、生产采购、市场推广等不同领域也享有更大的影响力。品牌覆盖不同领域也有助于企业在不同的潮流或经济周期内，可以获得更平稳、更均衡的持续发展。国际知名服装集团如VFC、优衣库等均通过多品牌战略规避单一生产的风险。“波司登”采取类似的多品牌战略，表现出其顺境不惰、逆境不馁的强者心态。

管理策略一：合理优化市场布局

常言道，变革无处不在，消费观念在改变，消费习惯也在改变，所以“波司登”也在不断进行转型与改变。近年来，“波司登”销售额逐年下降，大量门店接连关闭，对此，高德康表示，这其实是“波司登”坚持转型变革，不断调整与完善发展路线的结果。

据了解，“波司登”近年来逐渐从偏粗放型的管理模式向精细化转变，从批发业务为主慢慢向零售业务进军，一改以往开店推销的拓展方式，集中精力加强自身零售能力的提升，开展品牌整合，根据定期市场评估分析，调整零售网络的合理布局，及时关停业绩不佳及重叠的门店。据悉，截至2015年3月31日，“波司登”自营零售网络占整个零售网络的比重，由2014年3月底的32.8%提高至38.3%。

波司登国际控股有限公司有关负责人称，无论是羽绒服业务还是非羽绒服业务，均以清理库存、优化零售渠道、优化产品组合为首要工作。“波司登”全面分析业务上的各个环节，对于低效和经营不善的零售店面果断予以关闭。

有业内专家表示，对于服装企业而言，直营的销售模式除了可以提高毛利率外，还能够接近市场，开发出适销对路的产品，“波司登”正是认识到了这一点，所以在逐步构建自营网络，提高企业的运营效率。而大面积的关店反映出“波司登”充分了解市场变动情况，同时也可以看出其进行渠道改革的巨大决心。

管理策略二：打通线上线下渠道

随着互联网的快速发展，互联网思维正潜移默化地影响着传统领域的行业模式。而能否及时将两者有效结合，直接关系到企业能否抢占到市场先机。

2014年，“波司登”借助互联网思维开始逐步探索打通线上线下渠道，目前已经实现了北京、上海等全国19个销售区域的线下货品共享，线上的订单可以就近发货和退换货，缩短了派送时间，有效提升了顾客的购物体验，同时微信端结合活动二维码、利用会员资料推进实体店促销等线上线下平台互相拉动的形式也越来越多地被采用。

同时，2015年9月，“波司登”男装第一个O2O智慧门店在江苏省常熟市方塔步行街升级开幕，正式开启了“波司登”男装O2O模式的新纪元。据悉，消费者进入“波司登”智慧门店，打开微信扫描吊牌上的二维码即可查询商品信息及相关的服饰搭配，直接享受秒杀、卡券、摇一摇等促销活动。消费者可以现场选中某款服装在店内付款，也可以通过微信下单，或者收藏相应款式，然后通过快递寄送到家；获取的优惠券可以直接在店内使用，也可以在微信“微购物”平台使用，实现了O2O线上线下全过程的体验。

有业内专家表示，“波司登”深耕羽绒服领域多年，走得太稳太深入，改变方向任重而道远，但能勇于走出自身熟悉的羽绒服领域去做多方尝试，反映出“波司登”勇于破旧立新，为更长远的未来发展谋划和规划。最重要的是在此过程中“波司登”不断进行自我调整，根据实际情况及时修正发展策略，如终止业绩不佳的童装、女装品牌“瑞琦”等。每次的市场实战经验，都将推动“波司登”在品牌发展之路上走得更稳更快。

复习思考

1. 如何理解管理会计这一概念？它有哪些特征？

2. 管理会计与财务会计有哪些联系和区别？

项目实训

一、单项选择题（每题只有一个正确答案，请将正确答案填在括号内）

1. 狭义的管理会计是指（　　）。

A. 微观管理会计　　B. 宏观管理会计

C. 国际管理会计　　D. 成本会计

2. 管理会计是以强化企业内部管理、（　　）为最终目的。

A. 降低成本　　B. 降低保本点

C. 实现最佳经济效益　　D. 增加销售量

3. 现代管理会计的核心内容是（　　）。

A. 预测决策会计　　B. 规划控制会计

C. 本量利分析　　D. 责任会计

4. 现代管理会计产生的关键标志是（　　）。

A.全面预算的产生　　B.成本控制的产生
C.本量利分析的产生　　D.预测决策会计的产生

5.传统管理会计的最主要职能是（　　）。
A.预测　　B.决策　　C.考评　　D.控制

6.传统管理会计是以（　　）为核心的。
A.责任会计　　B.控制会计　　C.成本习性分析　　D.预测决策会计

7.“管理会计”这一术语第一次出现是在（　　）年。
A.1922　　B.1900　　C.1952　　D.1972

8.第一次提出“管理会计”这一术语的会计学者是（　　）。
A.麦金西　　B.奎因斯坦　　C.布利斯　　D.法约尔

9.管理会计产生与发展的根本原因是（　　）。
A.科学技术的发展　　B.商品经济的发展
C.跨国公司的发展　　D.生产力的发展

10.管理会计所需要的资料主要来源于（　　）。
A.统计部门　　B.财务会计部门　　C.销售部门　　D.生产部门

11.管理会计与财务会计在工作客体上有相似之处，具体是指（　　）。
A.工作对象都是企业经营活动的价值运动
B.研究对象都是企业的总成本
C.目的都是提高企业的经济效益
D.都只是整个企业的一个核算层次

12.管理会计的服务对象主要是（　　）。
A.企业的投资人　　B.企业的债权人
C.税务部门　　D.企业的经营管理者

13.在某种意义上被称为“内部会计”的是（　　）。
A.财务会计　　B.成本会计　　C.管理会计　　D.责任会计

14.管理会计的信息载体主要是（　　）。
A.利润表　　B.资产负债表
C.财务状况变动表　　D.内部报告

15.下列各项以强化企业内部经营管理、实现最佳经济效益为目的，实现对经济过程的预测、决策、规划、控制、责任考核评价等职能的会计分支是（　　）。
A.狭义的管理会计　　B.广义的管理会计
C.责任会计　　D.财务会计

16.管理会计的内容是指与其职能相适应的内容，不包括（　　）。
A.责任会计　　B.预测决策会计
C.宏观管理会计　　D.管理会计

17.在管理会计的几个部分中，（　　）既是现代管理会计的核心，又是现代管理会计形成的关键标志之一。
A.责任会计　　B.预测决策会计

C.规划控制会计　D.国际管理会计

18.20世纪初，以（　　）为主要内容的“标准成本计算制度”和“预算控制”标志着管理会计的雏形已经形成。

A.数量分析　B.离散分析　C.差异分析　D.成本分析

19.现代企业会计的两大分支：一为财务会计，一为（　　）。

A.成本分析　B.预算会计　C.控制会计　D.管理会计

20.传统管理会计不同于现代管理会计，它的特征是以（　　）为核心。

A.责任会计　B.预测决策会计　C.控制会计　D.规划会计

21.在多数情况下，管理会计突出了以（　　）为中心的行为管理。

A.投资　B.利润　C.人　D.企业

22.管理会计所提供的信息是为了满足内部管理的特定要求而选择的，其中涉及未来的信息，不要求具备（　　）。

A.精确性　B.相关性　C.及时性　D.统一性

二、多项选择题（每题有两个或两个以上正确答案，请将正确答案填在括号内）

1.广义的管理会计包括（　　）。

A.企业管理会计　B.宏观管理会计　C.国际管理会计　D.成本会计

2.管理会计的职能包括（　　）。

A.预测　B.决策　C.规划　D.控制

3.现代管理会计的内容包括（　　）。

A.预测决策会计　B.规划控制会计　C.责任会计　D.考核会计

4.传统管理会计的主要内容包括（　　）。

A.预测　B.决策　C.预算　D.控制

5.以下各项中，属于管理会计与财务会计的联系的有（　　）。

A.两者相互依存、相互制约　B.两者的工作客体有相似之处

C.两者的最终奋斗目标一致　D.两者都需要完善和发展

6.管理会计的特点有（　　）。

A.侧重于为企业内部经营管理者服务　B.主要预测和规划未来

C.不受“公认会计原则”制约　D.严格遵照固定的工作程序

7.从广度的方面理解，管理会计包括（　　）。

A.企业管理会计　B.财务会计　C.宏观管理会计　D.国际管理会计

8.管理会计的职能是管理会计实践本身客观存在的必然性决定的内在功能，它的基本职能包括（　　）。

A.预测经济前景　B.参与经济决策　C.规划经营目标　D.控制经济过程

9.管理会计的内容是与其职能相适应的，包括（　　）。

A.预测决策会计　B.规划控制会计　C.责任会计　D.国际管理会计

10.管理会计的主体包括多个层次，下列各项中可以作为其工作主体的有（　　）。

A.投资中心　B.利润中心　C.成本中心　D.费用中心

11.管理会计要求，凡是涉及未来的信息都要满足（　　）。

A.精确性　　B.相关性　　C.及时性　　D.统一性

12.无论是广义的管理会计还是狭义的管理会计，都关系到（　　）等会计管理职能。

A.预测　　B.决策　　C.预算　　D.控制

三、判断题（正确的在括号内打“√”，错误的打“×”）

1.现代企业会计的两个分支是财务会计和管理会计。（　　）

2.管理会计的主要职能是反映和监督。（　　）

3.管理会计萌生于19世纪末20世纪初。（　　）

4.传统管理会计的主要内容是预算和控制。（　　）

5.20世纪30年代至今属于现代管理会计阶段。（　　）

6.管理会计的资料主要来源于财务会计，它的主要工作内容是对财务会计信息进行深加工和再利用。（　　）

7.管理会计主要为企业和外界服务，因而又可称为“外部会计”。（　　）

8.管理会计的工作主体分为多个层次，但主要以企业内部责任单位为主体。（　　）

9.财务会计的作用时效横跨过去、现在和未来，但主要是面向未来。（　　）

10.财务会计和管理会计都必须遵守企业会计准则。（　　）

11.管理会计是一种侧重于在现代企业内部经营管理中直接发挥作用的会计，又是企业管理的主要组成部分，因此称为内部经营管理会计。（　　）

12.会计机构隶属于企业的服务部门，构成现代企业会计两大分支的管理会计和财务会计应当合并在一起。（　　）

13.管理会计工作既为企业总体服务，本身又属于整个企业管理系统的有机组成部分，因而处在价值管理的核心地位。（　　）

14.控制会计处于现代管理会计的核心地位，又是现代管理会计形成的关键标志之一。（　　）

15.20世纪初，产生了以差异分析为主要内容的“标准成本计算控制制度”和“预算控制”，标志着管理会计的原始雏形已经形成。（　　）

16.在传统管理会计阶段，管理会计的内容主要包括预算和控制，其中管理会计的职能集中体现在预算方面。（　　）

17.管理会计主要以企业内部责任单位为主体，因此它是以物为中心的管理。（　　）

18.管理会计突破了“公认的会计原则”的要求，它可以不受权责发生制原则和历史成本原则的限制。（　　）

19.管理会计的作用时效横跨过去、现在和未来三个时态，其中面向未来的作用时效是摆在第一位的。（　　）

20.与财务会计不同，管理会计的信息载体多为没有统一格式的内部报告，对这些报告的种类也没有统一的规定。（　　）

四、案例题

案例一

戴尔公司利用技术和信息将计算机价值链上的供应商、生产商和顾客的流程垂直地联合起来。公司的创立者迈克尔·戴尔（Micheal Dell）认为，这种做法会使戴尔公司获得更高的生产效率和更高的盈利能力。此外，他认为“实质性联合”的公司将会成为信息时代的组织模型。对市场而言，价值链上的所有组织就像是一个整体。

供应商为计算机生产零部件。戴尔公司将供应商的送货与生产计划协调起来。供应商生产的零部件只有在需要时才直接送到车间，而不是送到仓库，也不需要经过卸货、检查、储存、领用等环节。这就需要供应商和购买者的信息和计划能够持续共享。

索尼（Sony）公司为戴尔公司的计算机提供显示屏。但是，显示屏在发送给顾客之前并不送到戴尔公司，而是由Airborne Expressh或UPS将其同需要发送的计算机一起包装，并一起发送给顾客。

戴尔公司重视提高产品的价值和减少顾客的成本，例如Eastman Chemical和波音公司。Eastman的计算机需要专业化程度很高的软件，如果在收到计算机送货后再安装这种软件，那么每台计算机需要的花费超过200美元。为了减少顾客的成本，戴尔公司在组装计算机时就为每台计算机安装这种专业软件，其安装费用只有15~20美元。

波音公司有100 000台戴尔计算机，戴尔公司则有30名员工常驻波音公司。“我们看起来更像是波音公司的计算机部门”，戴尔说。他注意到戴尔公司已经密切参与到波音公司的计算机需求计划和网络计划之中。

要求：想一想本案例说明了哪些管理思想和管理方法在决策中的应用。

案例二

过去，美国施乐公司是复印机之王，几乎成为复印机的代名词。如今，日本佳能公司（Canon）通过更便宜、更轻巧的产品，“吃下”施乐的“地盘”，成为全球的领导品牌，市场占有率达30%。2013年，日本NEC、东芝等大公司都亏损连连，而佳能的年营业收入及净收入却双双增长，分别达239亿美元与14亿美元。促成佳能成功的关键人物就是该公司的CEO御手洗。他把传统的日本企业经营理念与追求利润的美式管理风格有机地结合在一起，才有了佳能公司今天的优异成绩。御手洗是20世纪60年代中期调到美国佳能公司的，后来成为美国佳能的总裁。他在美国一待就是23年，与通用电器、美国运通等公司的高层主管成为高尔夫球友，御手洗常和他们讨论企业的经营策略、管理方法以及这些经验是否适用于日本公司等，并不断吸收这些美国企业管理者的建议。御手洗1989年返回东京，1995年成为佳能的总裁，1997年成为CEO后，他把美国的做法引入这家日本公司，开启了佳能变革的新纪元。从御手洗掌舵至今，佳能的净收入增长了2倍多。他大刀阔斧地削减支出，以强化公司的财务体制。这家原本旗下拥有赔钱子公司的棘手大企业，如今转变为现代化、有效率的组织。御手洗也因此成为日本社会另一个英雄式的企业领导人物，媒体对他带领佳能改革的做法报道无数，相关书籍也陆续出版，他已经成为不少日本企业主管竞相模仿的对象。

（1）小型独立系统取代流水作业线。佳能业绩成长的一条重要的成功经验就是将原始的流水式作业线改为一个个独立的超小型组装工作室，这一点也许就是世界许多企业目前所没有的。这一被佳能称作chie（或智慧）的生产技术意味着佳能不是片面追求新的技术，而是采用最有效的方法。与以前相比，现在的生产设备更为轻便、更易拆装，能够很容易重新改装。御手洗从1998年开始进行这项改革，以“蜂巢式的单元小组”系统取代了传统的作业线。以组装复印机为例，公司不再采用冗长的作业线，而改为将每6名员工编成一个小组，在一个小工作室中合力制作一台复印机。这些员工蹲着组装包含1万个零件的复印机，他们需要的工具都放在随手可得的地方，所有的工作都可在小工作室内完成。在这种系统下，6名员工的生产力等同于IE1式生产线的30名员工。工人们也被鼓励自己提出解决问题的方案。例如，他们自己设计座位，这样，他们在生产复印机的过程中就能保持像棒球接球手那样的姿势，在所有的操作时间里都能处于富有效率的位置。他们还设计了斜袖，以便在拆卸零件时更为方便。一个工人为感光鼓配上保护盖，然后将感光鼓装入复印机内，以避免灰尘和光线对其造成损害。改革的结果是手和双臂之间能够实现更为和谐的配合。这是针对小脑的改进工作效率的方法，而不是针对大脑的改进工作效率的方法。佳能在日本29个工厂都采用这样的操作系统，公司在海外的15个工厂也在逐渐转换中。这个改变帮助公司减少雇佣工人1万名，等同于5个工厂的人力，公司的生产力增加了30%。

（2）削减支出，增加利润。御手洗特别重视公司利润，这也根植于他在美国积累的经验。1966年，他被外派到当时规模尚小的美国佳能，起初负责公司的会计，曾经目睹公司的年营业收入达300万美元，但是净收入只有6 000美元的情况。那种没有利润、没有效率的做法警醒他日后尽力避免掉入陷阱，他把经营的重心放在利润而不是市场占有率上。御手洗刚回到日本时，公司有7个事业体处于亏损状态，其他没有赔钱的事业体则各自分头攻占海外市场。他果断结束表现不佳的事业体。例如，1995年，公司的个人计算机部门损失达8 500万美元，御手洗在上任3个月时，便决定关闭该部门。此外，公司也停止生产包括液晶显示器在内的亏损产品。在发展新产品时，主管被要求必须从公司的现有资金着手，而非通过银行贷款融资。

另外，御手洗强调所有事业体都是公司的一部分，应结束各自为政的时代。过去，佳能有十几个主要部门，各自独立运作，为了增加产品的销售量，各部门往往不计任何代价。如今，公司将部门合并缩编为复印机、打印机、相机和光学仪器四大部门，整合后减少了浪费，也提高了效率。

要求：

（1）分析佳能的改革能够取得成效的原因。

（2）运用管理会计学的知识谈谈你对本案例的理解和看法。

参考答案

项目二
成本习性

学习目的与要求

本项目由成本的分类、成本习性分析方法、成本习性分析方法的应用三部分组成。本项目也是全书的基础，主要阐述了管理会计中的一些基本概念和方法，与以后各项目的教学内容紧密相关。学习本项目，应重点掌握以下内容：

（1）成本的概念，深入理解成本分类方法，固定成本和变动成本的概念、特征及分类；

（2）成本习性和相关范围的概念及其意义；

（3）成本习性分析方法；

（4）灵活运用多种方法对混合成本进行分解及这些方法的特点与运用范围，特别是高低点法和回归直线法的应用技巧。

重点、难点解析

一、成本的分类

现代管理会计中的成本是指企业在生产经营过程中对象化的、以货币表现的、为达到一定目的而应当或可能发生的各种经济资源的价值牺牲或代价。这是一个广义的成本概念，指为取得一定资产或为提供一定劳务而发生的各种耗费，既包括产品生产成本，也包括期间费用；既核算过去实际已经发生的耗费，也核算将来应当或可能发生的耗费。

按照企业管理的不同需求，可以选择不同的标准将成本划分为不同的类型。

（一）成本按经济职能可划分为制造成本和非制造成本两大类

制造成本又称生产成本，是指企业在生产经营过程中为制造产品而发生的成本。它包括直接材料、直接人工和制造费用。非制造成本又称非生产成本或期间成本，是指除生产成本以外的成本。

（二）成本按习性可分为固定成本、变动成本和混合成本三大类

成本习性亦称成本性态，是指一定条件下成本总额与特定业务量之间的依存关系。成本习性是存在于成本总额与业务量之间的规律性联系。从成本习性来认识和分析成本，可以从定性和定量两个方面来把握成本的各组成部分与业务量之间的变化规律。

1. 固定成本

固定成本，是指在一定时期和一定业务量范围内，成本总额随业务量的变动保持固定不变的成本。

固定成本的特征：固定成本总额随业务量的变动保持固定不变；单位固定成本随业务量的变动反方向变动。

固定成本按是否受管理层短期决策行为的影响，可以进一步细分为约束性固定成本

和酌量性固定成本两类：

约束性固定成本是指在日常经营活动中，企业管理层短期决策行为很难控制并改变其数额的固定成本。这类成本反映的是形成和维持企业最起码生产经营能力的成本，也是企业经营业务必须负担的最低成本，也称经营能力成本，如厂房和机器设备的折旧费、不动产税、管理人员的薪资、保险费等。企业经营能力一旦形成，这类成本的数额已经确定，在短期内是不能随意加以改变的，因而具有很强的约束性。

酌量性固定成本是指在日常经营活动中，企业管理层短期决策行为可以控制并改变其数额的固定成本。这类成本的发生额直接取决于管理层根据企业的经营状况所做出的判断，又称选择性固定成本。但是，这并不意味着酌量性固定成本可有可无、可以拒绝，它仍是企业存在的一种成本，如新产品的开发费、职工培训费、广告费等。这类成本的发生可以因领导的决策而作适当的调整，发生额的多少与增强企业的竞争力、扩大企业规模直接相关，但同企业的业务量并无直接联系。

相关范围：前面在给固定成本下定义时曾冠以“在一定时期和一定业务量范围内”这样一个定语，这就是说固定成本的固定性不是绝对的，而是有条件的，是在一定相关范围内具有固定不变性。在这里的相关范围表现为一定的期间范围和一定的空间范围。

2.变动成本

变动成本，是指在一定时期和一定业务量范围内，成本总额随业务量的变动呈正比例变动的成本。

变动成本的特征：变动成本总额随业务量的变动呈正比例变动；单位变动成本随业务量的变动保持不变。

相关范围：与固定成本一样，变动成本的变动性也有其相关范围。变动成本总额只有在一定时期和一定业务量范围内才会随着业务量的变动呈正比例变动。只要在相关范围内，不管时间多久，业务量增减变动幅度多大，变动成本总额的正比例变动性都将存在，但是一旦超过了相关范围，这种特征就很难存在。因此，讨论变动成本总额与业务量之间的依存关系，就必须在一定相关范围内进行。

3.混合成本

混合成本，是指同时具有固定成本和变动成本两种不同性质的成本。

混合成本根据其与业务量之间的关系，又可以分成以下四种类型：

（1）半固定成本。半固定成本又称阶梯式成本，这类成本的特点是在一定业务量范围内，其成本总额不会随着业务量的变动而变动，类似固定成本；当业务量超过了这个范围，其发生额就会突然跳跃上升到一个新的水平，并在新的业务量增长的一定范围内保持不变，直到出现另一个新的跳跃为止。

（2）半变动成本。半变动成本又称标准式混合成本。这类成本的特点是通常有一个基数，这个基数是固定不变的，体现着固定成本习性；而在这个基数之上，成本就会随着业务量的增加呈正比例变动，呈现出变动成本习性。这种由一部分固定成本和一部分变动成本所组成的总成本称为半变动成本。

（3）延期变动成本。延期变动成本是指在一定的业务量范围内，成本总额保持固定不变，但一旦业务量超过了一定范围后，其超额部分的成本就相当于变动成本。

（4）曲线变动成本。曲线变动成本通常有一个初始量，一般保持不变，相当于固定成本。在这个初始量的基础上，成本总额会随着业务量的增加呈非线性的增加，在坐标图上表现为一条抛物线。按照曲线斜率的不同变动趋势，曲线变动成本又可分为递减型曲线变动成本和递增型曲线变动成本。

二、成本习性分析方法

成本习性分析，是指在成本按习性分类的基础上，按照一定的程序和方法，最终将全部成本划分成固定成本和变动成本两大类，并建立相应的成本习性模型的过程。

成本习性分析是管理会计中一项最基本的工作，通过成本习性分析有助于企业掌握成本的各个组成部分与业务量之间的依存关系和变动规律，为应用变动成本法，开展本量利分析，实行短期决策、预测分析、全面预算、标准成本法的操作和落实责任会计奠定基础。

成本习性分析的方法是指完成成本习性分析任务必须采取的技术手段。在管理会计实践中，成本习性分析方法通常包括：直接观察法、技术测定法和资料分析法。

（一）直接观察法

直接观察法是最简单的方法，是指根据会计账簿中各成本项目的性质，观察其比较接近于固定成本还是变动成本，从而直接加以确认归属的方法。这种方法在很大程度上属于定性分析，需要逐一对成本明细项目加以鉴定。

直接观察法简便易行，凡具有一定会计知识和业务能力的人都能掌握，适用于管理会计基础工作开展较好的企业。

（二）技术测定法

技术测定法又称工程技术法，是指利用经济工程项目财务评价技术方法所测定的企业正常生产过程中投入与产出的关系，分析确定在实际业务量基础上其固定成本和变动成本水平，并揭示其变动规律的一种方法。采用这种方法，在企业建设投产前必须进行项目的可行性研究。

技术测定法分析结果的准确性较高，也有较强的说服力，一般适用于技术工艺已经定型的新企业及其主要成本项目的习性分析；但对于技术工艺已发生较大变革或生产能力有重大变动的老企业来说不适用。另外，技术测定法也不可能对企业所有的间接成本确定出准确可信的标准，因此，需要结合其他方法进行成本习性分析。另外，此方法应用起来比较复杂，花费的时间和投入的精力较多。

（三）资料分析法

资料分析法是根据企业过去若干时期的成本与业务量资料，运用数学方法进行数据处理，从而完成成本习性分析的一种定量分析方法。运用这种方法的前提条件是企业的相关资料齐全，成本数据与业务量的资料要同期配套，并且具有连续性。资料分析法在混合成本分解中应用得十分广泛，包括高低点法、散布图法、回归直线法。

1.高低点法

高低点法是通过对一定期间的成本与业务量的历史资料进行分析，从中选出业务量的最高点和最低点及其相应的成本，然后据以分解出混合成本中固定部分和变动部分各占多少的一种成本习性分析方法。高低点法的具体分析步骤如下：

（1）选择高低点坐标。在已知的历史资料中，找出业务量的最高点（用x_1表示）及相应的成本（用y_1表示）；找出业务量的最低点（用x_2表示）及相应的成本（用y_2表示），从而确定最高点坐标（x_1，y_1）和最低点坐标（x_2，y_2）。

（2）计算单位变动成本b的值。其计算公式为：

$$b=\frac{\text{业务量最高时总成本}-\text{业务量最低时总成本}}{\text{最高点业务量}-\text{最低点业务量}}=\frac{y_1-y_2}{x_1-x_2}$$

（3）计算固定成本a的值。其计算公式为：

$$a=\text{业务量最高时总成本}-b\times\text{最高点业务量}=y_1-bx_1$$

或

$$=\text{业务量最低时总成本}-b\times\text{最低点业务量}=y_2-bx_2$$

（4）根据a与b值的计算结果，得出成本习性模型：

$$y=a+bx$$

高低点法的优点是比较简单，易于理解。其缺点是由于它所运用的数据来自历史资料中的高低两点，所建立的成本习性模型可能不具有代表性，容易导致较大的计算误差。因此，这种方法只适用于成本变动趋势比较平稳的企业。

2. 散布图法

散布图法又称布点图法，是指根据若干时期的历史资料，将其业务量和成本数据逐一标注在坐标图上，形成若干个散布点，再通过目测的方法尽可能画出一条接近所有坐标点的直线，并据以推算出固定成本总额和单位变动成本的一种成本习性分析方法。散布图法的具体分析步骤如下：

（1）标出散布点。

（2）目测一条能够反映成本变动趋势的直线，直线与纵轴的交点为固定成本。在图中读出该直线的截距。

（3）在直线上任取一点，测出其坐标，并据此计算b值。

（4）代入a、b值，得出成本习性模型。

散布图法由于将全部成本数据均作为描述成本习性的依据，其图像可反映成本的变动趋势，比较形象直观、易于理解，其准确程度比高低点法高。但因为画成本直线完全靠目测，不同的人会有不同的画法，容易出现人为误差，得出不同的固定成本和单位变动成本，所以计算结果也具有一定的不准确性。

3. 回归直线法

回归直线法亦称最小二乘法，它是根据若干历史时期的成本和业务量的资料，运用最小二乘法的原理，计算固定成本和单位变动成本的一种成本习性分析方法。回归直线法的基本步骤如下：

（1）根据历史资料列表，求n、$\sum x$、$\sum y$、$\sum xy$、$\sum x^2$、$\sum y^2$的值。

（2）计算相关系数r，并据此判断y与x之间是否存在必要的线性关系。

$$r=\frac{n\sum xy-\sum x\sum y}{\sqrt{[n\sum x^2-(\sum x)^2]\cdot[n\sum y^2-(\sum y)^2]}}$$

当r=-1时，说明x与y之间完全负相关；当r=0时，说明x与y之间不存在任何联系；当r=+1时，说明x与y之间完全正相关；当r→+1时，说明x与y之间基本正相关。

回归直线法的应用要求业务量与成本之间基本保持线性关系，即r=+1或r→+1。

（3）计算a、b的值。

$$b=\frac{n\sum xy-\sum x\sum y}{n\sum (x)^2-\left(\sum x\right)^2}$$

$$a=\frac{\sum y-b\sum x}{n}$$

（4）建立成本习性模型：y=a+bx。

回归直线法由于运用了最小二乘法的原理，因此计算结果比前两种方法更科学，相对而言计算最精确。但这种方法计算量较大，公式较复杂，适用于采用计算机管理的企业。

三、成本习性分析方法的应用

在对某企业的历史成本进行分析，按照成本同业务量之间的关系，把全部成本分为固定成本和变动成本后，实际上同时达到了两个目的：一是确定了企业一定期间内总成本的基本构成，即总成本=固定成本+变动成本；二是确定了成本同业务量之间的依存关系。其基本内容渗透在现代管理会计理论、方法体系的各个方面，可应用于企业内部管理的所有领域，能帮助企业管理者对生产经营活动进行规划和控制。成本习性分析原理在企业内部管理中主要应用于财务预测、经营决策、内部控制。

案例分析

如何理解变动成本法与完全成本法在企业的应用

设某企业月初没有在产品和产成品存货。当月某种产品共生产50件，销售40件，月末结存10件。该种产品的制造成本和非制造成本资料见表2-1。

表2-1　产品的制造成本和非制造成本资料　单位：元

成本项目	单位产品项目成本	项目总成本
直接材料	200	10 000
直接人工	60	3 000
变动性制造费用	20	1 000
固定性制造费用		2 000
管理费用		4 000
销售费用		3 000
合计		23 000

如果采用变动成本法，则单位产品成本为280元（200+60+20）；如果采用完全成本

法，则单位产品成本为320元（200+60+20+2 000÷50）。由于变动成本法将固定性制造费用作为期间成本处理，所以单位产品成本比完全成本法下的要低。当然，变动成本法下的期间成本比完全成本法下的要高。

变动成本法下的期间成本为9 000元（2 000+4 000+3 000）；而完全成本法下的期间成本为7 000元（4 000+3 000）。

产品成本构成内容上的不同是变动成本法与完全成本法的主要区别，两种方法其他方面的区别均由此产生。

仍以表2-1的数据和所设条件为例，再假设每件产品售价为500元，销售费用中的变动部分为每件20元，分别采用变动成本法和完全成本法所计算出的当期税前利润见表2-2。

表2-2 两种成本计算法下的税前利润 单位：元

产品成本计算法 / 损益计算过程	变动成本法	完全成本法
销售收入 40×500	20 000	20 000
销售成本		
期初存货成本	0	0
当期产品成本		
50×280	14 000	
50×320		16 000
期末存货成本		
10×280	2 800	
10×320		3 200
销售成本		
40×280	11 200	
40×320		12 800
贡献毛益（生产阶段）或毛利	8 800	7 200
管理费用		4 000
销售费用		3 000
变动性销售费用40×20	800	
贡献毛益（全部）	8 000	
固定成本		
固定性制造费用	2 000	
管理费用和固定性销售费用	6 200	
小计	8 200	
税前利润	−200	200

从表2-2可以看出，不同成本计算法下所计算出的税前利润不同。采用变动成本法时为-200元（亏损），采用完全成本法时则为200元（盈利），相差400元。这400元正是完全成本法所确认的应由期末存货成本负担的固定性制造费用部分（2 000÷50×10），而在变动成本法下，这400元全部作为期间成本进入了当期损益。

复习思考

1. 什么是成本习性分析？为什么要进行成本习性分析？
2. 成本习性分析有哪几种方法？它们的优缺点分别是什么？
3. 固定成本、变动成本、混合成本各有什么特征？试分别举例加以说明。
4. 如何理解固定成本和变动成本的相关范围？
5. 成本习性分析原理在企业管理中主要可应用于哪些方面？

项目实训

一、单项选择题（每题只有一个正确答案，请将正确答案填在括号内）

1. 为排除业务量因素的影响，在管理会计中反映变动成本水平的指标一般是（　　）。

A. 变动成本总额　　B. 单位变动成本
C. 变动成本的总额与单位额　　D. 变动成本率

2. 标准式混合成本又可称为（　　）。

A. 半固定成本　B. 半变动成本　C. 延期变动成本　D. 曲线变动成本

3. 在管理会计中，狭义的相关范围是指（　　）。

A. 成本的变动范围　　B. 业务量的变动范围
C. 时间的变动范围　　D. 市场容量的变动范围

4. 成本习性分析的对象与成本按性态分类的对象相同，都是（　　）。

A. 总成本　B. 固定成本　C. 变动成本　D. 资金运动

5. 在应用高低点法进行成本习性分析时，选择高点坐标的依据是（　　）。

A. 最高的业务量　　B. 最高的成本
C. 最高的业务量和最高的成本　　D. 最高的业务量或最高的成本

6. 在应用资料分析法进行成本习性分析时，必须首先确定a，然后才能计算出b的方法是（　　）。

A. 直接分析法　B. 高低点法　C. 散布图法　D. 回归直线法

7. 当相关系数r等于+1时，表明成本与业务量之间的关系是（　　）。

A. 基本正相关　B. 完全正相关　C. 完全无关　D. 基本无关

8. 在资料分析法的具体应用方法中，计算结果最为精确的方法是（　　）。

A. 高低点法　　B. 散布图法

C.一元直线回归法　　D.直接分析法

9.（2017技能大赛）单位固定成本在相关范围内的变动规律为（　　）。

A.随业务量的增加而减少　　B.随业务量的减少而减少

C.随业务量的增加而增加　　D.不随业务量的变动而变动

10.（2017技能大赛）下列项目中，属于阶梯式混合成本的是（　　）。

A.制造费用　　B.生产工人计件工资

C.机器设备维护保养费　　D.检验员工资

11.（2017技能大赛）就同一企业而言，同一成本项目在不同时期可能有不同的性态，这是因为成本在相关范围内具有（　　）。

A.相对性　　B.暂时性　　C.可转化性　　D.变动性

12.（2017技能大赛）管理会计中对成本相关性的正确解释是（　　）。

A.与决策方案有关的成本特性　　B.与控制标准有关的成本特性

C.与资产价值有关的成本特性　　D.与归集对象有关的成本特性

13.（2017技能大赛）在各类固定成本中，能够在不改变企业生产经营能力的前提下降低其总额的是（　　）。

A.约束性固定成本　　B.酌量性固定成本

C.半固定成本　　D.单位固定成本

14.（2017技能大赛）下列项目中，只能在发生当期予以补偿、不能递延到下期的成本是（　　）。

A.直接成本　　B.间接成本　　C.产品成本　　D.期间成本

15.（2017技能大赛）单耗相对稳定的外购零部件成本为（　　）。

A.约束性固定成本　　B.酌量性固定成本

C.技术性变动成本　　D.酌量性变动成本

二、多项选择题（每题有两个或两个以上正确答案，请将正确答案填在括号内）

1.下列各项中，属于固定成本的有（　　）。

A.定期支付的广告费　　B.计件工资

C.企业管理人员工资　　D.按直线法计提的折旧费

2.下列各项中，一般应纳入变动成本的有（　　）。

A.办公费　　B.计件工资

C.按生产数量法计提的折旧　　D.直接材料费

3.固定成本按是否受管理层短期决策行为的影响可以进一步分为（　　）。

A.约束性固定成本　　B.半固定成本

C.半变动成本　　D.酌量性固定成本

4.下列各项中，属于混合成本类型的有（　　）。

A.阶梯式混合成本　　B.递增型混合成本

C.递减型混合成本　　D.标准式混合成本

5.下列各项中，属于广义相关范围的有（　　）。

A.成本范围　　B.收入范围　　C.期间范围　　D.业务量范围

6. 由明显的变动和固定两部分成本组成的混合成本包括（ ）。

A. 半固定成本　　B. 标准式混合成本
C. 低坡式混合成本　　D. 曲线式混合成本

7. 下列各项中，属于因相关范围的存在而使成本习性具有特点的有（ ）。

A. 相对性　　B. 暂时性　　C. 可转化性　　D. 不变性

8. 下列各项中，能够揭示成本习性分析与成本按其性态分类关系的表述的有（ ）。

A. 两者既有联系又有区别　　B. 两者的性质不同
C. 两者的最终结果不同　　D. 两者的对象不同

9. 下列各项中，既可以用于同步分析程序又可以用于混合成本分解的方法包括（ ）。

A. 高低点法　　B. 散布图法
C. 一元直线回归法　　D. 直接分析法

10. 下列各项中，属于成本习性分析程序的有（ ）。

A. 技术测定法　　B. 同步分析　　C. 直接分析法　　D. 分步分析

11. 成本习性分析中的资料分析法包括（ ）。

A. 高低点法　　B. 散布图法　　C. 技术测定法　　D. 直接分析法

12. 利用资料分析法建立成本模型时，计算步骤正确的有（ ）。

A. 先求b后求a　　B. 先确定a后求b
C. a和b可以同时求得　　D. 先求r，再求a和b

13. 下列各项中，不宜采用技术测定法进行成本习性分析的有（ ）。

A. 新建企业　　B. 进行过技术改造的老企业
C. 没有历史资料的企业　　D. 生产能力有重大变动的企业

14. 在应用一元直线回归法进行成本习性分析时，相关系数r应满足的条件有（ ）。

A. r等于-1　　B. r等于0　　C. r等于+1　　D. r趋近于+1

15.（2017技能大赛）下列各项中，在不改变企业经营方向的前提下，不宜降低成本总额，而应通过提高产品产量降低其单位额的成本项目有（ ）。

A. 新产品开发费　　B. 机器设备折旧费
C. 员工培训费　　D. 保险费
E. 管理人员薪金

16.（2017技能大赛）下列各项中，属于固定成本特点的有（ ）。

A. 总额的不变性　　B. 总额的正比例变动性
C. 单位额的不变性　　D. 单位额的反比例变动性
E. 单位额的正比例变动性

17.（2017技能大赛）在相关范围内，变动成本应当具备的特征有（ ）。

A. 总额的不变性　　B. 总额的正比例变动性
C. 单位额的不变性　　D. 单位额的正比例变动性
E. 单位额的反比例变动性

三、判断题（正确的在括号内打“√”，错误的打“×”）

1. 定期支付的广告费属于酌量性固定成本。（ ）

2. 成本习性是成本总额与特定业务量之间的依存关系。（　）

3. 成本按经济用途分类，是财务会计采用完全成本法进行成本核算的基础。（　）

4. 固定成本的水平通常以其总额来表示，而变动成本的水平则以其单位额来表示。（　）

5. 无论哪一种混合成本，实质上都可以区分为固定部分和变动部分。（　）

6. 通常我们所讲的降低固定成本总额就是指降低约束性固定成本。（　）

7. 成本习性分析的最终目的就是要把全部成本区分为固定成本、变动成本和混合成本三大类。（　）

8. 成本习性是恒定不变的。（　）

9. 半变动成本即标准式混合成本。（　）

10. 成本习性分析是成本按其性态分类的前提。（　）

11. 成本习性模型 $y=a+bx$ 中的b就是指单位变动成本。（　）

12. 无论在什么情况下，都必须进行混合成本分解。（　）

13. 成本习性分析的方法只适用于特定的分析程序。（　）

14. 成本习性分析的直接分析法不适用于规模较大的企业。（　）

15. 在一般情况下，直接成本与变动成本具有相同的内容，间接成本与固定成本具有相同的内容。（　）

16. 高低点法的优点是计算精确度高，缺点是计算过程过于复杂。（　）

17. 相关系数r的大小对能否采用一元直线回归法有重大影响。（　）

四、计算分析题

1. 已知：某企业主要经营A产品，该产品连续10期的产量及总成本资料见表2-3。

表2-3　A产品连续10期的产量及总成本资料

指标＼期间	1	2	3	4	5	6	7	8	9	10
产量（件）	25	28	29	30	27	26	28	29	31	26
总成本（元）	71 000	82 000	83 520	84 500	77 750	74 480	81 560	83 230	84 560	75 850

要求：用高低点法对A产品进行成本习性分析。

2. 已知：某企业只生产一种产品，2019年前10个月的产量和制造费用资料见表2-4。

表2-4　2019年前10个月的产量和制造费用资料

指标＼月份	1	2	3	4	5	6	7	8	9	10
产量（件）	150	200	300	250	300	250	350	300	250	150
制造费用（元）	16 000	20 000	27 000	25 000	26 000	24 000	28 000	25 000	23 000	16 000

要求：用高低点法对该企业的制造费用进行分解。

3. 已知：某企业的设备维修费属于混合成本，2019年各月的设备维修费有关资料见

表2-5。

表2-5　　2019年各月的设备维修费有关资料

指标＼月份	1	2	3	4	5	6	7	8	9	10	11	12
机器工时（小时）	9	8	9	10	12	14	11	11	13	8	6	7
设备维修费（万元）	3.0	2.5	2.9	3.1	3.4	4.0	3.2	3.3	3.5	2.6	2.0	2.2

要求：用一元直线回归法对该企业的设备维修费进行分解。

4.（2017技能大赛）设某企业月初没有在产品和产成品存货。当月某种产品共生产50件，销售40件，月末结存10件。该种产品的制造成本资料和企业的非制造成本资料见表2-6。假设每件产品售价为500元，销售费用中变动性费用为每销售一件20元。

表2-6　　该种产品的制造成本资料和企业的非制造成本资料　　单位：元

成本项目	单位产品项目成本	项目总成本
直接材料	200	10 000
直接人工	60	3 000
变动性制造费用	20	1 000
固定性制造费用		2 000
管理费用		4 000
销售费用		3 000
合计		23 000

要求：

（1）分别采用变动成本法和完全成本法，计算当期税前利润。

（2）解释两种方法得出的税前利润差额的原因。

五、案例题

关于爱立信不再生产手机的报道频见各类媒体，爱立信为何亏损、亏损多少、打算怎么办等问题成了热门话题。让我们来看看爱立信是如何应对亏损的，或许会对那些还未扭亏或扭亏基础还不牢固的企业有所启发。

爱立信2001年1月26日宣布退出手机生产领域。根据《华尔街日报》的分析，爱立信之所以选择退出，原因包括飞利浦芯片厂火灾造成损失、市场营销不力和产品设计等方面的问题。其中，在飞利浦芯片厂火灾之后没有迅速做出反应，是爱立信落人之后的主要原因。

（1）以退为进，才是英雄。目前，手机生产已进入了“模块化时代”，具备了转包的技术条件。“我们把资金、资源放在爱立信自己最擅长的方面，如研发、设计等。在手机的一条价值链‘研发→设计→生产→供应→营销→销售→售后服务’等7个环节中，我们把生产、供应两个环节外包给具有专长的公司。”爱立信（中国）公司解释说：“我们把含金量最小的一部分，比如生产环节，外包出去，含金量最大的研发由我们控制。爱立信每年把销售额的15%（而不是利润的15%）投入研发，以保持技术的领先。”由自己运营生产，成本过高，而交由社会生产商则经济得多。爱立信整机外包就是为了降低成本，“因为规模生产效益，按照爱立信的标准来做，与爱立信自己集成，质量是一模一样的，爱立信没有必要投入很多人力物力在生产环节”。爱立信消费产品部总裁认为：“与Flextronics公司的战略合作伙伴关系的形成，有助于我们的手机业务获得更好的规模经济效益及更大的灵活性，有利于继续保持在手机领域的领先地位。”爱立信整机外包不是被迫的。爱立信做此战略调整的主要原因是其手机生产一直经营不善，2000年全年亏损金额高达164亿瑞典克朗。但是，爱立信所经营的电话交换系统业务却带来了丰厚的利润。2001年，全公司的税前利润额达到了287亿瑞典克朗（约合33.6亿美元），比1999年激增近75个百分点。因此爱立信从手机生产上脱身，把解放出来的资源用于加强手机产品的研发、设计、营销、销售和售后服务等优势环节，做价值链上自己最强大的部分，使爱立信的产品和售后服务更加完美，争取在将来的竞争中抢占有利位置。

如此看来，爱立信这次退出手机生产，其实并没有退出手机市场。相反，这有助于爱立信的手机业务获得更好的规模经济效益，为其长期获利打下坚实的基础。

（2）有所不为，才有所为。现在，不少企业在“有为”上确实充满激情，但在“不为”上缺少勇气。究其原因有二：一是老观念在作怪，“大而全”“小而全”，万事不求人，没有看到全球经济发展的大趋势；二是没有自己的核心竞争力，没有“杀手锏”，当然什么都不愿（敢）放弃。

（3）策略性外包是国际大趋势。所谓“外包”，是指将产品的部分零件或整个产品交给其他供应商或生产商加工，而自己只负责研发与销售。外包这种经营方式很常见，在经营上也非常科学。电脑、手机等很多行业都在做，爱立信一直都在做外包，把机壳、电池等外包给不同的供应商。而这次不只是零件，而是手机的整机外包。国际著名的手机厂商，为了让产业供应链的每一个环节都发挥最大效能，同时降低成本，纷纷将自己的一部分手机生产业务外包给亚洲的厂商，爱立信、摩托罗拉、西门子及阿尔卡特等此前都有外包，只有诺基亚没有外包项目。当爱立信手机出现连续巨额亏损后，它所经营的电话交换系统业务却带来丰厚的利润。此时选择将生产外包（相当于原来自己做家务，现在请小时工做），把精力、资金集中到更有可能成功的领域是明智的。估计从2002年起，爱立信每年节省约20亿美元的开支。

要求：

（1）谈谈你对爱立信扭亏措施的理解。

（2）谈谈你对“有所为，有所不为”的看法。

（3）运用管理会计学的知识谈谈你对爱立信外包策略的看法。

参考答案

项目三
变动成本法

学习目的与要求

通过本项目的实训，使学生进一步理解变动成本法的概念和知识点，熟练掌握变动成本法的计算及应用，为以后各项目的学习打下坚实的基础。学习本项目，应重点掌握以下内容：

（1）变动成本法的理论依据；

（2）变动成本法与完全成本法的区别；

（3）导致两种成本法出现营业利润差额的根本原因以及差额的变动规律；

（4）两种成本法的结合运用。

重点、难点解析

一、变动成本法的概念及理论依据

变动成本法是以成本习性分析为基础，将生产一定数量的产品所耗用的直接材料、直接人工和变动性制造费用计入产品生产成本，而将固定性制造费用作为期间成本直接计入当期损益处理的一种成本计算方法。

其理论依据为：产品成本和期间成本是两个不同的概念，应明确区分。产品成本是指在产品生产过程中发生的，随着产量的变动而变动。根据这一原则，只有直接材料、直接人工和变动性制造费用才应该计入产品成本。在相关范围内，固定性制造费用的发生与各期的实际产量没有关系，它与非生产成本一样具有时效性，其效益随着时间的推移而逐渐消失，不能递延到下期，而应当在费用发生的当期全额作为期间成本从本期的销售收入中直接扣除。

二、变动成本法与完全成本法的区别

变动成本法与完全成本法的区别对照表见表3–1。

三、两种成本法下分期营业利润差额的变动规律

（一）变动规律

（1）如果完全成本法下期末存货吸收的固定性制造费用等于期初存货释放的固定性制造费用，那么，按两种成本法计算的分期营业利润必然相等；

（2）如果完全成本法下期末存货吸收的固定性制造费用大于期初存货释放的固定性制造费用，那么，按完全成本法计算的分期营业利润大于变动成本法计算的分期营业利润；

（3）如果完全成本法下期末存货吸收的固定性制造费用小于期初存货释放的固定性

表3-1　　　　变动成本法与完全成本法的区别对照表

项目		变动成本法	完全成本法
应用的前提条件不同		以成本习性分析为前提	以成本按经济用途分类为前提
成本的构成内容不同	产品成本	变动生产成本{直接材料 直接人工 变动性制造费用}	生产成本{直接材料 直接人工 制造费用}
	期间成本	变动非生产成本{变动性销售费用 变动性管理费用 变动性财务费用} 固定成本{固定性制造费用 固定性销售费用 固定性管理费用 固定性财务费用}	非生产成本{销售费用 管理费用 财务费用}
销售成本的计算公式不同		本期销售成本=单位变动生产成本×本期销售量	本期销售成本=期初存货成本+本期生产产品成本-期末存货成本
损益确定程序不同	公式不同	贡献毛益=营业收入-变动成本 营业利润=贡献毛益-固定成本	营业毛利=营业收入-营业成本 营业利润=营业毛利-营业费用
	利润表格式不同	贡献式	传统的职能式

制造费用，那么，按完全成本法计算的分期营业利润小于变动成本法计算的分期营业利润。

（二）利润差异的简算法

两种成本法下的营业利润差额存在着一定的规律，在实务中有时不需要按两种成本法同时计算营业利润，而是用以下公式进行简化计算。

两种成本计算法当期营业利润差额 = 完全成本法期末存货的固定生产成本 − 完全成本法期初存货的固定生产成本

四、变动成本法的优缺点

（一）优点

（1）能提供最有用的管理信息，为预测前景、参与决策和规划未来服务。

（2）促使企业管理层重视市场销售，做到以销定产，防止盲目生产。

（3）便于分清各部门责任，有利于进行成本控制与业绩评价。

（4）利于简化产品成本的计算工作。

（二）缺点

（1）不符合传统的成本概念。

（2）不适于长期决策和定价决策的需要。

五、变动成本法的应用

在实践中应将变动成本法与完全成本法结合起来运用，即在日常核算时采用变动成本法，期末采用一定的方法将变动成本法求得的成本与利润的信息调整为完全成本法反映的信息资料，以满足企业外部信息使用者的需要。

案例分析

【资料】北汽集团2018年投产一种小型联合收割机，当年投产当年收益，年生产能力为12 000台。该产品单位变动生产成本为1万元，固定性制造费用总额为7 200万元，每年发生销售及管理费用1 000万元，单位售价为3万元。2018年的产销量为3 000台，当年亏损2 200万元。

2019年经董事会研究决定，让王刚担任总经理，条件是扭亏为盈，按税前利润的10%提成。2019年该企业生产收割机10 000台，销售3 000台，当年盈利2 840万元。王刚也顺其自然地拿走了284万元的提成。

【思考】

（1）2 840万元的利润是如何得出的？

（2）你认为王刚应否提成284万元？为什么？

（3）结合本案例，讨论在企业内部管理中哪种成本计算方法最适合。

【分析】

（1）2019年2 840万元利润的计算过程（完全成本法）如下（单位：万元）：

销售收入（3 000×3）	9 000
销售成本（1+7 200÷10 000）×3 000	5 160
销售毛利	3 840
销售及管理费用	1 000
营业利润	2 840

（2）王刚不应该拿到284万元的提成。因为采用完全成本法，在单价和成本水平不变的情况下，2019年当期发生的7 200万元的固定性制造费用，只有2 160万元（7 200÷10 000×3 000）计入当期损益，剩余的5 040万元的固定性制造费用由存货吸收并结转到第二年，从而使本年成本减少了5 040万元，利润也相应地增加到2 840万元。如果采用变动成本法来计算利润，由于两年的销售量相同，因而2018年、2019年两个年度的利润也应该相同，即都为–2 200万元。

（3）尽管2018年与2019年的销售量、销售单价、单位变动生产成本和固定性制造费用总额均无变化，但是由于两年的产量不同，在完全成本法下，两年的营业利润出现了差异，即2019年比2018年增加营业利润5 040万元。其主要原因是，2018年产销量与2019年相等，7 200万元的固定性制造费用全部计入当期损益，而2019年由于出现了7 000台的期末存货，吸收了当期5 040万元的固定性制造费用，从而使利润增加了

5 040万元，这很容易引起人们的误解，使人们得出一个“产量越大，利润就越高”的错误结论，导致盲目生产，库存积压，这正是完全成本法最大的缺点。如果采用变动成本法，则产量对营业利润没有影响，能够使人理解销售量与利润的关系。变动成本法能真正地反映出企业的真实业绩，所以，我认为在企业内部管理中变动成本法最适合。

复习思考

1. 变动成本法和完全成本法的主要区别有哪些？
2. 变动成本法的优缺点是什么？
3. 两种成本法分期营业利润差额有何规律？
4. 采用变动成本法和完全成本法所确定的营业利润是否会产生差异？为什么？
5. 当生产量大于销售量时，采用何种成本计算法可获得较高利润？为什么？
6. 你认为在我国应如何应用变动成本法？

项目实训

一、单项选择题（每题只有一个正确答案，请将正确答案填在括号内）

1. 下列各项中，属于完全成本法的优点的是（　　）。

A. 鼓励企业提高产品生产

B. 便于分清各部门的经济责任

C. 能反映出利润与销售同方向变动的规律

D. 简化了成本核算

2. 如果某期按变动成本法计算的营业利润为6 000元，该期产量为2 000件，销售量为1 000件，期初存货为0，固定性制造费用总额为4 000元，则按完全成本法计算的营业利润为（　　）元。

A. 0　　B. 2 000　　C. 6 000　　D. 8 000

3. 在变动成本法下，当单价和成本水平不变时，营业利润额直接与（　　）的多少挂钩。

A. 生产量　　B. 销售量　　C. 期初存货量　　D. 期末存货量

4. 如果完全成本法的期末存货成本比期初存货成本多10 000元，而变动成本法的期末存货成本比期初存货成本多6 000元，则可断定两种成本法的营业利润之差为（　）元。

A. 10 000　　B. 6 000　　C. 4 000　　D. 16 000

5.（2017技能大赛）变动成本法下产品成本中一定不包含的项目是（　　）。

A. 原材料　　B. 车间管理人员的工资

C. 生产工人的工资　　D. 按机器小时计提的专用设备折旧费

6.（2017技能大赛）在变动成本法下，其利润表所提供的中间指标是（　　）。

A.销售毛利　　B.营业利润　　C.期间成本　　D.边际贡献

7.（2017技能大赛）在成本水平不变的情况下，按完全成本法计算的单位产品成本（　　）。

A.随产量的增加而增加　　B.随产量的增加而下降

C.不受产量变动的影响　　D.与变动成本法计算的结果一致

8.（2017技能大赛）完全成本法和变动成本法下营业利润的差异是由于对（　　）的不同。

A.推销及管理成本处理　　B.固定性制造费用处理

C.变动性制造费用处理　　D.直接材料和直接人工处理

9.（2017技能大赛）由于对固定性制造费用的处理不同，按变动成本法计算的期末存货价值比按完全成本法计算的期末存货价值（　　）。

A.一定低　　B.一定高　　C.一定相等　　D.高低不一定

10.（2017技能大赛）采用变动成本法计算产品成本时，必须按业务量分解为变动成本和固定成本的费用是（　　）。

A.制造费用　　B.管理费用　　C.销售费用　　D.以上均包括

二、多项选择题（每题有两个或两个以上正确答案，请将正确答案填在括号内）

1.变动成本法下产品成本中包含的项目有（　　）。

A.生产产品所耗原材料　　B.生产工人计件工资

C.车间照明用电　　D.按直线法计提的折旧费

2.贡献式利润表中“变动生产成本”是指（　　）。

A.本期销售成本

B.本期生产成本

C.它等于单位变动生产成本与本期销量的乘积

D.它等于单位变动生产成本与本期产量的乘积

3.在变动成本法下，变动非生产成本包括（　　）。

A.变动性制造费用　　B.变动性管理费用

C.变动性销售费用　　D.变动性财务费用

4.在完全成本法下，影响计入当期损益的固定性制造费用数额的有（　　）。

A.当期发生的固定性制造费用总额　　B.当期营业收入总额

C.期末存货量　　D.期初存货量

5.下列有关变动成本法的表述中，正确的有（　　）。

A.单位产品成本不受产量影响

B.提供的资料不适于长期决策的需要

C.提供的产品成本信息不符合对外报表的要求

D.所提供的信息能够反映成本、业务量和利润之间的依存关系

6.完全成本法与变动成本法对（　　）的处理方法相同，只是在利润表中的位置和补偿方式不同，但实质是一样的。

A. 销售费用　　B. 管理费用　　C. 财务费用　　D. 制造费用

7.（2017技能大赛）变动成本法和完全成本法共同的期间成本有（　　）。

A. 财务费用　　B. 固定性制造费用

C. 产品销售费用　　D. 管理费用

8.（2017技能大赛）变动成本法的优点主要包括（　　）。

A. 简化成本核算　　B. 便于成本控制

C. 便于短期决策　　D. 便于长期决策

9.（2017技能大赛）变动成本法与完全成本法之间在（　　）方面存在着不同。

A. 变动性制造费用的构成　　B. 产品生产成本

C. 计算利润的步骤　　D. 服务对象

10.（2017技能大赛）不会引起变动成本法和完全成本法确定的营业利润产生差异额的有（　　）。

A. 非生产成本　　B. 固定生产成本

C. 销售收入　　D. 变动生产成本

三、判断题（正确的在括号内打"√"，错误的打"×"）

1. 按变动成本法的解释，期间成本中只包括固定性制造费用。（　　）

2. 变动成本法既有利于短期决策，也有利于长期决策。（　　）

3. 变动成本法完全取代完全成本法不符合现行会计制度的统一要求。（　　）

4. 变动成本法和完全成本法在任何情况下计算出来的营业利润都是不同的。（　　）

5. 如果期末存货量增加，完全成本法计算的营业利润必然大于变动成本法计算的结果。（　　）

6. 在变动成本法下，变动非生产成本是在计算边际贡献之前扣除的，所以它不再称为期间成本，这与完全成本法的处理截然不同。（　　）

7. 两种成本法出现不为零的利润差额，只有可能性，没有必然性。（　　）

8. 在期末存货不为零时，按变动成本法确定的期末存货成本必然小于按完全成本法确定的期末存货成本。（　　）

9. 在变动成本法下，产品成本只包括变动成本，而变动成本既包括变动生产成本，也包括变动非生产成本。（　　）

10. 采用变动成本法计算产品生产成本时，制造费用作为期间成本计入当期损益。（　　）

四、计算分析题

1. 中德公司2019年只生产一种产品，假定各期的单价、成本水平和计价方法（先进先出法）均不变，固定生产成本为64 000元，单位变动生产成本为10元。有关资料见表3-2。

要求：

（1）补充表3-2中A、B、C、D、E、F、G、H项目数据。

表3-2　中德公司有关资料

项目	单位	1月份	2月份
期初存货量	件	0	B
本期生产量	件	8 000	10 000
本期销售量	件	8 000	8000
期末存货量	件	A	C
按变动成本法计算的产品单位成本	元	D	E
按完全成本法计算的产品单位成本	元	F	G
按变动成本法计算的营业利润	元	18 000	H

（2）计算2019年2月份完全成本法下期末存货中的固定成本。

（3）计算2019年2月份完全成本法与变动成本法的利润差异。

（4）计算2019年2月份完全成本法下的营业利润。

2.华达公司本年度只生产一种产品，其产销量、售价以及成本的有关资料如下：生产量为4 000件，销售量为3 500件，期初存货量为0，销售单价为50元，直接材料成本为20 000元，直接人工成本为36 000元，单位变动性制造费用为6元，固定性制造费用为28 000元，单位变动性销售及管理费用为4元，固定性销售及管理费用为20 000元。

要求：

（1）分别采用变动成本法和完全成本法计算本年度期末存货成本。

（2）采用两种成本法编制本年度利润表。

3.联想公司产销一种产品，2019年1月和2月有关资料见表3-3。

表3-3　联想公司2019年1月和2月产品有关资料　单位：件

项目	1月份	2月份
期初存货量	0	200
本期生产量	1 000	800
本期销售量	800	900
期末存货量	200	100

该产品销售单价为100元，单位变动生产成本为35元，单位变动性销售及管理费用为5元，每月固定性制造费用为20 000元，每月固定性销售及管理费用为2 000元，存货计价采用先进先出法。

要求：

（1）采用两种成本法计算每月单位产品成本和期间成本。

（2）采用两种成本法计算每月销售成本和期末存货成本。

（3）采用两种成本法计算每月营业利润。

（4）说明采用完全成本法计算营业利润的弊端。

4.德兴公司只生产一种产品，2017—2019年有关资料见表3-4。

表3-4　　德兴公司2017—2019年产品有关资料　　单位：件

项目	2017年	2018年	2019年
期初存货量	0	0	4 000
本期生产量	10 000	10 000	10 000
本期销售量	10 000	6 000	12 000
期末存货量	0	4 000	2 000

该产品销售单价为8元，单位变动生产成本为3元，固定性制造费用均按2元的基础分摊给产品，固定性销售及管理费用为15 000元，存货计价采用先进先出法。

要求：

（1）采用两种成本法编制各年利润表。

（2）分析两种成本法计算的营业利润发生差异的原因，并验证三条规律的正确性。

五、案例题

案例一

中大公司是一家生产汽车零部件的企业，经济效益十分可观，随着市场占有率的不断提高和经营规模的不断扩大，管理人员的配备就显得尤为重要。为了进一步提高企业的内部管理水平，公司决定招聘一批懂管理会经营的专业人才，其中财务部招聘一名财务主管。最终有甲、乙两人前去应聘，公司让精通财务工作的副总经理司云担任主考官，司云现场提出了两个问题：（1）请应聘者做一份关于该产品的利润表；（2）如果想大幅度提高企业的利润，作为财务部门的主管人员，应提出什么样的建议？

企业拟投入一种新产品的生产，有关资料见表3-5。

表3-5　　新产品有关资料

本年投产完工量	15 000件	直接材料	300 000元
本年销售量	10 000件	直接人工	300 000元
期末存货量	5 000件	制造费用	变动：75 000元 固定：150 000元
销售单价	100元/件	销售及管理费用	变动：10 000元 固定：20 000元

结果甲、乙两人分别给出了不同的答案。甲提供的报表是用完全成本法编制的，他提出的建议是在现有的经营规模基础上扩大再生产，大幅度增加产量，从而降低产品成本，增加企业盈利。乙提供的报表是按变动成本法编制的，他提出的建议是积极扩展市场，扩大产品销售，从而达到增加利润的目的。副总经理司云看了他们的报表和建议后，当即就确定了财务主管的人选。

要求：

（1）请你根据案例资料分别编制出甲、乙两人关于该种产品的利润表。

（2）两个利润表的结果是否相同？如有差异，请你分析形成差异的原因。

（3）针对甲、乙两人提供的建议，你认为哪个更适合中大公司？

（4）根据你的分析，你认为公司录用了谁？

案例二（2017技能大赛）

Komo公司只生产一种产品，就是模型飞机。表3-6是去年成本和经营数据的摘要（货币单位为美元，数量单位为件）。

表3-6　成本和经营数据的摘要

制造成本：	
产成品存货期初余额	0
本年生产量	15 000
本年销售量	13 500
产成品存货期末余额	1 500
单位售价	60
单位变动成本：	
直接材料	20
直接人工	12
变动性制造费用	8
固定性制造费用	60 000
销售和管理费用：	
单位变动费用	5
固定费用	50 000

要求：

（1）假设Komo公司采用完全成本法，计算单位存货成本，并采用传统的表格编制利润表。

（2）假设Komo公司采用变动成本法，计算单位产品成本，并编制利润表，表示出边际贡献。

（3）解释变动成本法和完全成本法之间净利润的差异。

（4）假设Komo公司年初存在产成品存货，如果该期间销售量大于生产量，公司的净利润将有什么表现？解释你的答案。

参考答案

项目四

本量利分析

学习目的与要求

通过本项目学习，要求学生了解本量利的定义，掌握保本点分析，能运用利润敏感性分析方法分析企业问题。学习本项目，应重点掌握以下内容：

（1）本量利分析的定义和作用；

（2）保本点的含义和计算公式；

（3）贡献边际指标和安全边际指标的计算方法；

（4）目标利润下的销售量和销售额的计算方法；

（5）运用利润敏感性分析方法分析企业经营管理中的问题。

重点、难点解析

一、本量利分析概述

（一）本量利分析的含义

本量利分析是成本、业务量、利润关系分析的简称。进一步说就是分析固定成本、单位变动成本、销售量、单价、销售额、利润等变量之间的内在规律性联系。

（二）本量利分析的基本公式

利润=销售单价×销售量-单位变动成本×销售量-固定成本

$$P=px-bx-a$$

此公式非常重要，本项目许多公式都是由此公式推导出来的。公式中有五个要素：销售单价、销售量、单位变动成本、固定成本、利润。一般已知四个要素求另外一个要素。

（三）贡献边际及其相关指标

贡献边际（Tcm）=销售收入-变动成本

单位贡献边际（cm）=销售单价-单位变动成本

贡献边际率=贡献边际÷销售收入=单位贡献边际÷销售单价

变动成本率=变动成本÷销售收入=单位变动成本÷销售单价

二、保本分析

（一）保本点的含义及表现形式

保本点是指能使企业达到保本状态的业务量。

单一品种的保本点有两种表现形式：保本量（实物量）和保本额（价值量）。

（二）单一品种保本点的计算公式

保本量=固定成本总额÷单位贡献边际

保本额=固定成本总额÷贡献边际率

（三）企业经营安全程度的评价指标

MS_u=实际或预计销售量-保本量

MS_d=实际或预计销售额-保本额

安全边际率=安全边际量÷实际或预计销售量=安全边际额÷实际或预计销售额

保本作业率=保本点销售量÷正常销售量=保本点销售额÷正常销售额

三、本量利的因素分析

这种分析实际上就是已知销售单价、销售量、单位变动成本、固定成本、利润等五个要素中的四个要素求另外一个要素。

（一）实现目标利润业务量的计算

已知销售单价、单位变动成本、固定成本和目标利润，求销售量及销售额为多少。

根据P=px-bx-a，则：

实现目标利润的销售量=（固定成本总额+目标利润）÷（销售单价-单位变动成本）

实现目标利润的销售额=（固定成本总额+目标利润）÷贡献边际率

目标利润一般是指缴纳所得税前的利润，而缴纳所得税后的目标利润称为目标净利润，二者的关系为：

目标利润=目标净利润÷（1-所得税税率）

如果给出的是目标净利润，应按下式计算：

$$\frac{保利}{销售量}=\left\{\frac{固定成本}{总额}+\left[\frac{目标}{税后利润}\div\left(1-\frac{所得税}{税率}\right)\right]\right\}\div\left(\frac{销售}{单价}-\frac{单位}{变动成本}\right)$$

$$\frac{保利}{销售额}=\left\{\frac{固定成本}{总额}+\left[\frac{目标}{税后利润}\div\left(1-\frac{所得税}{税率}\right)\right]\right\}\div\frac{贡献}{边际率}$$

根据公式可以看到：

影响保本点的有三个因素：固定成本、销售单价、单位变动成本。

影响实现目标利润业务量（保利点）的有四个因素：固定成本、销售单价、单位变动成本、目标利润。

影响实现目标净利润业务量的有五个因素：固定成本、销售单价、单位变动成本、目标利润、所得税税率。

（二）有关因素变动对相关指标的影响（见表4-1）

（三）保本图

1.基本保本图揭示的规律

保本点不变，销售量越大，实现的利润越多或亏损越少；如果销售量不变，保本点越低，实现的利润越多或亏损越少；在销售收入既定的情况下，保本点的高低取决于固定成本总额和变动成本的多少。

2.本利量式分析图揭示的规律

该图是反映数量和利润间关系的保本图。

表4-1　有关因素变动对相关指标的影响

项目	保本点	保利点	安全边际	利润
销售单价	反方向	反方向	同方向	同方向
单位变动成本	同方向	同方向	反方向	反方向
固定成本	同方向	同方向	反方向	反方向
销售量	不影响	不影响	同方向	同方向
目标利润	不影响	同方向	不影响	不影响

3.贡献边际式保本图揭示的规律

该图反映贡献边际与固定成本之间的关系。

四、利润敏感性分析

利润敏感性分析主要是研究有关因素发生多大变化，会使企业由盈利转为亏损，以及各因素变化对利润的影响程度。

（一）有关因素发生多大变化，能使企业由盈利转为亏损

（1）销售单价的最小值，即利润为零时的单价。

（2）单位变动成本的最大值，即利润为零时的单位变动成本。

（3）固定成本的最大值，即利润为零时的固定成本。

（4）销售量的最小值，即利润为零时的销售量，它就是保本点销售量。

（二）各因素变化对利润的敏感程度

影响利润各因素的敏感程度从高到低排列如下：销售单价、单位变动成本、销售量、固定成本。

案例分析

王朝酒业缘何陨落？

一、匿名指控业绩被疑虚增

2015年8月14日，停牌内部调查两年多的王朝酒业发布公告披露停牌调查原因。原来其被举报进行虚假交易，仅其中一项指控涉及金额就达4.3亿元，这无疑让连年亏损的王朝酒业再遭打击。而由于王朝酒业高管频繁更迭、内部改革进展缓慢，业内普遍对其未来发展不看好。这家曾经和长城、张裕并称为国产葡萄酒三驾马车的老牌企业，已经退出第一梯队，黯然陨落。

据公告称，2013年3月，罗兵咸永道会计师事务所（以下简称“罗兵咸永道”）收

到了多封针对王朝酒业的匿名指控信，随后王朝酒业于当月停牌进行内部调查。

据了解，罗兵咸永道收到的指控信对王朝酒业提出了四项指控：第一项指控是上海王朝销售公司（以下简称“上海王朝”）2010年为了达成销售目标并且获得相关奖金，与客户私下达成协议，虚构高达4.3亿元的销售额；第二项指控是2011年上海王朝用与上述同样的方法和另一客户达成协议，虚构销售额；第三项指控则表明，王朝酒业2010年和2011年第四季度采购额超过5 000万元的几个客户存在配合王朝酒业虚构销售业绩的行为；第四项指控称，王朝酒业2010年囤积在江苏和福建的价值5亿元的葡萄酒在积压后出现质量问题，但后来被转移，真实库存无从查起。

二、高管更迭内部管理缺失

王朝酒业虚构销售额事件与混乱的内部管理有直接关系。一位不愿透露姓名的酒企高管指出，在酒水行业通过经销商预打款虚增业绩几乎是公开的秘密，企业为了完成销售目标或者冲击业绩，与合作良好的经销商合作，先打一定数额的货款过来，之后企业再逐步发货给经销商。这种模式可操作性很强，但有两点需要特别注意：一是靠公司高层的监督；二是靠公司的管理机制。但王朝酒业恰恰做不到这两点。

近年来王朝酒业高管队伍更迭极为频繁，董事会主席白智生、非执行董事王卫东、总经理郝非非接连辞职，企业的高层一直处于动荡之中，这也被业内认为是业绩疲软的关键因素之一。

此外，王朝酒业的公告也暴露出内部管理混乱的问题。据悉，为了配合内部调查，王朝酒业需要提供涉嫌虚构销售额客户名单及采购额超过人民币5 000万元的一些客户的货物，以及代这些客户发货给下游客户的送货单据；按照费用发生的时间编制2010—2014年营业费用的明细账，及确定营业费用应该正确计入有关年度的过往财务资料。然而王朝酒业表示，由于前几年员工更替频繁和离职人员较多，工作交接手续不完善，若干文件和资料并没有完整交接，造成大多数原始资料缺失。另外因为国内葡萄酒市场的变化，部分原来的经销商进行品种转换不再继续经营葡萄酒，或者转行甚至进行了清算，难以找到原经销商的数据。

三、连年亏损王朝未来难测

由于深陷内部调查阴影，王朝酒业业绩连年下滑。数据显示，王朝酒业2013年亏损额3.56亿港元，2014年上半年未经审计净利润亏损6 344.4万港元。2015年7月中旬，王朝酒业发布警示称，预计集团截至6月30日的前6个月业绩将继续亏损。王朝酒业在2014年同期已经为亏损，公司董事会预期2015年上半年亏损金额相比2014年同期增加50%~60%。对于亏损再度扩大的原因，王朝酒业解释为收入、毛利及毛利率的下跌，一是因为于以前年度已经销售的高档酒、桶装酒及进口酒退货；政府政策限制宴请宴会；中国经济增长放缓、进口葡萄酒受冲击。二是分销成本与去年相比上升，因为对品牌建立、销售和市场行销的投资持续增加，以回应市场转变及公司的可持续发展，此成本与毛利抵销。

事实上，王朝酒业产品的知名度较低。调查多家家乐福、物美、永辉超市，国产葡萄酒基本上都是长城、张裕、中葡、通葡等旗下产品，王朝酒业的产品并不多见，而在烟酒零售店内，王朝酒业的产品更是极为少见。

在火热的电商渠道，王朝酒业依然难觅踪影。以京东商城为例，长城葡萄酒、张裕葡萄酒和王朝葡萄酒的旗舰店，前两家旗舰店的产品评价最高达上万条，然而王朝葡萄酒旗舰店以销量从高到低排序，销量最多的产品评价仅16条。

中国食品商务研究院研究员朱丹蓬表示，近年王朝酒业一直增长乏力，皆因在“吃老本”。改善应从渠道构建、产品研发和品牌建设入手，从品牌角度发力，从产品渠道方面全面打造升级。

王朝酒业原本具备先天优势，品牌认知度高、拥有一定的产能，且骨干力量仍然坚守，相信这段风波过后，认真进行本量利分析，企业可触底反弹。然而如果企业继续消沉，待设备老化、品牌影响逐渐降低，那时将很难再走出阴霾。

复习思考

1. 如何理解本量利分析的含义？

2. 什么是敏感性分析？

项目实训

一、单项选择题（每题只有一个正确答案，请将正确答案填在括号内）

1. 进行本量利分析，必须把企业全部成本区分为固定成本和（　　）。

A. 税金成本　　B. 材料成本　　C. 人工成本　　D. 变动成本

2. 计算贡献边际率，可以用单位贡献边际去除（　　）。

A. 单位售价　　B. 总成本　　C. 销售收入　　D. 变动成本

3. 下列指标中，可据以判定企业经营安全程度的指标是（　　）。

A. 保本量　　B. 贡献边际　　C. 保本作业率　　D. 保本额

4. 已知企业只生产一种产品，单价5元，单位变动成本3元，固定成本总额600元，则保本销售量是（　　）件。

A.200　　B.300　　C.120　　D.400

5. 某企业只生产一种产品，单位变动成本为36元，固定成本总额为4 000元，产品单位销售价格为56元，要使安全边际率达到50%，该企业的销售量应达到（　　）件。

A.400　　B.222　　C.143　　D.500

6. 某公司生产的产品，其保本量为20万件，单价为2元，贡献边际率为40%，其固定成本是（　　）万元。

A.50　　B.100　　C.8　　D.16

7. 已知企业某产品的单价为2 000元，目标销售量为3 500件，固定成本总额为100 000元，目标利润为600 000元，则企业应将单位变动成本的水平控制在（　　）元/件。

A.1 500　　B.1 667　　C.1 000　　D.1 800

8.在本利量式分析图中，若横轴代表销售量，则利润线的斜率代表（　　）。

A.变动成本率　　B.单位贡献边际

C.单位变动成本　　D.贡献边际率

9.在销售量不变的情况下，保本点越高，能实现的利润（　　）。

A.越多　　B.越少　　C.不变　　D.越不确定

10.下列关系式正确的是（　　）。

A.贡献边际率+作业率=1　　B.贡献边际率+变动成本率=1

C.贡献边际率+安全边际率=1　　D.变动成本率+安全边际率=1

11.下列各项不受销售量变动影响的是（　　）。

A.营业利润　　B.安全边际量　　C.安全边际额　　D.单位贡献边际

12.在相关范围内，导致保本点升高的重要原因是（　　）。

A.产品单位销售价格提高　　B.产品单位变动成本升高

C.产品产销数量增多　　D.产品安全边际增大

13.保本点的销售量（实物单位）等于（　　）。

A.固定成本÷贡献边际率　　B.固定成本÷单位产品贡献边际

C.固定成本÷安全边际率　　D.固定成本÷安全边际

14.某企业只生产一种产品，该产品的贡献边际率是65%，本期销售额是200 000元，营业利润是100 000元，则该产品的固定成本为（　　）元。

A .100 000　　B. 130 000　　C. 30 000　　D. 70 000

15.如果产品的单价与单位变动成本上升的百分比相同，其他因素不变，则保本点销售量（　　）。

A.不变　　B.上升　　C.下降　　D.不确定

16.（2017技能大赛）下列各项是本量利分析的基础，也是本量利分析出发点的是（　　）。

A.成本性态分析假设　　B.相关范围及模型线性假设

C.产销平衡假设　　D.品种结构不变假设

17.（2017技能大赛）下列因素单独变动时，不对保利点产生影响的是（　　）。

A.成本　　B.单价　　C.销售量　　D.目标利润

18.（2017技能大赛）已知企业只生产一种产品，单位变动成本为45元，固定成本总额60 000元，产品单价为120元，为使安全边际率达到60%，该企业当期至少应销售产品（　　）件。

A.2 000　　B.1 333　　C.800　　D.1 280

19.（2017技能大赛）已知某企业本年目标利润为2 000万元，产品单价为600元，变动成本率为30%，固定成本总额为600万元，则企业的保利量为（　　）件。

A.61 905　　B.14 286　　C.50 000　　D.54 000

20.（2017技能大赛）当单价单独变动时，安全边际（　　）。

A.不会随之变动　　B.不一定随之变动

C.将随之发生同方向变动　　D.将随之发生反方向变动

21.（2017技能大赛）按照本量利分析的假设，收入函数和成本函数的自变量均为同一个（　　）。

A.销售单价　　B.单位变动成本　　C.固定成本　　D.产销量

22.（2017技能大赛）根据本量利分析原理，只提高安全边际而不会降低保本点的措施是（　　）。

A.提高单价　　B.增加产量

C.降低单位变动成本　　D.降低固定成本

23.（2017技能大赛）在本量利分析中，必须假定产品成本的计算基础是（　　）。

A.完全成本法　　B.变动成本法　　C.吸收成本法　　D.制造成本法

二、多项选择题（每题有两个或两个以上正确答案，请将正确答案填在括号内）

1.下列各项中，属于本量利分析内容的有（　　）。

A.单一品种下的保本分析　　B.盈利条件下单一品种的本量利分析

C.单一品种下的本量利关系图　　D.多品种下的本量利分析

2.本量利分析的基本假设包括（　　）。

A.相关范围假设　　B.线性假设

C.产销平衡假设　　D.品种结构不变假设

3.下列各项叙述正确的有（　　）。

A.盈亏临界点不变，销售量越大，盈利越多

B.销售量不变，盈亏临界点越低，盈利越多

C.固定成本越多，盈亏临界点越低

D.单位变动成本越高，盈亏临界点越高

4.安全边际指标包括的内容有（　　）。

A.安全边际量　　B.安全边际额　　C.安全边际率　　D.保本作业率

5.保本点的表现形式包括（　　）。

A.保本额　　B.保本量　　C.保本作业率　　D.变动成本率

6.下列各项中，可据以判定企业是否处于保本状态的有（　　）。

A.安全边际率为零　　B.贡献边际等于固定成本

C.收支相等　　D.保本作业率为零

7.下列与安全边际率有关的说法中，正确的有（　　）。

A.安全边际与当年实际销售量的比值

B.安全边际率与保本作业率的和为1

C.安全边际与销售量的比率

D.安全边际率越小，企业发生亏损的可能性越小

8.下列各式计算结果等于贡献边际率的有（　　）。

A.单位贡献边际÷单价　　B.1−变动成本率

C.贡献边际÷销售收入　　D.固定成本÷保本销售量

9.贡献边际除了以总额的形式表现外，还包括（　　）表现形式。

A.单位贡献边际　　B.税前利润
C.营业收入　　D.贡献边际率

10.下列公式正确的有（　　）。
A.单位贡献毛益=单价-单位变动成本
B.贡献毛益总额=销售收入总额-变动成本总额
C.贡献毛益率=单位贡献毛益÷单价
D.贡献毛益率=贡献毛益总额÷销售收入总额

11.下列各项中，其水平提高会导致保利点升高的有（　　）。
A.单位变动成本　B.固定成本总额　C.目标利润　D.销售量

12.在单一品种条件下，影响保利点的因素包括（　　）。
A.现金净流量　B.单价　C.固定成本总额　D.单位变动成本

13.在传统式本量利关系图上，保本点的位置是由（　　）决定的。
A.总成本线　B.固定成本线　C.变动成本线　D.销售收入线

14.下列各项中，其变动可以改变保本点位置的因素包括（　　）。
A.单价　B.单位变动成本　C.销售量　D.固定成本

15.影响保净利量指标的因素有（　　）。
A.固定成本　B.目标利润　C.单价　D.单位变动成本

16.下列各项中，会随着单价变动反方向变动的有（　　）。
A.保本点　B.保利点　C.变动成本率　D.单位贡献边际

17.下列各项中，能同时影响保本点、保利点及保净利点的因素有（　　）。
A.所得税税率　B.目标利润　C.单位贡献边际　D.贡献边际率

18.下列各项的计算结果等于贡献边际率的有（　　）。
A.单位贡献边际÷单价　　B. 1-变动成本率
C.贡献边际÷销售收入　　D.固定成本÷保本销售量

19.下列各项中，有可能成立的关系有（　　）。
A.贡献边际率大于变动成本率　　B.贡献边际率小于变动成本率
C.贡献边际率+变动成本率=1　　D.贡献边际率和变动成本率都大于零

20.某产品单价为8元，固定成本总额为2 000元，单位变动成本为5元，计划产销量600件，要实现400元的利润，可分别采取的措施有（　　）。
A.减少固定成本600元　　B.提高单价1元
C.提高产销量200件　　D.降低单位变动成本1元

21.（2017技能大赛）下列各项叙述正确的有（　　）。
A.企业产销单一品种，盈亏临界点可用实物量表示，也可用金额表示
B.企业同时生产多种产品，盈亏临界点只能用金额表示
C.企业同时生产多种产品，盈亏临界点只能用实物量表示
D.企业同时生产多种产品，盈亏临界点可用实物量表示，也可用金额表示

22.（2017技能大赛）下列各项中，会随单价同方向变动的有（　　）。
A.保本点　B.保利点　C.变动成本率　D.单位边际贡献　E.贡献边际率

23.（2017技能大赛）进行本量利分析，必须假定产品成本的计算基础是（　　）。

A.人工成本　　B.变动成本　　C.材料成本　　D.固定成本

24.（2017技能大赛）某公司单位变动成本8元，单价12元，固定成本2 000元，销售量1 000件，欲实现利润3 000元，该公司应采取的措施有（　　）。

A.单价提高1元　　B.提高销量125件

C.单位变动成本降低1元　　D.降低固定成本500元

E.单价降低1元

三、判断题（正确的在括号内打“√”，错误的打“×”）

1.在进行本量利分析时，不需要任何假设条件。（　　）

2.贡献边际首先用于补偿固定成本，之后若有余额，才能为企业提供利润。（　　）

3.本量利分析应用的前提条件与成本性态分析的假设是相同的。（　　）

4.企业的贡献边际应当等于企业的营业毛利。（　　）

5.本量利分析的各种模型是建立在各种假定的前提条件下的，因而它们都存在一定的局限性。（　　）

6.所谓保本是指企业的贡献边际等于固定成本。（　　）

7.通常，贡献边际是指产品的贡献边际，即销售收入减去生产制造过程中的变动成本和销售费用、管理费用中的变动部分之后的差额。（　　）

8.保本作业率能够反映保本状态下，生产经营能力的利用程度。（　　）

9.安全边际率和保本作业率是互补的，安全边际率高则保本作业率低，其和为1。（　　）

10.超过保本点的安全边际所提供的贡献边际就是利润。（　　）

11.安全边际和销售利润指标均可在保本点的基础上直接套用公式计算出来。（　　）

12.若单价与单位变动成本同方向同比例变动，则保本点业务量不变。（　　）

13.在盈利条件下的本量利分析中，研究任何一个因素时，其他因素必为已知或固定不变的。（　　）

14.销售利润率可通过贡献边际率乘以安全边际率求得。（　　）

15.单价、单位变动成本及固定成本总额变动均会引起保本点、保利点同方向变动。（　　）

16.单价、单位变动成本和固定成本同时变化，则利润也必定发生变化。（　　）

17.保本图的横轴表示销售收入和成本，纵轴表示销售量。（　　）

18.在标准本量利关系图中，当销售量变化时，盈利三角区和亏损三角区都会变动。（　　）

19.在贡献式本量利关系图中，销售收入线与固定成本线之间的垂直距离是贡献边际。（　　）

20.传统式本量利关系图能反映成本与销售量（额）的关系，但无法反映贡献边际与其他因素的关系，而本利量式分析图则不能显示销售量（额）变动对成本的影响。

（ ）

四、计算分析题

1. 某公司只产销一种产品，本年单位变动成本为6元，变动成本总额为84 000元，获得营业利润18 000元，若该公司计划下一年度变动成本率仍维持本年度的40%，其他条件不变。

要求：预测下年度的保本点销售量及保本点销售额。

2. 某企业保本点的月销售额为50 000元，在其他指标不变而固定成本增加5 000元时，为了实现保本需要增加销售额8 000元。

要求：

（1）计算原固定成本总额；

（2）计算贡献边际率；

（3）计算变动成本率。

3. 某公司2019年的简明利润表见表4–2。

表4–2 简明利润表 单位：元

项目	金额
销售收入	160 000
减：销售成本	120 000（其中变动成本占60%）
销售毛利	40 000
减：营业费用	50 000（其中固定成本占50%）
净利润	–10 000

经过分析，公司亏损的原因是对产品的广告宣传不够，2020年如果能增加广告费4 000元，可使销量大幅度增加，就能扭亏为盈。

要求：

（1）计算该公司2020年保本点销售额；

（2）如果该公司2020年计划实现利润14 000元，则其销售额应为多少？

4. 某公司只生产一种产品，单位售价8元，月初月末产成品存货成本不变，总成本与销售额之间的函数关系为：月总成本=180+0.625×月销售额。

要求：

（1）计算贡献边际率、盈亏临界点销售量、销售100件产品时的安全边际销售量和营业利润、目标利润为150元时的销售额。

（2）如果单位变动成本提高1元，售价应定为多少，才能保持原来的贡献边际率？

5. 甲产品单位售价为30元，单位变动成本为21元，固定成本为450元。

要求：

（1）计算保本点销售量。

（2）若要实现目标利润180元，销售量是多少？

（3）若销售净利润为销售额的20%，计算销售量。

（4）若单位变动成本增加2元，固定成本减少170元，计算此时的保本点销售量。

（5）就上列资料，若销售量为200件，计算单价应调整到多少才能实现利润350元（假定单位变动成本和固定成本不变）。

6. 已知某公司生产A、B、C三种产品，其固定成本总额为19 800元，三种产品的有关资料见表4-3。

表4-3 三种产品的有关资料

品 种	销售单价（元）	销售量（件）	单位变动成本（元）
A	2 000	60	1 600
B	500	30	300
C	1 000	65	700

要求：

（1）采用加权平均法计算该公司的综合保本点销售额及各产品的保本点销售量。

（2）计算该公司的营业利润。

7. 某公司生产和销售A、B两种产品，单位售价A产品为5元，B产品2.50元，A产品贡献边际率为40%，B产品贡献边际率为30%，全月固定成本72 000元。

要求：

（1）设本月各产品的预计销售量：A产品30 000件、B产品40 000件，请计算保本点销售额；A、B两种产品的保本点销售量；用金额表示的安全边际；本月的预计利润。

（2）设本月增加广告费9 700元，可使A产品的销售量增加到40 000件，而B产品的销售量下降到32 000件，请具体分析采取这一措施是否合算。

（3）根据（2）的有关数据，重新计算保本点销售额。

五、案例题

案例一

在某小镇中有一个加油站，加油站内附设一杂货商店，该商店在本地社区的销售额每周可达1 800美元。除此之外到加油站购买汽油的顾客也会光顾此商店。加油站经理估计，平均每100美元花费在汽油上的车主便会花费30美元购买商店的商品，而且在汽油销售量波动时，这一比率仍维持不变。该商品在本地社区的销售与出售给车主的部分是相互独立的。现已知汽油的贡献边际率为18%，商品的贡献边际率为25%；现行汽油销售价格为0.6美元/公升，每周预计汽油销售量为16 000公升；场地每周的固定成本是1 200美元；每周员工薪金固定为800美元。加油站经理非常关心将来的销售额，因为近期某项公路发展计划可能会夺去加油站的生意，而汽油销售量是利润最为敏感的因素。

要求：

（1）计算现行每周利润。

（2）以公升为单位，计算汽油销售的保本点。

（3）如果汽油销售量减至8 000公升，计算利润额。

（4）由于公路发展，汽油销售量减至8 000公升，但又想保持第（1）项计算得出的每周现行利润，假设成本不变，计算此时每公升汽油的售价。

案例二

常印曾是一家乡镇企业的经营策划者，他一直渴望自己能够成为老板，因此，他随时都在寻找发展事业的大好时机。

常印的家就在镇政府所在地，该镇每逢公历的2日、5日、8日都有集市，方圆近百里的人都到这里赶集。常印发现，每逢集市，都有百里以外的企业到这里批发或零售雪糕、冰淇淋。大小商贩、个人要排很长的队才能买到雪糕、冰淇淋，尤其是天气转热以后更是如此。有的人很早来排队，但到最后还是两手空空悻悻而归。他也时常看到乡村的娃娃花高价却吃了劣质的冰淇淋。于是他想自己创办一个冰淇淋加工厂，让家乡的父老乡亲吃到廉价可口的冰淇淋。常印坚定了信心，开始进行市场调查。

（1）需求量资料：周边5个乡镇，每个乡镇约有人口8万，总计约40万。按现有生活水平和消费观念估算，即使在11—12月、1—4月淡季，每日也需要40 000支冰淇淋；在5—10月，每日则需要80 000~90 000支。经咨询，有关部门测算，若考虑乡间距离的远近和其他竞争市场的因素，该加工厂只要能保证冰淇淋的质量，价格合理，就能够占60%~65%的市场份额，即在淡季日需求量将达到24 000~26 000支；旺季日需求量将达到48 000~58 500支。

（2）成本费用资料：为了减少风险，常印打算去某个冷饮厂租设备，全套设备年租金需要45 000元（可用房地产等实物作抵押，不必支付货币现金）；租库房和车间每月固定支付租金2 000元；工人可到市场随时招聘，按现行劳务报酬计算，每生产1 000支冰淇淋应支付各类工人（包括熬料、打料、拨模、包装工人）计件工资28元；聘管理人员、采购人员各1名，月薪分别为1 500元，技术人员1名，月薪2 000元（包括设备维护和修理）；每月固定支付卫生费和税金1 000元。在生产冰淇淋时，按市场价格计算所耗各种费用如下（以每锅料为标准，每锅料能生产1 000支冰淇淋）：主要材料188元，其中：淀粉100元，奶粉56元，白砂糖30元，食用香精2元；其他费用52元，其中：水费3元（其中1元为冰淇淋所耗用），电费15元，煤炭费5元，氨（制冷用）4元，包装纸、棍25元。

（3）生产能力：从设备的运转能力看，日生产能力12锅；考虑机器设备的维修，节假日和天气情况（阴雨天）等原因，预计全年可工作300天左右。

（4）定价：按现行同等质量冰淇淋的市场平均价格定价为0.35元/支。

（5）资金来源：依靠个人储蓄（不考虑利息费用）。

要求：

（1）试用本量利模型分析常印冰淇淋厂是否应开业。

（2）计算每年获利额。

（3）若要年获利18万元，能实现吗？如不能实现，可以采取哪些措施？可行吗？

案例三

Sno-Blo公司生产若干款家用清扫机。它通过自己的特许经营店来销售产品，这些产品分布在美国的北部，并集中在西北部。Sno-Blo公司与一家大型折扣连锁店Retail Warehouse Unlimited(RWU)公司打交道，该公司一次性订单是购买1 000台X301款家用清扫机。

RWU公司在中东部都有商店，它给Sno-Blo公司开出的价格是单价80美元。在这一价格水平上，它想要Sno-Blo公司将机器漆成特殊的颜色，并印上“RWU”标志。对此，Sno-Blo公司的管理者预计每台机器将多花成本10美元。Sno-Blo公司的X301款家用清扫机的单价是200美元，该公司销售家用清扫机目前的成本和生产信息见表4-4。

表4-4　X301款家用清扫机目前的成本和生产信息

持有的产品存货数量	2 000台
预计未来3个月的销售量	3 000台
未来3个月的生产能力	3 000台
单位变动成本	50美元
单位固定成本	60美元

要求：讨论Sno-Blo公司同意销售的利弊。如果你是Sno-Blo公司的经理，你将赞成还是反对销售？解释你的答案。

参考答案

项目五
经营预测分析

学习目的与要求

通过本项目学习，要求学生了解预测分析的意义，熟悉经营预测的步骤和内容，掌握经营预测的各部分内容及方法。本项目运用了大量的典型案例，意在提高学生运用理论知识分析解决实际问题的能力。学习本项目，应重点掌握以下内容：

（1）经营预测分析的意义；

（2）经营预测分析的方法和步骤；

（3）经营预测分析包含的内容；

（4）销售预测、成本预测、利润预测和资金预测所使用的方法及每种方法的具体运用。

重点、难点解析

一、经营预测分析概述

（一）预测分析的概念和意义

1.预测分析的概念

预测分析是指根据过去和现有的信息，运用一定的科学手段和方法，预计和推测事物发展的必然性或可能性的行为。

2.经营预测分析的概念

经营预测分析是指根据历史资料和现在的信息，运用一定的科学预测方法，对未来经济活动可能产生的经济效益和发展趋势做出科学的预计和推测的过程。

3.经营预测分析的意义

（1）经营预测分析是企业进行经营决策的基础和依据。

（2）经营预测分析有利于提高企业的竞争力。

（3）经营预测分析是企业进行科学管理的基础。

（二）经营预测分析的方法

1.定量分析法

定量分析法又称数量分析法。它主要是运用统计、现代数学方法，对所取得的过去和现在比较完整的信息资料进行科学的加工和处理，建立能够反映有关变量之间规律性联系的各种预测模型，充分揭示有关经济变量之间的规律性联系，来预测事物的发展趋势和水平的方法体系。

2.定性分析法

定性分析法又称非数量分析法，是指主要依靠人的主观分析判断能力，借助有关专业人员的政策水平、知识技能、实践经验和综合分析能力，在调查研究的基础上，对预测对象的发展趋势做出判断和预测的方法。

（三）预测分析的步骤

（1）确定预测目标；（2）收集相关信息资料；（3）选择预测方法；（4）计算预测值；（5）判断预测结果；（6）纠正预测结果；（7）报告预测结论。

（四）预测分析的内容

预测分析包括销售预测、成本预测、利润预测和资金预测四部分内容。

二、销售预测

（一）销售预测的含义

销售预测是指根据市场调查得到的有关资料，通过对有关因素的分析研究，对特定产品在未来一定时期内的市场销售量水平及变化趋势进行分析，从而预计和测算本企业产品未来销售量的过程。

（二）销售预测的方法

1.定量分析法

（1）趋势预测法：算术平均法、加权平均法和指数平滑法。

（2）因果预测法：回归分析法。

2.定性分析法

（1）市场调查法；（2）判断分析法；（3）德尔菲法。

三、成本预测

（一）成本预测的含义

成本预测就是根据企业目前经营状况和未来的发展目标，综合考虑预测期可能发生的各个影响因素，采用定量与定性分析方法，确定企业目标成本，对企业未来成本水平和变动趋势进行预计的一种管理活动。

（二）成本预测的方法

（1）可比产品成本预测方法：高低点法和因素分析法。

（2）不可比产品成本预测方法：技术测定法、目标成本法、售价比例法和类比分析法。

四、利润预测

（一）利润预测的含义

利润预测是指按照企业经营目标的要求，利用数学等各种方法对影响利润变动的销售量、成本、价格等因素进行分析，预测企业未来的利润水平和变化趋势。

（二）利润预测的方法

利润预测的方法主要是指利润的敏感性分析。

五、资金预测

（一）资金预测的含义

资金预测是根据历史资料及销售等其他资料，对未来一定时间内的资金需要量所进行的科学预计和推测。

（二）资金预测的方法

资金预测的方法主要有资金习性预测法和销售百分比法，重点掌握销售百分比法。

案例分析

【资料】M公司为使下一年度的销售计划制订得更为科学，组织了一次销售预测，由经理主持，参与预测的有销售科、财务科、计划科、信息科的科长，他们对销售额的估计见表5-1。其中，“预测期望值”栏的数据是各种情形下的销售额估计值与概率乘积之和。例如，对销售科长而言，其预测期望值为3 680万元（4 000×0.3+3 600×0.6+3 200×0.1），其他预测者的预测期望值计算方法同上。

表5-1　M公司年度销售额的估计　金额单位：万元

预测人员	销售额估计值						预测期望值
	最高销售额	概率	最可能销售额	概率	最低销售额	概率	
销售科长	4 000	0.3	3 600	0.6	3 200	0.1	3 680
财务科长	4 200	0.2	3 700	0.7	3 200	0.1	3 750
计划科长	3 900	0.1	3 500	0.7	3 000	0.2	3 440
信息科长	4 100	0.2	3 600	0.6	3 100	0.2	3 600

【思考】你能根据各位科长的预测期望值得出最终的预测结果吗？

【分析】由于预测者对市场的了解程度，以及经验等因素不同，因而他们每个人的预测结果对最终预测结果的影响及作用有可能不同，可分别给予不同的权数表示差异，然后采用加权平均法。若各位预测者的重要性相等，则可用算术平均法。在此例中，从预测人员各方面因素考虑，给每个人的权数分别为销售科长6、财务科长5、计划科长5、信息科长7，这种权数设计体现了他们各自对市场信息的掌握情况。

复习思考

1.说明经营预测的基本程序。

2.为什么要进行销售预测？销售预测最常用的趋势预测分析法有哪几种？其各自的优缺点是什么？

3.什么是目标成本？目标成本确定的方法是什么？

4.如何进行利润预测？

5.资金需要量预测最常用的方法是什么？该方法的预测程序是怎样的？

项目实训

一、单项选择题（每题只有一个正确答案，请将正确答案填在括号内）

1.因果预测法主要有回归分析法和（　　）。

A.经验分析法　　B.集体思考法　　C.直接调查法　　D.相关分析法

2.指数平滑法与趋势平均法的最大区别在于（　　）。

A.趋势平均法的权数取值前后期相等，指数平滑法的权数取值是近期大、远期小

B.趋势平均法的权数之和等于1，指数平滑法的权数之和等于α

C.趋势平均法的权数取值是近期大、远期小，指数平滑法的权数之和等于α

D.趋势平均法的权数取值在0.3～0.7，指数平滑法的权数取值是1−α

3.某企业计划期预计工业总产值为500万元，预测产值利润率为10%，则计划期预测利润额为（　　）万元。

A.500　　B.50　　C.450　　D.5 000

4.（2017技能大赛）运用现代数学方法对历史数据进行科学的加工处理，并建立数学经济模型，揭示各有关变量之间的规律性联系的方法属于（　　）。

A.定性分析法　　B.定量分析法　　C.本量利分析法　　D.回归直线法

5.（2017技能大赛）销售百分比法比较适用于（　　）的预测。

A.长期筹资量　　B.近期筹资量　　C.目标利润　　D.目标成本

6.（2017技能大赛）下列各项不属于非数量方法的是（　　）。

A.经验分析法　　B.直接调查法　　C.因果预测法　　D.集合意见法

7.（2017技能大赛）在趋势预测法中，（　　）在计算过程中需上期预测数的资料。

A.简单平均法　　B.移动平均法　　C.指数平滑法　　D.回归分析法

二、多项选择题（每题有两个或两个以上正确答案，请将正确答案填在括号内）

1.下列各项属于预测分析基本程序的有（　　）。

A.确定预测目标　　B.收集有关信息　　C.选择预测方法　　D.得出预测结论

2.产品成本水平发展趋势的预测方法有（　　）。

A.回归分析法　　B.高低点法　　C.对数直线法　　D.加权平均法

3.利润预测中常用的利润率指标有（　　）。

A.销售利润率　　B.销售成本利润率　　C.产值利润率　　D.资本成本

4.下列各项中，属于定性分析法的有（　　）。

A.本量利分析法　　B.经验分析法　　C.加权平均法　　D.直接调查法

5.下列各项中，属于定量分析法的有（　　）。

A.回归直线法　　B.本量利分析法　　C.经验分析法　　D.加权平均法

6.根据过去所积累的经验进行分析判断，提出预测意见，该种分析方法属于（　　）。

A.定量分析法　　B.定性分析法　　C.集合意见法　　D.经验分析法

7.下列各项中，属于因果预测分析法的有（　　）。

A.本量利分析法　　B.指数平滑法　　C.回归直线法　　D.简单平均法

8.下列各项中，可以作为目标成本的有（　　）。

A.产品的某一先进成本水平　　B.本企业历史上最好的成本水平

C.定额成本　　D.标准成本

9.在采用销售百分比法进行资金需要量预测时，下列各项随销售额的变化而变化的有（　　）。

A.货币资金　　B.应付账款　　C.固定资产　　D.其他应收款

10.（2017技能大赛）下列各项中，适用于利润预测的有（　　）。

A.本量利分析法　　B.盈亏临界点分析法

C.销售百分比法　　D.比率法

11.（2017技能大赛）预测的定量分析方法包括（　　）。

A.因果预测法　　B.算术平均法　　C.趋势平均法

D.指数平滑法　　E.相关分析法

12.（2017技能大赛）在预测分析中，下列说法正确的有（　　）。

A.根据过去和现在预测未来　　B.根据已知推测未知

C.根据过去预测现在　　D.根据现在推测过去

13.（2017技能大赛）下列各项通常可以作为成本预测中的目标成本的有（　　）。

A.标准成本　　B.计划成本　　C.定额成本

D.历史成本　　E.责任成本

三、判断题（正确的在括号内打"√"，错误的打"×"）

1.销售百分比法适用于长期筹资的预测。（　　）

2.经营预测是人们对未来经济活动可能产生的经济效益及其发展趋势事先提出的一种科学预见。（　　）

3.预测分析项目，所选取的样本量越大，预测结果越准确。（　　）

4.选择样本量时，应尽量加大样本量，越大越好。（　　）

5.预测分析的时间越短，预测结果越准确。（　　）

6.预测分析必须充分估计可能发生的误差。（　　）

7.预测分析选用的方法应先进行测试。（　　）

8.在实际工作中，定量分析法与定性分析法需结合起来使用，相互取长补短。（　　）

9.算术平均法考虑到近期的变动趋势，是销售预测中较常用的一种方法。（　　）

10.简单平均法（算术平均法）适用于各种情况下的销售预测。（　　）

11.目标成本可以是计划成本、定额成本或当前的实际成本。（　　）

12.在采用趋势预测分析法预测成本时，作为预测根据的历史资料所选用的时期不应过长，也不应过短。（　　）

13.采用高低点法预测成本时，适用于产品成本变动趋势比较稳定的情况，否则会

造成较大的误差。（ ）

14. 长期股权投资、无形资产等项目随着销售收入的增加而相应增加。（ ）

15. 固定资产项目随着销售收入的增加而增加。（ ）

16. 长期负债及股东权益等项目，不随销售收入的增加而增加。（ ）

17. 在缺乏充分的历史资料或有关变量之间缺乏明显的数量关系的情况下，应采用定性分析法进行预测。（ ）

18. 应用德尔菲法进行预测准备、提出预测要求时，应将所选定的专家召集在一起开会研究预测事宜。（ ）

19. 应用加权平均预测法进行预测，距离预测期越近，赋予的权数应越大，否则应越小。（ ）

20. 当不可比产品种类不多、产品技术资料较为完整时，宜采用售价比例法进行成本预测。（ ）

四、计算分析题

1. 中成企业经营甲产品，其经营资金为2 000 000元。该产品2019年度单位售价为100元，获得利润200 000元。经市场预测，该产品2020年度可产销30 000件，其售价必须下降2%，资金利润率要求必须增加5%，增值税税率为13%。

要求：预测下年度该产品的目标成本。

2. 中盛公司全年只产销一种产品，2019年1—4月该产品的实际销售量和总成本见表5-2。

表5-2 2019年1—4月该产品的实际销售量和总成本

月份	1月	2月	3月	4月
总成本（元）	100 000	90 000	160 000	150 000
销售量（件）	5 000	6 000	8 000	10 000

要求：

（1）用算术平均法预测5月份的销售量。

（2）用高低点法进行成本的分解。

（3）用指数平滑法预测5月份的销售量（平滑系数为0.3，4月份销售量预测数为8 500件）。

（4）利用成本模型预测5月份的总成本（根据指数平滑法预测的销售量计算）。

3. 假定中盛公司2019年1—6月份的实际销售收入见表5-3。

表5-3 2019年1—6月份的实际销售收入 单位：元

月份	1月	2月	3月	4月	5月	6月
实际销售收入	24 000	23 600	28 000	25 400	26 000	27 000

又假定6月份的预测销售收入为27 900元。

要求：分别采用以下方法预测7月份的销售收入：

（1）算术平均法。

（2）加权平均法（w_1=0.01，w_2=0.04，w_3=0.08，w_4=0.12，w_5=0.25，w_6=0.5）。

（3）指数平滑法（平滑系数α=0.6）。

（4）回归分析法。

4.假定红星五金公司A产品2015—2019年有关成本及产量情况见表5-4。

表5-4　A产品2015—2019年有关成本及产量情况　金额单位：元

项目	2015年	2016年	2017年	2018年	2019年
产量（台）	250	200	300	360	400
总成本	275 000	240 000	315 000	350 000	388 000
其中：固定成本	86 000	88 000	90 000	89 000	92 000
单位变动成本	756	760	750	725	740

若计划年度2020年的预计产量为480台。

要求：分别采用以下方法预测2020年A产品的总成本和单位成本：

（1）高低点法。

（2）加权平均法（w_1=0.03，w_2=0.07，w_3=0.15，w_4=0.25，w_5=0.5）。

（3）回归分析法。

5.天成公司2019年的销售额为100万元，这已是该公司现有设备的最大生产能力。已知该公司2019年税后净利占销售额的4%，2019年12月31日的资产负债表有关项目资料见表5-5。

表5-5　资产负债表（简）

2019年12月31日　单位：元

资产		负债及所有者权益	
货币资金	40 000	应付账款	140 000
应收账款	120 000	应交税费	60 000
存货	200 000	长期借款	200 000
固定资产	350 000	实收资本	500 000
无形资产	290 000	未分配利润	100 000
资产总计	1 000 000	负债及所有者权益总计	1 000 000

假设2020年预计销售收入为150万元，股利发放率预计为40%。计划年度折旧提取数为100 000元，其中60%用于更新改造原有的设备。又假定2020年的零星资金需要量为30 000元。

要求：按销售百分比法预测计划年度（2020年）需要对外追加的资金数。

6.沿用第5题的资料，天成公司销售单价的敏感度为13%，单位变动成本的敏感度为-10%，销售量的敏感度为6%，固定成本的敏感度为-3%，假定企业计划下期利润比基期利润增长25%。

要求：根据上述资料测算为实现目标利润的增长率至少应使某一单项因素的变动率为多大。

7.（2017技能大赛）中盛公司生产A、B、C三种产品，本期有关销售单价、单位销售成本及下期产品预计销售量的资料见表5-6。预测下期其他业务利润的资料为：其他业务收入为20 000元，其他业务成本为14 000元，其他业务税金为4 000元。

表5-6　　销售单价、单位销售成本及下期产品预计销售量　　金额单位：元

产品	销售单价	单位产品		下期产品预计销售量（件）
		销售成本	销售税金	
A	100	50	20	5 000
B	240	170	40	2 000
C	80	50	12	8 000

要求：根据资料，预测下一会计期间的营业利润。

五、案例题

纯粹的财务预测已不复存在，取而代之的是以企业驱动因素为基础的预测方式（以下简称动因预测）。动因预测不仅仅是对预测做微调，而且是财务主管根据市场份额、竞争定价和产品周期等企业最关键的10～15个驱动因素的变化，对企业的发展做出全面的预测。

如果设计恰当，动因预测能确定每多销售一件产品所带来的成本及收益情况。这种预测方式与财务趋势分析有所不同，可以解释为什么预测数字可能与原先的计算有偏差。

慧聪集团的执行董事亚克森说："我们要从物质性和易变性两个方面看预测。在快速成长的小企业中，预测更为关键，因为企业的迅猛发展可能超出其能力的承受限度。比如说，订单源源涌来，但企业基础设施是否到位，能否满足这种需求？简而言之，预测是帮助企业控制易变性的工具。"

如果按老路子走，预测可能是一件让人绞尽脑汁的烦琐事。据慧聪集团下属企业——咨询公司哈克特集团（Hackett Group）估计，一般预测需21天才能完成。也就是说，每次预测完成时，就延迟了将近一个月。此外，对一年后的事情进行预测，其准确性远逊于对一周或一个月后事情的预测。

（1）抓住中心。德士古公司（TEXACO Inc.）具备看清其战略单位现状的能力，主动选择推行其现有预测系统。它把公司的战略单位维系在一个两年计划中。德士古公司通过将战略经营独立出来，改善了资本支出的分配方式。这对资金密集型企业异常关键。瓦塞说："过去，一桶油价格下跌3美元时，我们只好通过所谓共同承担法，大量

削减资本支出。我们往各部门打电话，询问他们可以削减多少资本支出。现在如果要削减支出，我们只需了解哪个项目可以削减支出、削减多少，根本不用考虑这个经营单位究竟在世界的哪个角落。”

爱德华公司（J. D. EDWARDS）是一家软件公司，在开发企业商用软件方面处于世界领先地位，目前正对其预测流程进行重大重组。该公司最关键的一个改进举措是将预算和预测流程与公司战略相联系。这一重组项目源于以下启示：财务部门80%的时间用于处理发票、付款和记录账簿，只剩下20%的时间进行增值活动来帮助进行一流的预测。财务预算及预测总监埃文斯说：“我们马上找出一些改进机会，其一便是实行方便用户、可集成实际数据的预测模式。”

爱德华公司实行的是6季度循环预测，重在考察关键的业务驱动因素。尽早了解预测结果，加快确定目标的过程，这是实现企业目标的一个关键因素。

埃文斯说：“我们有4 000多名员工，队伍还在不断壮大。在这种环境下，公司要将目光锁定在发展方向上是很困难的。6季度循环预测的一大益处是，将决策支持者的时间解放出来，使他们能够真正关心公司的发展方向。”

（2）经验法则。跟所有的流程重组项目一样，推行新的预测方式也会碰上一些潜藏的陷阱，企业了解其关键的业务驱动因素及业绩表现至为重要。管理咨询公司（Management Consultants Ltd.）的合伙人何陶说：“一个企业组织成长迅速时，很难意识到其生产能力不足以维持高速增长，企业往往只盯着高收益、高净利，一叶障目，所以常常迷失方向。”何陶建议企业在重组预测流程时，应做两件事：一是对预测模式中的假定前提进行检验和了解；二是推行系统一体化计划时多一些谨慎。何陶观察后说道：“如今找个现成模式修正一下太容易了，但从根本上质疑模式中的假定前提可能就难多了。就系统一体化而言，你所冒的风险是，重蹈覆辙的速度更快，并且会将这些错误带入你的决策模式中。因此，除非已采取保障措施，否则你会把自己未曾意识到的问题复杂化。”

贵恩合伙公司（Gunn Partners）是一家全球性顾问公司，其驻瑞典顾问格里高里认为，企业不应任凭自己被电脑生成的预测信息淹没。“你可不能受电脑信息的役使，使你对自己已掌握的信息充耳不闻，如竞争对手的行动等。否则，一旦发生不可测的事情，就可能对你产生巨大的冲击，也许你都难以做出反应。”

不管你的企业经营何种业务，做预测的一条经验法则是，预测的详略程度应与要做预测的时间长短相适应。格里高里说：“我所看到的一大障碍是，人们努力做出最详尽的预测，他们也以这种方式预测18个月以后的情况。要做出预测的时间段越长，就越难做出详尽的预测。”

要求：通过本案例的分析，你认为哈克特集团进行前景预测的最好做法是什么？

参考答案

项目六

短期经营决策分析

学习目的与要求

通过本项目学习，要求学生了解决策分析的分类、程序和基本内容，掌握短期经营决策分析的基本方法。学习本项目，要重点掌握以下内容：

（1）短期经营决策中应考虑的相关概念；

（2）短期经营决策分析的基本方法；

（3）运用短期经营决策分析方法解决生产决策、定价决策和存货决策中的具体问题。

重点、难点解析

一、决策分析的意义

决策是指为了达到既定的目标，依据预测获得的信息进行科学判断，对未来实践做出决定的过程，它通常表现为对多个备选方案的选择。

管理会计中的决策分析，是指企业经营管理人员，对企业生产经营中面临的各种经济问题，以取得最佳经济效益为目标，充分考虑各种备选方案后选出最优方案。

二、决策的程序和分类

（一）决策的程序

（1）明确决策目标；（2）广泛收集资料；（3）拟订备选方案；（4）分析评价方案；（5）确定最优方案；（6）执行最优方案；（7）分析执行结果。

（二）决策的分类

按决策的重要程度，决策可分为战略决策和战术决策；按决策所依据的环境、条件，决策可分为确定型决策、风险型决策和不确定型决策；按决策所涉及的时间长短，决策可分为短期决策和长期决策；按决策的内容，决策可分为筹资决策、投资决策和经营决策。

三、特定的成本概念

（一）相关成本与无关成本

在进行决策之前，须将会计资料进行整理、筛选，以备决策之需。对于成本资料，首先应区分相关成本与无关成本。

相关成本是与未来决策有关联的成本，也就是在进行决策时必须认真考虑的各种形式的未来成本。如机会成本、付现成本、重置成本、差量成本、边际成本、可避免成本、可延缓成本、专属成本等都属于相关成本。

无关成本是过去已发生或虽未发生但对未来决策没有影响的成本，也就是在决策时无须考虑的成本。如历史成本、沉没成本、不可避免成本、不可延缓成本、共同成本等都属于无关成本。

（二）重置成本

重置成本是指目前从市场上购买同一项原有资产所需支付的成本，也称“现行成本”或“现时成本”。在决策，特别是定价决策时，重置成本是一项重要的相关成本。

（三）付现成本

付现成本是指因做出某项决策而要求立即或在未来需以现金支付的成本。企业在短期经营决策中，如果当前货币资金比较紧张，而资金筹措又比较困难或筹措成本较高时，则对付现成本往往比对总成本更为重视。

（四）差量成本与边际成本

差量成本也称差别成本，指两个可供选择的备选方案的成本之间的差异。与差量成本相对应的概念是差量收入。差量收入是指两个不同方案预期收入之间的差额。二者相互结合，可有效应用于对多种决策方案的评价。

边际成本从理论上讲，是指成本对产量无限小变化的变动部分。在实际工作中，产品产量无限小的变化只能小到一个单位（如一件产品），因为如果低于一个单位就没有实际意义了。因此，边际成本从实际应用的角度讲，就是产量增加或减少一个单位所引起的成本变动。

（五）机会成本与估算成本

机会成本原是经济学术语。它以经济资源的稀缺性和多种选择机会的存在为前提，是指在决策分析过程中，从各备选方案中选出某个最优方案而放弃次优方案所丧失的潜在利益。

估算成本又叫假计成本，它是机会成本的特殊形式，是需要经过假定推断才能确定的机会成本。

（六）可避免成本

可避免成本是指与特定备选方案相关的成本，其发生与否，取决于相关的备选方案是否被选定。即某个方案如果被选用，该项成本就会发生；否则，该项成本就不会发生。

（七）可延缓成本

可延缓成本是指在生产经营决策中对其暂缓开支，不会对企业未来的生产经营产生重大不利影响的那部分成本。

（八）专属成本

专属成本是指可以明确归属于某个方案或某种、某批产品或某个部门的成本。

四、生产决策分析

（1）生产经营决策的常用分析方法有成本平衡法、差量分析法、贡献边际分析法。

（2）生产决策分析及其应用。

五、定价决策分析

（一）产品定价的基本方法

（1）以完全成本为基础的成本加成法。

（2）以变动成本为基础的成本加成法。

（二）定价策略

1.新产品定价策略

（1）撇脂定价法；（2）渗透定价法。

2.心理定价策略

（1）尾数定价法；（2）整数定价法；（3）对比定价法。

3.竞争性定价策略

4.配套产品定价策略

六、存货决策分析

（一）经济订货批量

经济订货批量，是指在保证生产经营需要的前提下，能使全年存货相关总成本最低的每批订货数量或每批投产数量。

（二）存货成本

存货成本是企业耗费在存货上的各项费用，包括以下内容：

1.购置成本

购置成本是存货本身的价值，等于采购数量乘以采购单价。它在全年进货总量既定时，通常相对稳定（假设物价稳定且无数量折扣），所以为决策无关成本。

2.订货成本

订货成本是企业为组织进货而发生的费用，可分为两部分：一部分费用与订货次数无关，是为维持采购部门正常工作发生的固定性订货成本，属于决策的无关成本，如采购部门办公费、水电费、折旧费等基本开支；另一部分费用与订货次数呈正比例变动，是变动性订货成本，属于决策的相关成本，如采购人员的差旅费、运输费等。

3.储存成本

储存成本是储存存货发生的成本，可分为两部分：一部分是与存货储存数额多少没有直接关系的固定性储存成本，如仓库折旧、仓库保管人员的固定月工资等；另一部分是随储存数额的增减呈正比例变动的变动性储存成本，如存货占用资金支付的利息、存货的保险费等。

4.缺货成本

缺货成本是由于存货储备不足，不能满足企业生产和销售需要而发生的损失，如停工待料造成的停工损失、失去销售的损失与企业信誉损失等。若企业允许缺货，缺货成本与存货数量呈反向相关关系，属于决策相关成本；如果企业不允许发生缺货，此时缺货成本为零，就无须考虑。

在存货总成本的各项内容中，固定成本在确定经济订货批量的模式时是不相关的费用。确定经济订货批量，要考虑的成本因素是变动性订货成本、变动性储存成本以及允许缺货的缺货成本。随订货批量、订货次数变动，存货总成本中的订货成本、储存成本、缺货成本此消彼长，相互矛盾。增加订货批量，订货次数减少，随之订货成本减少，储存成本增加，缺货成本减少；反之，减少每次订货量，订货次数就会相应增加，随之订货成本增加，储存成本减少，缺货成本增加。确定经济订货批量，就是要找到最适当的订货批量，使订货总成本在能满足正常生产经营需要的前提下达到最低水平。

（三）简单模式下经济订货批量公式及其应用

建立了上述前提条件，存货相关总成本可计算如下：

$$TC = \frac{D}{Q}K + \frac{Q}{2}C$$

当$\frac{D}{Q}K = \frac{Q}{2}C$时，经济订货批量$Q^* = \sqrt{\frac{2KD}{C}}$。

根据这个公式，还可求出经济订货批量有关的其他指标，即：

$$\text{每年最佳订货次数}N^* = \frac{D}{Q^*} = \sqrt{\frac{CD}{2K}}$$

$$\text{经济订货批量存货相关总成本}TC_{min} = \sqrt{2KDC}$$

（四）经济订货批量在生产中的应用

经济订货批量也可用于生产决策，如确定自制产品一次投产的最优批量。投产批量确定时，如果一次的生产批量大一些，可减少投产次数，这样生产准备费用减少，但产品的储存成本增加。反之，如果生产批量小一些，就需要增加投产次数，这样生产储备费用增加，产品的储存成本减少。最优生产批量，即经济生产批量，就是指生产准备费用与储存成本之和最低时的批量。

$$\text{经济生产批量}Q^* = \sqrt{\frac{2DK}{C(1-\frac{d}{P})}}$$

$$TC_{min} = \sqrt{2DKC(1-\frac{d}{P})}$$

案例分析

【资料】某公司成立于2000年，主要制造各种车床，其产品质量优良，价格合理，销路非常好，该公司也更加注重钢材的采购策略。

财务人员收集整理了以下有关材料：本公司全年需用钢材800吨，按经验数据每次订货的变动性订货成本为100元，单位材料年平均变动性储存成本为80元。供货方规定：当一次采购批量小于或等于100吨时，单价为2 200元；采购批量大于100吨小于500吨时，单价为2 000元；采购批量等于或大于500吨时，单价为1 950元。公司不允许出现缺货现象，且每批订货均能一次到货。

【思考】假如你是该公司财务总监，正在做钢材采购的决策。请你通过相关资料进行计算和分析，确定关于钢材采购的策略。

【分析】最佳保险储备量的确定方法是，先计算出各不同保险储备量下的总成本，然后将其进行对比，以总成本最低的保险储备量作为最佳的保险储备量。某保险储备量下的总成本=年缺货成本+年储存成本=一次订货缺货量×年订货次数×单位缺货成本+保险储备量×单位储存成本。

复习思考

1. 试说明决策的意义。
2. 简述企业决策的种类及一般程序。
3. 短期经营决策分析中的成本概念包括哪些内容？
4. 什么是相关成本与无关成本？举例说明。
5. 在决策分析中为什么要考虑机会成本？
6. 亏损产品是否应继续生产？
7. 如何进行特殊价格追加订货的决策？
8. 对半成品是直接出售还是进一步加工后再出售应如何决策？
9. 产品定价应考虑的基本因素有哪些？
10. 何为经济订货批量？如何进行经济订货批量的决策？

项目实训

一、单项选择题（每题只有一个正确答案，请将正确答案填在括号内）

1. 经济订货批量就是使订货成本和储存成本之（　　）最低的订货量。

A. 积　　B. 和　　C. 差　　D. 商

2. 某企业的甲种存货的平均日耗量为5.56千克，提前期为8天，安全储备量为35.52千克，则经济订货点为（　　）千克。

A. 35.52　　B. 44.48　　C. 80　　D. 以上均错

3. 生产准备成本与储存成本的关系是（　　）。

A. 同向变化　　B. 相互消长　　C. 没有关系　　D. 反向变化

4. 属于相关成本的是（　　）。

A. 估算成本　　B. 沉没成本　　C. 联合成本　　D. 共同成本

5. 属于按决策重要程度分类的是（　　）。

A. 短期决策　　B. 生产决策　　C. 风险决策　　D. 战略决策

6. 企业在进行经营决策时，根据不同备选方案计算出来的成本差异是（　　）。

A. 差量成本　　B. 沉没成本　　C. 机会成本　　D. 边际成本

7. 较小的企业或谋求扩大产品市场占有率的企业常采取（ ）的定价法。

A. 低于竞争者价格　　B. 高于竞争者价格

C. 维持原价　　D. 据竞争者情况相应调整

8. 某厂需要零件甲，其外购单价11元。若自行生产，单位变动成本为6元，且需要为此每年追加10 000元的固定成本，通过计算可知，当该零件的年需要量为（ ）件时，两种方案等效。

A.2 500　　B.3 000　　C.2 000　　D.1 800

9. 在零部件自制或外购的决策中，如果零部件的需用量尚不确定，应当采用的决策方法是（ ）。

A. 相关损益分析法　　B. 差别损益分析法

C. 相关成本分析法　　D. 成本无差别点法

10. 某企业全年需甲材料50 000千克，每次订货的变动性订货成本为25元，单位材料年均变动性储存成本为10元，则经济订货批量是（ ）千克。

A.400　　B.500　　C.600　　D.700

11. 某企业只生产一种产品，月计划销售600件，单位变动成本6元，月固定成本1 000元，欲实现利润1 640元，则单价应为（ ）元。

A.16.40　　B.14.60　　C.10.60　　D.10.40

12. 某厂生产一种产品A，进一步加工可生产另一种产品B。A、B两种产品在市场的售价分别为50元/件和120元/件。生产B产品每年需要追加固定成本20 000元，变动成本为10元/件。若每5单位的A产品可加工成3单位的B产品，则该公司应（ ）。

A. 直接出售A产品，不应进一步加工

B. 进一步加工生产B产品

C. 当B产品的市场需求量超出750件时，就应将A产品进一步加工成B产品

D. 直接出售A产品与进一步加工无差别

13. 与订货批量呈正比，与订货批数呈反比的是（ ）。

A. 储存成本　　B. 相对成本　　C. 订货成本　　D. 生产准备成本

14.（2017技能大赛）某人有现金10 000元，他若购买企业债券，则年息10%；若购买金融债券，则年息11%。那么，他购买企业债券的机会成本是（ ）元。

A.1 000　　B.1 100　　C.200　　D.800

15.（2017技能大赛）短期经营决策不涉及新的固定资产投资，一般只涉及一年以内的有关经济活动。下列各项不属于短期经营决策的是（ ）。

A. 在生产多种产品的情况下，如何实现产品的最优组合

B. 在自制零件需要投入一定专属固定成本的情况下，对自制和外购方案进行选优

C. 寻找最佳的产品定价

D. 对半成品进一步加工所需的新设备做出是否投资的决策

16.（2017技能大赛）在固定成本不变的情况下，下列各项应该采取外购策略的是（ ）。

A. 自制单位变动成本 < 外购价格　　B. 自制单位变动成本=外购价格

C.自制单位变动成本＞外购价格　　D.自制单位产品成本＞外购价格

17.（2017技能大赛）对现在或将来的任何决策都无影响的成本是（　　）。

A.沉没成本　　B.边际成本　　C.机会成本　　D.差量成本

18.（2017技能大赛）在产销平衡的情况下，一个企业同时生产多种产品，其中一种贡献毛益为正的产品最终变为亏损产品，其根本原因是（　　）。

A.该产品总成本太高　　B.该产品销量太小

C.该产品存在严重积压　　D.该产品分担的固定成本相对较高

19.（2017技能大赛）在短期经营决策中，企业不接受特殊价格追加订货的原因是买方出价低于（　　）。

A.正常价格　　B.单位产品成本　　C.单位变动成本　　D.单位固定成本

20.（2017技能大赛）假设某厂有剩余生产能力1 000机器小时，可用于四种产品甲、乙、丙、丁的生产，它们的单位贡献毛益分别为4元、6元、8元和10元，生产一件产品所需的机器小时分别为4小时、5小时、6小时和7小时，则该厂应增产的产品是（　　）。

A.甲产品　　B.乙产品　　C.丙产品　　D.丁产品

二、多项选择题（每题有两个或两个以上正确答案，请将正确答案填在括号内）

1.下列各项可以归属于相关成本的有（　　）。

A.差量成本　　B.机会成本　　C.边际成本　　D.付现成本

2.企业需用的某种零件可采用自制（假设其单位变动成本比外购价低，但要增加固定成本）和外购两种方案获得，两方案的成本平衡临界点为2 000件。下列各项正确的有（　　）。

A.需要量在2 000件以下应自制

B.需要量在2 000件以下应外购

C.需要量在2 000件以上应自制

D.需要量在2 000件以上应外购

3.心理定价策略常用的方法主要有（　　）。

A.尾数定价法　　B.整数定价法　　C.对比定价法　　D.撇脂定价法

4.在简单条件下，材料采购经济批量必须考虑的相关成本有（　　）。

A.变动性订货成本　　B.变动性储存成本

C.调整准备成本　　D.材料采购成本

5.下列各项属于无关成本范围的有（　　）。

A.历史成本　　B.机会成本　　C.共同成本　　D.专属成本

6.下列各项中，能正确表述订货变动成本特征的有（　　）。

A.它与订货次数多少有关　　B.它与订货次数多少无关

C.它是无关成本　　D.它是相关成本

7.下列各项中，属于生产经营决策的有（　　）。

A.亏损产品的决策　　B.深加工的决策

C.生产工艺技术方案的决策　　　　D.最优售价的决策

8.按照决策的内容进行划分，决策类型包括（　　）。

A.投资决策　　B.筹资决策　　C.经营决策　　D.战略决策

9.（2017技能大赛）下列各项关于机会成本的说法正确的有（　　）。

A.如果接受订货，由于加工能力不足而挪用正常订货所放弃的有关收入，是接受订货方案的机会成本

B.如果不接受订货，由于加工能力不足所放弃的有关收入，是不接受订货方案的机会成本

C.不接受订货可将设备出租，接受订货则不能出租，则此租金是接受订货方案的机会成本

D.接受订货需要租入设备的租金为接受订货方案的机会成本

E.亏损产品如果停产，可以转产其他产品，转产的贡献边际是继续生产亏损产品方案的机会成本

10.（2017技能大赛）下列各项中，符合最优售价条件的有（　　）。

A.边际收入等于边际成本时的价格

B.边际利润等于零时的价格

C.收入最多时的价格

D.利润最大时的价格

E.成本最低时的价格

三、判断题（正确的在括号内打"√"，错误的打"×"）

1.简单地说，决策分析就是领导拍板做出决定的瞬间行为。（　　）

2.在短期经营决策中，所有的固定成本或折旧费都属于沉没成本。（　　）

3.按照管理会计的理论，即使追加订货的价格低于正常订货的单位完全生产成本，也不能轻易做出拒绝接受该项订货的决定。（　　）

4.由于外购零件而使得剩余生产能力出租获取的租金收入，应作为自制方案的机会成本考虑。（　　）

5.年准备成本与生产批数呈反比，与生产批量呈正比，储存成本与生产批数呈正比，与生产批量呈反比。（　　）

6.一般而言，生产工艺越先进，其单位成本越高，固定成本越低。（　　）

7.尾数定价法适用于耐用消费品等中高档商品，整数定价法适用于中低档日用消费品。（　　）

8.在品种决策中，经常以成本作为判断方案优劣的标准，有时也以贡献毛益额作为判断标准。（　　）

9.变动成本加成法中的变动成本只包括变动性制造费用，不包括变动性销售和管理费用。（　　）

10.当一种零部件可以由多种设备加工时，一般而言，零部件应该交由相对成本较低的设备去加工。（　　）

四、计算分析题

1.某公司生产甲、乙、丙三种产品，它们的收益情况见表6-1。

表6-1　　甲、乙、丙三种产品收益情况　　金额单位：元

项目	甲产品	乙产品	丙产品
销售量（件）	10	15	30
单价	500	400	300
单位变动成本	290	200	170
单位贡献边际	210	200	130
贡献边际总额	2 100	3 000	3 900
固定成本	2 600	1 500	2 400
利润	(500)	1 500	1 500

要求：

(1) 做出甲产品应否停产的决策。

(2) 假设甲产品停产后，其生产设备可以出租，预计每年可获租金净收入3 000元，那么甲产品应否停产？

2.某企业现有生产能力40 000机器小时，尚有20%的剩余生产能力，为充分利用生产能力，准备开发新产品，有甲、乙、丙三种新产品可供选择，相关资料见表6-2。

表6-2　　相关资料　　金额单位：元

项目	甲产品	乙产品	丙产品
预计销售单价	100	60	30
预计单位变动成本	50	30	12
预计定额机器小时	40	20	10

要求：

(1) 根据以上资料做出开发哪种新产品的决策。

(2) 如果丙产品的年市场需要量是600件，为充分利用生产能力又将如何安排。

3.某企业现有甲材料60 000千克，可利用它开发A、B两种产品。A的预计单价为200元/件，单位变动成本为160元/件，甲材料的单耗定额为10千克/件；B的预计单价为100元/台，单位变动成本为70元/台，甲材料的单耗定额为6千克/台。

要求：

(1) 做出生产A产品还是B产品的决策。

（2）若开发过程中需装备不同的专用模具，相应分别需追加专属成本8 000元和70 000元。做出生产A产品还是B产品的决策。

4. 某企业的B产品，可以采用手工、机械化、自动化三种方式生产。各种生产方式的成本资料见表6-3。

表6-3 成本资料

生产方式	单位产品变动成本（元）	年固定成本总额（元）
手工	60	800 000
机械化	40	2 400 000
自动化	30	4 100 000

要求：根据资料做出在何种情况下，采用何种方式进行生产的决策。

5. 某企业常年组织生产甲半成品，其单位成本为80元/件，市场售价为100元/件，年产量1 000件。甲半成品经过深加工可加工成市场售价为200元/件的乙产成品，每完成一件乙产成品另需追加变动性加工成本80元。假定甲与乙的投入产出比为1∶1；企业已具备将全部甲半成品深加工为乙产成品的能力，且无法转移（本题暂不考虑年度内加工进度问题）。

要求：用差量损益分析法做出是否将全部甲半成品深加工为乙产成品的决策。

6. 某公司生产甲产品一个月需要A零件12 000件，A零件外购价格为20元/件，若自制，单位成本为28元，其中直接材料10元；直接人工6元；制造费用12元。制造费用小时分配率为6元，生产这种零件的部门每个月正常的生产能力为24 000个直接人工小时，月制造费用预算总额为144 000元，其中变动性制造费用24 000元；固定性制造费用（专属）12 000元；固定性制造费用（共同）108 000元。

要求：

（1）据上述资料，确定A零件自制还是外购？

（2）若外购，原用于自制该零件的生产设备可用来生产另一种产品，每年可提供贡献边际180 000元，A零件自制还是外购？

7. 某公司生产甲产品，正常售价为85元/件，生产能力为年产40 000件，目前生产能力剩余10%。现有一客户要求订3 000件甲产品，每件只出价50元。该产品单位成本55元，其中直接材料20元；直接人工10元；变动性制造费用10元；固定性制造费用15元。

要求：

（1）判断是否应接受该订货。

（2）若接受该订货，有特殊要求，需增加专属成本4 000元，是否应接受该订货。

8. 某企业年需用A半成品6 000件，每次进货费用为90元，每件买价10元，单位年平均储存费用为买价的30%。

要求：计算A半成品的经济订货批量、全年订货次数和最低相关总成本。

五、案例题

案例一

1.格兰仕的定价

（1）价格黑榄论。探寻格兰仕的迅速崛起，就不能不说说当地的“经济生态”：在我国南方有一种植物叫黑榄。根据植物学家的介绍，黑榄之所以能从一株独苗成长为森林里的“空中花园”，主要得益于它能充分吸收周边环境的养料，与时俱进，顺应“竞争为王”的丛林法则，不停地绞杀竞争对手，从而称霸丛林，占山为王。回顾格兰仕走过的历程，我们不难发现，格兰仕走的就是一条竞争为王的丛林路线：鹅毛掸子→羽绒制品→微波炉→空调、小家电，将一个产品做大做强，然后再做下一个产品，犹如南方黑榄，在不同的成长期，生产不同的产品，相互依托，相互支撑，最后形成一个硕果累累的“家电花园”。

（2）价格珠峰论。珠峰之所以没有萎缩，就是因为它利用了邻近高峰与深层地表的挤压。化挤压力为上升力，加上爆发性的突变，造就了今天的珠峰，这就是珠峰生成的原理。同样，从企业的成长来看，也有一个“珠峰原理”：一个小企业要成长为大企业，也必须通过缓慢地、持续不断地自然增长，加上爆发性的突变，才能成为高手之林的顶级高手。得天独厚的地缘优势，造就了格兰仕不易被“克隆”的竞争力；但这些只是自然增长的先天条件，格兰仕要想获得“爆发性的突变”，成为家电的“珠峰”，还要借助地缘优势形成企业自身成熟规范的竞争力——培养出企业独有的特定组织结构和获利模式以及特别有竞争力的员工。

（3）价格治水论。据介绍，都江堰水利工程由三大主体构成：一是鱼嘴，上游的岷江水流至这里开始分为内江和外江；二是飞沙堰，用于泄洪排水；三是宝瓶口，控制水量。这三大主体构成了都江堰水利工程的良性循环；既可以排洪灌溉，又可以发电养鱼，充分利用自然的规律，造福子孙万代。

格兰仕对价格战出神入化地运作。从治水的角度看，格兰仕持续不断的降价战略就是都江堰治水的“现代版”。如果将中国家电行业看作一条大江，将格兰仕看作都江堰，那么价格就是“鱼嘴”，价格战就是“飞沙堰”，规模就是“宝瓶口”。

2.格兰仕降价备忘录

1996年8月，格兰仕微波炉发动第一次降价，平均降幅达40%，推动了微波炉在国内的普及。当年实现产销65万台，市场占有率超过35%。

1997年10月，格兰仕微波炉第二次大幅降价，降幅在29%～40%，使其当年的市场占有率扩大到47.6%，产销量猛增到198万台。

1998年5月，格兰仕微波炉以“买一赠三”和抽奖等形式进行变相降价，并逐步将市场重心转移到海外。其时，微波炉年产达到450万台，是世界上最大的微波炉生产厂家之一。当年，国内市场占有率达到60%。

2000年6月，格兰仕微波炉第四次掀起大规模的价格大战，降幅仍高达40%，以“五朵金花”系列中档机为主。

2000年10月，格兰仕微波炉第五次大降价利刃直指高端市场，高档黑金刚系列微波炉降价接近40%，高档机型需求迅猛提高。其全年国内市场占有率高达76%；国际市场占有率突破30%，晋升为中国家电出口二强之一。

2001年4月，格兰仕推出300元以下微波炉，再次令淡季市场空前火爆。

2002年1月，格兰仕数码温控王系列微波炉降价30%，使高档机价位直逼其他品牌中低档产品的价格，加上数码光波、太空金刚、白金刚等高新技术产品的上市及热销，格兰仕“封杀”了整个微波炉市场。

2002年2月26日，格兰仕打响空调价格大战第一枪，对喷涂系列近20款畅销主力机降价，平均降幅约30%，最高降幅约35%。格兰仕表示，希望通过生产力水平的提升，在“高档中价”的基础上进一步推进国内市场上高档空调的“平民化”。

2002年3月7日，黑金刚系列中高档微波炉价格全面下调，最高降幅超过30%，平均降幅25%左右。

要求：

（1）分析格兰仕定价策略的特点。

（2）分析企业在定价决策中应该注意的问题。

（3）谈谈你对格兰仕定价策略的体会。

案例二（2017技能大赛）

Greencut公司正在考虑在产品线中增加一个有覆盖物的割草机。新的割草机可以将草切割得非常细，取消了草坪垃圾的粗筛、袋装和处理过程。新的产品可以满足城市和有环境意识的家庭的需要。Greencut公司想利用目标成本来确定新产品的生产成本。市场调查显示，相同特性的产品，零售商愿意支付300美元，售价为500美元。因此，公司预期新机器的批发价为300美元。Greencut公司要求的销售毛利率为26%。

Greencut公司组织了一个由设计工程师、会计师、制造工程师和财务专家组成的团队来确定生产有覆盖物的割草机的目标制造成本。为了满足这一成本目标，团队必须寻求不降低质量的同时降低成本的方法。团队的一个人建议将一些部件外包，来代替自己生产。在研究了这个建议之后，团队得出结论：如果那些部件外包，将可以实现目标成本。

要求：

（1）计算新的割草机的目标成本，以及Greencut公司所要求的溢价。

（2）讨论与自制或外购决策相关的成本类型。

（3）讨论建议部件生产外包之前管理团队应该考虑的非财务问题。

参考答案

项目七

长期投资决策分析

学习目的与要求

通过本项目的学习，要求学生了解长期投资的特点，建立货币时间价值的观念，掌握投资风险和资本成本的含义及计算方法；理解现金流量的含义及内容，并能熟练地计算现金净流量；在掌握货币时间价值计算基本原理的基础上，重点掌握各投资决策指标的计算方法并能正确进行方案决策。学习本项目，应重点掌握以下内容：

（1）长期投资的特点及投资决策方案的价值评价标准；

（2）货币的时间价值、投资的风险价值、资本成本及现金流量的含义与计算；

（3）长期投资决策分析有关评价指标的计算；

（4）长期投资决策分析方法的具体应用。

重点、难点解析

一、长期投资的特点

（1）投资数额大；（2）影响时间长；（3）承担风险大。

二、投资决策方案的价值评价标准

（1）投资回收的期限标准；（2）投资的预期收益标准；（3）投资的风险标准。

三、货币的时间价值

（一）货币时间价值的含义

货币的时间价值也称为资本的时间价值，是指同一货币量在投入社会经济运行中，随着时间的推移而形成的价值差额。即同一货币量在不同时点上的价值差额。其实质是处于社会总周转过程中的资金在使用中由劳动者创造的，因资金所有者让渡资金使用权而参与社会财富分配的一种形式。

（二）货币时间价值的计算

1.已知现值求终值——复利终值系数

$$F = P \cdot (1+i)^n$$

2.已知终值求现值——复利现值系数

$$P = F \cdot (1+i)^{-n}$$

3.已知年金求终值——年金终值系数

$$F = A \cdot \frac{(1+i)^n - 1}{i}$$

4.已知终值求年金——偿债基金系数

$$A = F \cdot \frac{i}{(1+i)^n - 1}$$

5.已知年金求现值——年金现值系数

$$P = A \cdot \frac{1-(1+i)^{-n}}{i}$$

6.已知现值求年金——投资回收系数

$$A = P \cdot \frac{i}{1-(1+i)^{-n}}$$

7.预付年金终值计算公式

$$F = A \cdot \left[\frac{(1+i)^{n+1} - 1}{i} - 1\right]$$

8.预付年金现值计算公式

$$P = A \cdot \left[\frac{1-(1+i)^{-(n-1)}}{i} + 1\right]$$

9.永续年金现值计算公式

$$P = \frac{A}{i}$$

四、投资的风险价值

（一）投资风险价值的含义

投资的风险价值，就是投资者甘冒经营无利或亏损的风险而获取的额外报酬，也称为风险收益。它有正数（风险收益，即盈利）或负数（风险损失，即亏损）两种表现形式。

（二）投资风险价值的计算

1.计算投资收益的期望值

$$E(x_i) = \sum x_i \cdot p_i$$

2.计算标准差和标准差系数

$$标准差（\sigma） = \sqrt{\sum (x_i - E(x_i))^2 \cdot p_i}$$

$$标准差系数（V_\sigma） = \frac{\sigma}{E(x_i)}$$

3.计算预期的风险报酬率和风险报酬额

$$预期风险报酬率（V_f） = F \cdot V_\sigma$$

$$预期风险报酬额 = E(x_i) \cdot \frac{V_f}{i + V_f}$$

五、资本成本

（一）资本成本的含义

资本成本是指企业筹措和使用资金所需要支付的报酬。它是企业为取得一定数量的资金在一定时间范围内的使用权所要付出的代价，包括筹措成本和使用成本。资本成本有绝对数和相对数两种表现形式，绝对数形式表现的是资金总成本，相对数形式表现的是资本成本。

$$资本成本=\frac{使用成本}{筹资净额}=\frac{使用成本}{筹资总额-筹资成本}=\frac{资金占用费率}{筹资总额\times(1-筹资费率)}$$

（二）资本成本的计算

1.个别资本成本的计算

（1）债券的成本。

$$债券资本成本K_d=\frac{I\cdot(1-T)}{Q\cdot(1-f)}=\frac{债券每年利息支出总额\times\left(1-所得税税率\right)}{发行债券总额\times\left(1-筹资费率\right)}$$

（2）优先股的成本。

$$优先股成本K_p=\frac{D_p}{P_p\cdot(1-f)}=\frac{优先股每年支付的股利总额}{优先股资金总额\times\left(1-筹资费率\right)}$$

（3）普通股的成本。

$$普通股成本K_c=\frac{D_c}{P_c\cdot(1-f)}+G$$

$$=\frac{下期发放的普通股股利}{普通股资金总额\times\left(1-筹资费率\right)}+普通股股利预计每年增长率$$

（4）留存收益成本。

$$留存收益资本成本K_n=\frac{D_c}{P_c}+G=\frac{下期发放的普通股股利}{普通股资金总额}+普通股利预计每年增长率$$

2.加权平均资本成本的计算

$$加权平均资本成本K_w=\sum_{j=1}^{n}K_jW_j$$

六、现金流量的含义及其计算

（一）现金流量的含义

所谓现金流量，在投资决策中是指一个项目引起的现金支出和现金收入增加的数量。这里的“现金”是广义的现金，它不仅包括各种货币资金，还包括项目需要投入的企业现有的非货币资源的变现价值。

（二）现金净流量的计算

$$现金净流量(NCF)=现金流入量-现金流出量$$

七、长期投资决策分析的基本方法

（一）静态分析方法

1.年平均投资报酬率法

$$年平均投资报酬率=\frac{年平均现金净流量}{初始投资额}$$

2.（静态）投资回收期法

$$投资回收期=\frac{投资总额}{年现金净收入量}$$

（二）动态分析方法

1.净现值法

净现值(NPV)=投资项目未来报酬总现值－该项目投资额现值

2.现值指数法

$$现值指数(PVI)=\frac{现金流入现值}{投资总额现值}=净现值指数+1$$

3.内含报酬率法

$$内含报酬率=利率下限+\frac{\frac{利率下限的}{年金现值系数}-\frac{净现值为零的}{年金现值系数}}{\frac{利率下限的}{年金现值系数}-\frac{利率上限的}{年金现值系数}}\times(利率上限-利率下限)$$

八、长期投资决策分析方法的应用

（1）设备修理决策分析。

（2）设备改造决策分析。

（3）设备更新决策分析。

①设备更新时间的决策分析。

$$n^{*}=\sqrt{\frac{2C_{T}}{C_{W}}}$$

②如何更新设备的决策分析。

案例分析

【资料】昌盛公司财务科的小王是从财经院校刚毕业的大学生，有一天，财务科长递给他一张由工程技术科转交过来的设备更新计划表，让他帮助分析一下该设备更新方案是否经济可行，有关数据资料见表7-1。

表7-1　　有关数据资料　　金额单位：元

项　目	使用旧设备	采用新设备
原值	2 200	2 400
预计使用年限	10	10
已经使用年限	4	0
最终残值	200	300
变现价值	600	2 400
年运行成本	700	400

工程技术科给出的设备更新理由是：采用新设备比使用旧设备每年可节约运行成本300元（700−400），10年共计可节约3 000元（300×10），仅运行成本的节约额就超过了新设备的购买价2 400元，因此要求尽快批准更新设备的申请。

小王觉得采用新设备可以降低每年的运行成本，但是需要投入的设备更新款也不少，即使将旧设备卖掉，仍需额外投入1 800元（2 400−600），并且旧设备在第6年将报废，但新设备在第7～10年仍可使用，后4年成本节约额无法准确确定。

小王知道在项目的使用期间，年现金净流量等于“该项投资每年所获净利+每年计提的折旧额”，但该资料中只有年运营成本，没有年收入额，即没有适当的现金流入资料，也就无法计算出任意一个方案的净现值和内含报酬率。若要通过计算两个方案的总成本来判别方案的优劣，新、旧设备的使用年限又不相同。小王感到有些困惑。

【思考】请你帮助小王做出正确的分析决策（假设该企业要求的最低报酬率为15%）。

【分析】由于资料中没有适当的现金流入资料，因此我们无法确定任意一个方案的现金净流量；同时，由于两个方案的使用年限不同，我们也不能通过比较两个方案的总成本来判别方案的优劣。但我们可以通过比较两个方案获得1年的生产能力所付出的代价，即比较其1年的成本，据以判别方案的优劣，以年成本较低者为较优方案。

固定资产的平均年成本，是指该资产引起的现金流出的年平均值。如果不考虑货币的时间价值，它是未来使用年限内的现金流出总额与使用年限的比值；如果考虑货币的时间价值，它是未来使用年限内的现金流出总额的现值与年金现值系数的比值，即平均每年的现金流出。

（1）不考虑货币的时间价值。

$$\text{使用旧设备平均年成本}=\frac{600+700\times6-200}{6}=\frac{4\,600}{6}=767\text{（元）}$$

$$\text{采用新设备平均年成本}=\frac{2\,400+400\times10-300}{10}=\frac{6\,100}{10}=610\text{（元）}$$

（2）考虑货币的时间价值。如果考虑货币的时间价值，有以下两种计算方法：

①计算现金流出的总现值，然后分摊到每一年。

$$\begin{aligned}\text{旧设备平均年成本}&=\frac{600+700\times(P/A,15\%,6)-200\times(P/F,15\%,6)}{(P/A,15\%,6)}\\&=\frac{600+700\times3.784-200\times0.432}{3.784}\\&=836\text{（元）}\end{aligned}$$

$$\begin{aligned}\text{新设备平均年成本}&=\frac{2\,400+400\times(P/A,15\%,10)-300\times(P/F,15\%,10)}{(P/A,15\%,10)}\\&=\frac{2\,400+400\times5.019-300\times0.247}{5.019}\\&=863\text{（元）}\end{aligned}$$

②由于各年已经有相等的运行成本，只要将原始投资和残值摊销到每一年，然后求和，就可得到每年的现金流出。

$$\text{平均年成本}=\text{投资成本}+\text{运行成本}-\text{残值摊销}$$

$$旧设备平均年成本=\frac{600}{(P/A,15\%,6)}+700-\frac{200}{(F/A,15\%,6)}$$

$$=\frac{600}{3.784}+700-\frac{200}{8.753}$$

$$=836（元）$$

$$新设备平均年成本=\frac{2\,400}{(P/A,15\%,10)}+400-\frac{300}{(F/A,15\%,10)}$$

$$=\frac{2\,400}{5.019}+400-\frac{300}{20.303}$$

$$=863（元）$$

通过上述计算可知，若考虑货币的时间价值，使用旧设备的年成本较低，比采用新设备节约27元（863-836）。所以，不应进行设备更新。

复习思考

1.长期投资决策主要有哪些特点?

2.长期投资决策方案的价值评价标准主要有哪些?

3.长期投资决策方案分析时为什么使用“现金流量”，而不使用“净利”?

4.影响长期投资决策分析的因素主要有哪些?

5.长期投资决策分析的方法主要有哪些?

项目实训

一、单项选择题（每题只有一个正确答案，请将正确答案填在括号内）

1.货币时间价值的复利计算原理是（　　）。

A.上一期的本金加利息相当于下一期的本金，下一期结束时的本利即为该期调整后的本金加上该期的利息

B.本金只有在第一期计算，利息则是“利滚利”

C.各期计算的本金和利息数均不变

D.将各期的利息乘以2，计算两倍利息，即为复利

2.某公司在年初存入（　　）元，则3年后可一次性取出本利共1 000 000元，设年复利率为6%。

A.1 191 020　　B.837 480　　C.9 705 590　　D.839 620

3.某公司准备在5年后用1 000 000元购买一台生产设备，银行存款利率为9%（每年计复利一次）。若该公司每年年末等额存入（　　）元，则5年后即可获得这笔款项。

A.388 956　　B.167 092　　C.598 471　　D.257 093

4.假设某企业连续10年于每年年末存入银行10 000元，年利率为8%，要计算第10

年年末一次性取出的本利额，可查表求系数（　　）。

A.（P/F，8%，10）　　B.（P/A，8%，10）

C.（F/P，8%，10）　　D.（F/A，8%，10）

5.就一个企业来说，对一个投资方案进行决策，在进行现金流量测算时，（　　）。

A.必须将各个方案的总的现金流入和总的现金流出列出

B.必须将各个方案的现金净流量列出

C.必须列出各个方案现金流量的大小、方向和时间

D.只要列出各个方案未来现金流入量即可

6.下列关于投资项目某一年的现金净流量的计算公式（暂不考虑所得税），不正确的是（　　）。

A.革新产品后增加的营业净收益-革新产品发生的现金流出

B.一条新建生产线当年的营业净收益+当年计提的折旧-当年配套流动资金投资

C.一台大型机器报废当年产生的营业净收益+报废的残值收入+该年计提的折旧

D.0-某一在建工程当年的投资额

7.下列关于长期投资决策特点的叙述，错误的是（　　）。

A.投资额大　　B.资金占用时间长

C.一次投资、分次收回　　D.风险较小

8.某投资项目的现金净流量见表7-2。

表7-2　现金净流量　单位：万元

年　数	0	1	2	3	4	5	6
现金净流量	-80	-20	8	20	48	60	60

则其投资回收期（不考虑货币的时间价值）是（　　）年。

A.4.4　　B.5.2　　C.5.0　　D.4.0

9.下列关于净现值的说法，错误的是（　　）。

A.某一投资方案的净现值大于零，说明它是可行的

B.当两个原始投资额相同的方案进行比较时，净现值大的方案较优

C.当两个原始投资额不同的方案进行比较时，净现值小的方案较优

D.计算净现值需要有关现金流量和折现率的数据信息

10.已知某项目现金流量分布，现用逐步测试法求其内含报酬率。经过数次测试，得到测试结果见表7-3。

表7-3　测试结果

设定的内含报酬率	20%	18%	14%	16%
净现值（万元）	-11.31	-3.17	+16.75	+6.12

则该项目的内含报酬率是（　　）。

A.17.36%　　B.17.56%　　C.16.68%　　D.17.32%

11.净现值法、现值指数法和内含报酬率法均属“动态”评价指标分析法，三者间

的关系是（　　）。

A.对同一项目进行评价时，它们有时会得出相互矛盾的结论

B.设一投资项目净现值>0，则现值指数>1，内含报酬率>最低收益率

C.内含报酬率法要优于现值指数法，现值指数法要优于净现值法

D.三者体现了货币时间观念

12.净现值法中的“折现率”可以有多种含义，但不可能是（　　）。

A.资本成本　　B.企业要求达到的收益率

C.内含报酬率　　D.企业所处行业的基准收益率

13.对于一个股份公司来说，其投资兴建一个项目有多种资金来源，它们是企业债券、银行借款和平价新股发行等。这样，其资本成本就是（　　）。

A.加权平均资本成本　　B.企业留存收益资本成本

C.企业债券利息　　D.银行借款利息

14.设某企业发行了50年期、年利率为12%的债券，票面金额为1 000元，发行费用为2%，若该项目的风险系数为80%，有关年度的货币时间价值为7%，则其预期风险报酬额是（　　）万元。

A.135.2　　B.187.3　　C.110.2　　D.200.0

15.下列关于长期投资决策的说法，正确的是（　　）。

A.增强资金的时间价值观念，就是要求在工程项目的实施过程中，努力缩短建设工期，尽快发挥投资项目的效益

B.用新设备更新旧设备时，应将新、旧设备的购买价格进行比较，选择最优方案

C.在对长期投资方案甲和乙进行选择时，运用净现值法和内含报酬率法，有时会得出相互矛盾的结论

D.投资项目要求的收益率只取决于“资本成本”，与项目风险大小无关

二、多项选择题（每题有两个或两个以上正确答案，请将正确答案填在括号内）

1.下列关于投资回收期法的说法，正确的有（　　）。

A.计算简便、容易理解

B.不能说明某项投资能获得多大经济效益

C.通常与其他方法结合使用

D.不利于评价投资项目风险

2.下列关于货币时间价值的说法，正确的有（　　）。

A.按放弃使用货币时间长短来计算的

B.放弃使用货币的机会而换取的报酬

C.资金使用者支付给资金所有者形成资本成本的一部分资金增值额

D.资金的增值

3.下列关于资本成本的说法，正确的有（　　）。

A.投资项目的“取舍率”　　B.风险报酬带来的成本

C.通货膨胀带来的成本　　D.投资项目能否被接受的最低收益率

4.一个投资项目的现金流入量主要包括（　　）。

A. 营业净收益　　B. 折旧　　C. 残值　　D. 安装费

5. 长期投资的主要特点有（　　）。

A. 投资项目金额大　　B. 资金占用时间长

C. 分次收回　　D. 损失小

6. 对投资项目进行经济评价需要考虑的主要问题有（　　）。

A. 资本成本的计算　　B. 风险程度的估量

C. 现金支出　　D. 现金收入

三、判断题（正确的在括号内打"√"，错误的打"×"）

1. 货币的时间价值是在没有通货膨胀和风险的条件下的社会平均资本率。（　　）

2. 当通货膨胀率很低时，人们常常习惯将银行利率视同为货币的时间价值。（　　）

3. 每年年末付500元，假设年利率为5%，5年后本利和为2 901元。（　　）

4. 普通年金与预付年金的终值相同。（　　）

5. 年金是指每隔一定时期等额收或支的款项。普通年金是指每年等额收或支的款项在年初进行。（　　）

6. 在用净现值法衡量投资方案的优劣时，可以不考虑初始投资额。（　　）

7. 现金流量与利润的主要区别是：前者的计算以收付实现制为基础，后者的计算以权责发生制为基础。（　　）

8. 在计算现金流量时，无形资产摊销额的处理与折旧额相同。（　　）

9. 在利率和计息期数相同的条件下，复利现值系数与复利终值系数互为倒数。（　　）

10. 普通年金现值系数加1等于同期、同利率的预付年金现值系数。（　　）

11. 相对于短期经营决策来说，长期投资决策要承担的风险更小。（　　）

12. 复利现值就是本利和。（　　）

13. 一般来说，原始投资额是现值，终结现金流量是终值。（　　）

14. 投资回收期越短，表明该项投资的效果越好，所以风险也就越小。（　　）

15. 投资回收期指标易于理解和计算，在实际工作中可单独用来评价项目经济效益。（　　）

16. 两个原始投资额不等的方案，衡量优劣应以净现值为准。（　　）

17. 一个方案的净现值如果大于零，那么，其现值指数肯定大于1。（　　）

18. 若一个项目的内含报酬率大于资本成本，则该项目可行。（　　）

19. 采用逐步测试法时，若第一次测试的结果是净现值大于零，则第二次测试时所选折现率应降低。（　　）

20. 随着固定资产使用时间的推移，其运行成本和持有成本呈反方向变化，两者之和在坐标图中呈现出马鞍形。（　　）

四、计算分析题

1. 根据下列已知条件，计算复利现值与终值。

（1）将100元存入银行，年利率7%，每年计复利一次，6年的复利终值是多少？

（2）将100元存入银行，年利率8%，3个月复利一次，30年的复利终值是多少？

（3）若年利率为8%，每年计复利一次，8年后的1 000元，其现在的价值是多少？

（4）若年利率为6%，每月计复利一次，其实际利率是多少？

2.根据下列已知条件，计算年金终值与现值。

（1）采用“零存整取”方式，每年存入银行10 000元。若年利率为8%，每年计复利一次，10年后的终值是多少？

（2）某企业设置了一项偿债基金，每年向银行存入一定数额的款项，以偿还其第6年年初到期的借款本金合计2 000 000元。若银行年利率为9%，每年计息一次，该企业每年应存入多少钱？

（3）采用“整存零取”方式，年利率为6%，每年计复利一次。若每年取款1 000元，共5年，则最初应一次性存入多少钱？

（4）一台机器设备购买价为1 000 000元，使用寿命为7年，每年可带来25 000元的净收益。若银行同期存款年利率为8%，每年计复利一次，则购买这台机器是否合算？（与银行同期存款收益率相比较）

3.某企业有一台机器设备，购买价为800元，使用年限为6年，期满后无残值。其维修成本第1年为100元，以后每年增加100元。

要求：计算该设备的经济寿命。

4.某企业为降低生产成本，考虑购置一台新机器以替换旧机器。旧机器原值为97 000元，每年折旧额10 000元，估计还可使用5年，残值7 000元，若现在将其变卖，可获得40 000元。使用该台旧机器每年的营业收入为100 000元，经营成本为70 000元。新机器价值130 000元，预计可使用6年，报废时残值为10 000元，年折旧20 000元。新机器不会增加收入，但可使每年的经营成本降低28 000元。设所得税税率为25%，假定基准折现率为10%。

要求：确定是否应替换旧机器。

5.顺风轮渡公司拥有渡轮多艘，其中一艘已相当陈旧，故财务经理向总经理提出淘汰旧船，购置新船的建议。新船的买价为40 000元，可望运行10年，该船每年的运行成本为12 000元。估计该船5年后需大修一次，其成本为2 500元，10年结束时，估计该船的残值为5 000元。但业务经理不同意财务经理的意见，他凭多年的工作经验，认为该船虽然陈旧，但通过全面翻新，还可继续发挥其运行效益。所以，他向总经理提出了翻修旧船的方案。据该方案的预算，立即翻修的成本为20 000元，估计5年后也需大修一次，其成本为8 000元。若这些修理计划得以实施，该船可望运行的期限也将是10年。10年内，该船每年的运行成本为16 000元。10年后，其残值预计为5 000元。根据当前的市场情况，该艘旧船的现时转让价格为7 000元，年利率为18%。这两个方案同时报给了总经理。

要求：假如你是总经理，应该选择哪一个方案？为什么？

五、案例题

琼南洋全称为海南南洋船务实业股份有限公司，成立于1992年12月16日，于1994年上市，上市之初，公司规模较小，只有几艘小邮轮。1996年4月，原第一大股东海南省航运总公司将所持法人股转让给海南成功投资有限公司。新的董事会提出了以化工品航运为主的“大航运”的构想。正是这一投资战略的重大转变，催生了后来的“宏伟的造船计划”。在这种投资战略的引导下，琼南洋大量借贷，一口气买下了“建中号”、“顺宝号”和“新南洋一号”3艘二手船，耗资近2 000万美元。琼南洋曾将“东海号”和“洋浦号”邮轮抵押给中国银行。1996年，为购置“新南洋一号”，又以这两艘邮轮捆绑抵押，大大增加了公司的债务成本。到1996年，琼南洋的主营业务收入较上年下降了2 810万元，税后利润下降了4 938万元，由盈利2 182万元变为亏损2 756万元，资产负债率达45.5%。1997年上半年，国际航运业出现暂时的好转，公司主营业务收入和税后利润都出现了大幅反弹，公司管理层的乐观情绪高涨。1997年8月，公司与日本川铁商事株式会社签订了建造两艘8 500吨化工品船的合同，单船造价高达19.33亿日元。1997年12月，公司又与日本福冈船厂签订了建造两艘11 500吨化工品船的合同，单船造价高达23.69亿日元。1997年，琼南洋为建造新船，只好再将“东海号”、“洋浦号”、“新南洋一号”、“建中号”和“顺宝号”5艘船捆绑抵押。这样一来，琼南洋的债务成本进一步急剧增加，加之国际航运业的严重萧条，到1998年，琼南洋的主营业务收入较上年下降了14 760万元，税后利润下降了19 335万元，由盈利3 694万元变为亏损15 641万元，资产负债率达75.51%。在主营业务下滑、新船未建造完工的困难时期，琼南洋又面临着亚洲金融危机的沉重打击。由于国际航运市场萧条，运价一降再降，与此同时，日元强劲升值，尽管国际造船价已下跌20%，但日元升值达20%，琼南洋实际上要多支付40%的成本。到1999年，琼南洋到了还贷高峰期，到期的债务本息高达3.3亿元人民币。由于要还债，公司先后低价转让4艘新船，直接经济损失为9.54亿日元。另外，转让其他船只的损失也很大。到1999年年末，琼南洋的处境更为艰难，全年亏损28 686万元，每股亏损1.15元。公司已资不抵债，净资产为-13 521万元，每股净资产-0.54元，资产负债率急剧上升至140.22%。买船导致的资金枯竭和巨大的还贷压力将琼南洋推向破产的边缘。2000年，琼南洋所拥有的“东海号”、“洋浦号”、“南洋一号、二号、三号、五号”和“海鹭号”，接连被低价转让或拍卖，琼南洋陷入绝境。该年公司全年亏损3 989万元，每股亏损0.16元，每股净资产-0.93元，资产负债率达207.03%。2001年，公司全年亏损4 329万元，每股亏损0.17元，每股净资产-1.24元，资产负债率达165.49%。

要求：分析琼南洋失败的原因及其给我们的启示。

参考答案

项目八
全面预算

学习目的与要求

通过本项目的学习，要求学生熟悉全面预算的类型、作用和编制程序；了解全面预算应注意的问题；熟练运用全面预算的各种编制方法。学习本项目，应重点掌握以下内容：

（1）全面预算的类型、作用和编制程序；

（2）全面预算的内容和编制方法；

（3）弹性预算、零基预算和滚动预算的编制；

（4）全面预算管理应注意的问题。

重点、难点解析

一、编制全面预算的作用

（1）明确工作目标；（2）协调各级部门工作；（3）控制各部门的经济活动；（4）评价工作业绩。

二、全面预算的编制程序

（1）下达预期目标；（2）业务部门编制上报；（3）审查平衡预算草案；（4）审议批准预算方案；（5）下达执行预算方案。

三、全面预算的内容和编制方法

（一）日常业务预算

（1）销售预算；（2）生产预算；（3）直接材料预算；（4）直接人工预算；（5）制造费用预算；（6）产品成本预算；（7）销售及管理费用预算。

（二）特种决策预算

（三）财务预算

（1）现金收支预算；（2）预计利润表；（3）预计资产负债表。

四、弹性预算、零基预算和滚动预算的内容和编制方法

（一）弹性预算

（1）弹性成本预算；（2）弹性利润预算。

（二）零基预算

（三）滚动预算

（1）逐月滚动；（2）逐季滚动；（3）混合滚动。

五、全面预算管理应注意的问题

（一）预算制定主体的定位

（1）制定预算的参与者；（2）设置预算委员会。

（二）预算管理的实施

（1）避免目标置换；（2）避免过繁过细；（3）避免因循守旧；（4）避免一成不变。

案例分析

【资料】明源公司的财务总监刘平主要负责在2017年年末编制该公司2018年的全面预算。由于他是第一次接手该项工作，所以在编制过程中出现了许多问题。刘平进行预算组织工作的记录如下：

（1）12月5日，发专门文件说明预算的本质是财务计划，是预先的决策。

（2）12月10日，专门指定生产部门先将生产计划编制出来，提前上交，因为生产部门的生产预算是全面预算的开始。

（3）12月12日，预算编制程序如下：

①成立预算委员会，由预算委员会提出具体生产任务和其他任务；

②由各部门负责人自拟分项预算；

③上报分项预算给公司预算委员会，汇总形成全面预算；

④由董事会审查平衡预算草案；

⑤由总经理审议批准预算方案；

⑥将预算下达给各部门实施。

（4）12月20日，为预算上交截止日，各部门已上交销售预算、生产预算、直接材料预算、直接人工预算、制造费用预算。财务总监刘平认为日常业务预算已经基本上交完毕。特种决策预算和财务预算也都已经上交。

（5）12月21日，刘平将交来的预计资产负债表退回，认为其不属于预算范围。

（6）12月31日，预计下一期股利支付方案，列入特种决策预算。

【思考】请指出刘平在主持全面预算工作中出现的错误并予以纠正。

【分析】对刘平的预算组织工作判断如下：

（1）正确。

（2）错误。全面预算的开始不是生产预算，而是销售预算。

（3）预算编制程序存在以下错误：

①预算委员会只负责拟定企业的预算总体方针、预算期长期经营目标和短期经营目标，具体的生产任务和其他任务则由各部门依据企业总体目标自行确定。

②应由预算委员会审查平衡预算草案，并不是董事会等权力机构。

③预算方案不是由总经理批准的，而是经董事会等权力机构批准的。

（4）错误。日常业务预算中还缺少产品成本预算、销售及管理费用预算。

（5）错误。预计资产负债表属于财务预算的重要组成部分，是企业进行全面预算的重要项目。

（6）正确。股利支付方案属于特种决策预算。

复习思考

1.试述编制全面预算的作用。

2.简述全面预算基本体系中各项预算之间的关系。

3.滚动预算按其预算编制和滚动的时间单位不同可分为几种方式？分别是什么？

4.试述全面预算管理应注意的问题。

项目实训

一、单项选择题（每题只有一个正确答案，请将正确答案填在括号内）

1.下列各项中，不属于日常业务预算的是（　　）。

A.生产预算　　B.产品成本预算

C.直接人工预算　　D.资本支出预算

2.下列各项中，没有直接在现金预算中得到反映的是（　　）。

A.期初、期末现金余额　　B.现金筹措及运用

C.预算期产量和销量　　D.预算期现金余缺

3.按照成本性态分析的方法将企业的成本分为固定成本和变动成本，这种预算方法是（　　）。

A.固定预算　　B.零基预算　　C.滚动预算　　D.弹性预算

4.某企业编制2018年度“直接材料采购预算”，预计第四季度期初甲材料存货量为420千克，本季度生产需用量为2 200千克，预计期末甲材料存货量为540千克，甲材料采购单价（含税）为10元/千克。假定第四季度支付材料货款的60%，其余40%在下季度付清，则该企业预计资产负债表中“应付账款”项目的年末余额为（　　）元。

A.8 320　　B.9 280　　C.13 920　　D.12 480

5.（2017技能大赛）企业在不能准确预测业务量的情况下，根据本量利之间的数量关系，以预算期内可预见的各种业务量水平为基础，编制能够适应多种情况预算的方法是（　　）。

A.零基预算　　B.弹性预算　　C.滚动预算　　D.固定预算

6.（2017技能大赛）企业年度各种产品销售业务量为100%时的销售收入为4 500万元，变动成本为2 300万元，企业年度固定成本总额为1 300万元，利润为900万元，则当预计业务量为80%时，利润为（　　）万元。

A.540　　B.240　　C.460　　D.680

7.（2017技能大赛）下列各项中，可以直接从表中查到各种业务量水平下的成本预算额，但是工作量较大的弹性成本预算方法是（　　）。

A.列表法　　B.公式法　　C.因素法　　D.百分比法

8.（2017技能大赛）下列各项中，最可能导致预算松弛的是（　　）。

A.董事会　　B.最高管理层

C.预算委员会　　D.中低层级的经理

9.（2017技能大赛）（　　）是全面预算的出发点，也是全面预算的关键。

A.生产预算　　B.产品成本预算　　C.销售预算　　D.现金收支预算

10.（2017技能大赛）总预算是指（　　）。

A.财务预算　　B.销售预算　　C.特种决策预算　　D.日常业务预算

11.（2017技能大赛）下列各项中，不以生产预算为基础直接编制的预算是（　　）。

A.直接材料预算　　B.制造费用预算

C.直接人工预算　　D.销售及管理费用预算

二、多项选择题（每题有两个或两个以上正确答案，请将正确答案填在括号内）

1.下列各项中，不属于日常业务预算的有（　　）。

A.产品成本预算　　B.资本支出预算

C.预计利润表　　D.预计资产负债表

2.下列各项中，可作为现金收支预算编制依据的有（　　）。

A.预计利润表　　B.日常业务预算

C.预计资产负债表　　D.特种决策预算

3.编制弹性成本预算的方法有（　　）。

A.因素法　　B.列表法　　C.百分比法　　D.公式法

4.产品成本预算以（　　）预算为依据。

A.直接材料　　B.直接人工　　C.制造费用　　D.销售费用

5.下列各项中，被纳入现金收支预算的有（　　）。

A.销售产品收到现金　　B.购买材料支付现金

C.缴纳增值税　　D.资本性现金支出

6.编制生产预算中“预计生产量”项目时，应考虑的因素有（　　）。

A.预计销售量　　B.前期实际销量

C.预计期初存货　　D.预计期末存货

7.下列与编制弹性预算相关的内容有（　　）。

A.只要本量利数量关系不发生变化，则不必每期重新编制

B.以成本性态分析为理论前提

C.在预算期末需要计算“实际业务量的预算成本”

D.既可以用于成本费用预算，也可以用于利润预算

8.滚动预算的优点有（　　）。

A.透明度高　　B.及时性强

C.连续性好　　D.远期指导性强

9.财务预算包括（　　）。

A.现金收支预算　　B.资本支出预算

C.预计资产负债表　　D.预计利润表

10.编制预计资产负债表的依据有（　　）。

A.现金收支预算　　B.责任预算

C.特种决策预算　　D.日常业务预算

三、判断题（正确的在括号内打“√”，错误的打“×”）

1.生产预算是全面预算的起点，其他预算的编制都应以生产预算为基础。（　　）

2.弹性利润预算的方法有列表法和百分比法。（　　）

3.预计财务报表的编制程序是先编制预计利润表，再编制预计资产负债表。（　　）

4.编制零基预算时，应以现有的费用水平为基础。（　　）

5.生产预算是所有经营预算中唯一只使用实物量计量单位的预算。（　　）

6.弹性预算只是编制成本费用的预算方法。（　　）

7.各种预算中，构成全面预算体系最终环节的是日常业务预算。（　　）

8.现金收支预算是以实物量指标反映企业经营活动结果的。（　　）

9.购置固定资产属于特种决策预算。（　　）

10.固定预算的预算期与会计年度相脱离。（　　）

四、计算分析题

1.宝成公司只生产一种产品——甲产品，2020年度甲产品预计销售量为：第一季度1 000件，第二季度900件，第三季度1 100件，第四季度1 200件。年初实际存货量和年末预计存货量等资料见表8-1。

表8-1　宝成公司2020年度预计产品存货资料表　数量单位：件

品种	年初产成品数量	年末产成品数量	年初在产品数量	年末在产品数量	预计期末产成品占下期销售量的百分比
甲产品	120	150	0	0	10%

要求：根据上述资料编制宝成公司2020年度生产预算表。

2.星光公司预计2020年度M产品销售量在7 000～12 000件之间变动，销售单价（不含税）为36元/件，单位变动成本为27元，固定成本为69 000元。

要求：

（1）采用因素法编制该公司2020年度弹性利润预算表。

（2）假定该公司M产品的销售业务量为100%时的销售收入为360 000元，变动成本为270 000元，采用百分比法编制该公司2020年度弹性利润预算表。

3.蓝新公司生产并销售甲、乙两种产品，2020年两种产品在每一季度的销售中有60%可于当季度收到现金，其余40%的货款将于下一季度收讫。2020年年初应收账款数据和各季度预测的销售单价和销售数量等资料见表8-2。

表8-2　　蓝新公司2020年度预计销售单价、预计销售量及其他资料表　　金额单位：元

<table>
<tr><th colspan="2" rowspan="2">季　度</th><th rowspan="2">1</th><th rowspan="2">2</th><th rowspan="2">3</th><th rowspan="2">4</th><th rowspan="2">年初应收账款</th><th rowspan="2">增值税税率</th><th colspan="2">收现率</th></tr>
<tr><th>首期</th><th>二期</th></tr>
<tr><td rowspan="2">甲产品</td><td>销售单价（不含税）</td><td>75</td><td>75</td><td>75</td><td>75</td><td rowspan="2">8 000</td><td rowspan="4">13%</td><td rowspan="4">60%</td><td rowspan="4">40%</td></tr>
<tr><td>预计销售量（件）</td><td>600</td><td>500</td><td>800</td><td>900</td></tr>
<tr><td rowspan="2">乙产品</td><td>销售单价（不含税）</td><td>90</td><td>90</td><td>90</td><td>90</td><td rowspan="2">10 000</td></tr>
<tr><td>预计销售量（件）</td><td>800</td><td>1 000</td><td>1 100</td><td>1 000</td></tr>
</table>

要求：

（1）编制蓝新公司2020年度销售预算表。

（2）编制蓝新公司2020年度经营现金收入预算表。

4.红星公司对销售及管理费用预算采用零基预算的方法编制，该公司2020年度销售及管理费用的预算开支见表8-3。

表8-3　　红星公司2020年度预计销售及管理费用项目和开支金额　　单位：元

费用项目	开支金额
销售佣金	2 500
办公费	4 600
保险费	2 100
职工福利费	1 800
折旧费	1 700
合　计	12 700

假定该公司2020年度可动用的资金只有10 000元，经充分论证，上述费用中办公费和职工福利费可以适当压缩，其上一年历史资料得出的办公费和职工福利费的成本-收益分析见表8-4。

表8-4　　红星公司成本-收益分析表　　单位：元

成本项目	成本金额	收益金额
办公费	1	7
职工福利费	1	3

要求：

（1）确定不可避免项目的预算金额。

（2）按成本-效益比重分配确定可避免项目的预算金额。

5.环球公司2020年度有关预算资料如下：

（1）该公司1—4季度的销售收入（不含税）分别为100 000元、200 000元、250 000元、230 000元。当季度可收到本季度销售收入的65%，其余35%于下一季度全

部收回。

（2）该公司1—4季度的直接材料采购成本（不含税）分别为60 000元、110 000元、170 000元、180 000元。全部在当季度以现金方式支付。

（3）该公司1—4季度的直接人工支出分别为10 000元、15 000元、20 000元、22 000元；制造费用支出分别为3 500元、3 800元、4 200元、4 300元，其中制造费用中包含每月折旧费1 000元。

（4）该公司1—4季度的销售及管理费用分别为5 000元、6 500元、8 600元、8 200元。全部用现金付讫。

（5）该公司第2季度购入一台设备，价值45 000元，作为固定资产入账。第2季度和第3季度分别支付现金21 000元和24 000元。

（6）该公司每季度现金余额的额定范围为6 000 ~ 8 000元。现金不足时，可向银行借款（1 000的倍数），短期借款年利率为4.8%；现金多余时，归还借款（1 000的倍数）。年初长期借款余额为30 000元，长期借款年利率为6%。假设借款和还款均发生在期末，每季度末偿还借款利息。

（7）该公司流通环节只缴纳增值税，并于每季度末用现金完税，公司增值税税率为13%，附加税税率为10%。

（8）该公司年初现金余额为6 000元，年初应收账款余额为10 000元，全年共预交所得税4 000元。

要求：根据上述资料，编制环球公司2020年度现金收支预算表。

五、案例题（2017技能大赛）

Luffton Industries公司生产皮革公文包，每单位产品售价20元。该产品所耗原材料为黄褐色皮革，每码2元。每单位产品需耗原材料1.5码，同时耗费0.25直接人工工时，直接人工工时成本为16元，变动间接成本分摊率为每单位产品3元，固定间接成本的预测见表8-5。

表8-5　固定间接成本预测　单位：元

折旧	25 000
保险费	10 000
财产税	6 000
督察费	35 000

该年度销售费用和管理费用的变动部分为每单位产品2元，固定部分的预测见表8-6。

表8-6　销售费用和管理费用的固定部分预测　单位：元

折旧	5 000
销售人员工资	3 000
广告费	10 000
办公费	18 000
总裁工资	60 000

2020年年初，公司存货中有500单位产成品，计划年末持有2 500单位产成品，同时，要求原材料存货年末持有1 000码，该原材料存货年初为5 000码，销售量预期为100 000单位。

要求编制2020年的下列预算：

（1）销售预算；

（2）生产预算；

（3）直接材料预算；

（4）直接人工预算；

（5）间接成本预算；

（6）销售费用和管理费用预算。

参考答案

项目九

标准成本系统

学习目的与要求

通过本项目学的习，要求学生认识标准成本法对管理的作用；了解标准成本的种类及实现前提；了解各类成本差异的产生、影响要素；掌握成本差异的计算及账务处理；熟悉成本差异的控制。同时，做到理论与实践相结合，让标准成本法在更多的企业中得到运用。学习本项目，应重点掌握以下内容：

（1）标准成本及成本差异的含义；

（2）变动成本差异的计算、分析和控制；

（3）固定性制造费用成本差异的计算、分析和控制；

（4）成本差异的账务处理。

重点、难点解析

本项目的核心内容包括三个项目、两个因素。三个项目是指成本的三个构成部分——直接材料、直接人工、制造费用；两个因素是指量的因素和价的因素。该项目所有内容都围绕三个项目、两个因素进行。

一、标准成本的含义

标准成本在实际工作中有两种含义：一种是指单位产品的标准成本（又称成本标准）；另一种是指实际产量的标准成本。应注意区别成本标准、标准成本和实际成本。

（一）标准成本与标准成本法的区别

标准成本是事先制定的一种成本，用以控制实际成本，使实际成本发生在一个合理的范围内。标准成本法也称标准成本会计，是一种产品成本计算方法，也是一种成本控制制度。

（二）目标成本法与标准成本法的区别

标准成本法不仅是一种成本计算的方法，也是成本控制的制度。标准成本及其制定、标准成本差异的计算与分析以及标准成本的账务处理构成了标准成本系统的主要环节。

目标成本法是一种以市场为导向，对有独立的制造过程的产品进行利润计划和成本管理的方法。目标成本法的目的是在产品生命周期的研发及设计阶段，设计好产品的成本，而不是试图在制造过程中降低成本。

二、变动费用差异的价差和量差分析

（一）直接材料成本差异的价差和量差（见表9-1）

表9-1 直接材料成本差异的价差和量差

<table>
<tr><th>差　异</th><th>负责部门</th><th>具体原因</th></tr>
<tr><td rowspan="4">材料价格差异</td><td rowspan="4">采购部门</td><td>供应厂商价格变动</td></tr>
<tr><td>未按经济批量进货</td></tr>
<tr><td>未能及时订货造成紧急订货</td></tr>
<tr><td>采购时舍近求远</td></tr>
<tr><td rowspan="5">材料数量差异</td><td rowspan="5">生产部门</td><td>操作疏忽造成废品增加</td></tr>
<tr><td>工人用料不精心</td></tr>
<tr><td>操作技术改进节省材料</td></tr>
<tr><td>新工人上岗造成多用料</td></tr>
<tr><td>机器工具不适合造成多用料</td></tr>
</table>

（二）直接人工成本差异的价差和量差（见表9-2）

表9-2 直接人工成本差异的价差和量差

差　异	负责部门	具体原因
工资率差异	劳动人事部门	工人升降级、奖励制度未产生实效、工资率调整、加班或使用临时工、出勤率变化
人工效率差异	生产部门	工作环境不良、工人经验不足、劳动情绪不佳、太多新工人上岗、机器工具不适合、设备故障较多、计划安排不当

（三）变动性制造费用成本差异的价差和量差

耗费差异是部门经理的责任，其有责任将变动性制造费用控制在预算限额内。效率差异的原因与人工效率差异相同。

三、固定性制造费用成本差异分析

固定性制造费用成本差异分析见表9-3。

表9-3 固定性制造费用成本差异分析

<table>
<tr><th colspan="2">二因素分析法</th><th colspan="2">三因素分析法</th></tr>
<tr><td>耗费差异</td><td>固定性制造费用实际数-固定性制造费用预算数</td><td>耗费差异</td><td>固定性制造费用实际数-固定性制造费用预算数</td></tr>
<tr><td rowspan="2">能量差异</td><td rowspan="2">固定性制造费用预算数-固定性制造费用标准成本
=（生产能量-实际产量标准工时）×固定性制造费用标准分配率</td><td>固定性制造费用闲置能量差异</td><td>固定性制造费用预算数-实际工时×固定性制造费用标准分配率
=（生产能量-实际工时）×固定性制造费用标准分配率</td></tr>
<tr><td>固定性制造费用效率差异</td><td>（实际工时-实际产量标准工时）×固定性制造费用标准分配率</td></tr>
</table>

四、成本差异的账务处理

期末对成本差异的结转和处理主要有两种方法：直接处理法和递延法。

（一）直接处理法（结转本期损益法）

其处理方法是：将本期发生的各种成本差异全部转入“主营业务成本”账户，由本期的销售产品负担，并全部从利润表的销售收入项下扣减，不再分配给期末在产品和期末库存产成品。

（二）递延法（调整销售成本与存货法）

其处理方法是：将本期的各种成本差异，按标准成本的比例分配给期末在产品、期末产成品和本期已销售产品。

案例分析

标准成本制度在宝钢的运用

标准成本制度产生于20世纪20年代的美国。我国关于标准成本制度尚处在概念介绍阶段，企业在实务中应用的并不多。宝钢于1995年着手推进标准成本制度，1996年正式采用标准成本制度，包括标准成本的核算体系及管理体系。今天的宝钢在成本管理上取得了飞速的发展，丰富了管理会计中有关标准成本的内涵。

（1）标准成本制度的内涵。标准成本制度是指围绕标准成本的相关指标（如技术指标、作业指标、计划值等）而设计的，将成本的前馈控制、反馈控制及核算功能有机结合而形成的一种成本控制系统。其主要内容包括成本标准的制定、成本差异揭示及分析、成本差异的账务处理三部分。标准成本应依据各生产流程的操作规范，利用健全的生产、工程、技术测定（包括时间及动作研究、统计分析、工程实验等方法），对各成本中心及产品制定合适的数量化标准，再将该数量化标准金额作为成本绩效衡量与标准产品成本计算的基础。其具体涉及以下几个方面的内容：

①成本中心的制定。标准成本的首要问题便是建立成本中心，以衡量其绩效，分清各部门的责任。成本中心是成本收集的最小责任单位，具有以下三个特点：一是要确定责任区域；二是要在一定主管控制下；三是其为最小成本责任中心。我们在实践中认为，对于某种产品在其生产过程中所经过的并且有投入、产出的单元都为成本中心。一级成本中心一般为一个厂，二级成本中心为分厂，三级成本中心为作业区。成本中心按其功能又可分为生产性成本中心、服务性成本中心、辅助性成本中心和生产管理性成本中心。这样，我们既可衡量一级成本中心的绩效，也可根据需要来衡量二级成本中心、三级成本中心的绩效。

②成本标准的制定与修订。成本标准是针对明细产品（产品大类+材质+规格）在各成本中心而制定的，它分为消耗标准和价格标准。消耗标准又分为原料消耗标准、辅料消耗标准、直接燃动力标准、直接人工标准和制造费用标准；价格标准又分为物料价格标准、半成品价格标准、能源价格标准和人工价格标准。价格标准制定的依据为成本

补偿；消耗标准制定的依据为工艺技术规程、生产操作规程、计划值指标、历史消耗资料。其具体方法为：

a.原料消耗标准是指明细产品在各成本中心的单耗，即投入/产出，它应由成本中心的工程师、工程技术人员一起按技术规程制定。

b.辅料消耗标准的制定应考虑历史消耗资料及生产操作规程、计划值。

c.对于直接燃动力、直接人工、制造费用标准的制定，则可按产品的生产难易程度（即机时能力）制定，某产品的机时能力指1小时可生产多少吨产品。这些标准可按其倒数制定。

$$\frac{某明细产品}{制造费用标准}=\left(\frac{该成本中心}{平均机时能力}\div\frac{该产品}{机时能力}\right)\times\left(\frac{该成本中心}{制造费用总额}\div\frac{该成本中心}{总产量}\right)$$

d.价格标准可按成本补偿的原则制定。从实践中得来的经验教训是，成本标准不能光由财务部门、生产部门及财务人员制定，而一定要由一个权威机构制定和修订，标准的制定应由工程技术方、生产方、财务方的人员一道参与。

③成本差异的揭示及分析。成本差异分为消耗差异和价格差异。

消耗差异=标准价格×（实际消耗-标准消耗）

价格差异=实际消耗×（实际价格-标准价格）

对于三级成本中心（作业区）的差异，由于制定好了价格标准，因而在此不揭示价格差异，只揭示消耗差异。

二级成本中心、一级成本中心的差异揭示格式与三级成本中心类似。

价格差异由一级成本中心上交至总公司进行统一处理，按一定规则分摊。

差异等于实际成本减去标准成本，负差为有利差异，正差为不利差异。差异揭示出来后，应分析差异产生的原因，进而提出一些改进的措施。差异产生的原因包括两方面：一方面是因为标准不够准确造成的；另一方面是由实际生产操作或管理产生的。对不够准确的，要加以修订；对由于生产操作或管理产生的，要进行具体分析。

在实践中得出这样一条经验：成本差异的分析一定要由责任中心的生产人员、技术人员、管理人员进行，而不能由财务人员闭门造车想象差异原因，这样才能使标准成本制度发挥更大的作用。

④实施标准成本制度的作用。

a.便于成本核算。按照前面的介绍，只要划定成本中心、确定成本标准、制定成本项目后，按一定的程序便可核算出标准成本、实际成本及成本差异。

b.感触特别深的是成本核算中在制品的留法。在制品留多少金额一直是成本核算较为头痛的问题，采用标准成本后，在制品按成本的标准留，剩下的成本即为转出成本，这样解决了在制品留法不合理的难题。

c.便于分清各成本中心的责任。由于标准成本将成本中心划定为一、二、三级，而三级成本中心已划到车间、作业区这一级，可以揭示出标准成本差异，这样打破了车间之间吃大锅饭的现象，是谁的责任只要看差异即可。

d.便于成本控制。明确成本中心的责任后，使成本控制的责任下放到车间、作业区三级成本中心，便于车间、作业区把成本标准、成本指标层层分解到个人，加强考核，使奖金与成本业绩挂钩。同时，在标准成本实践中还实行月度成本计划措施，即下月的月度生产计划制订出来后，配上成本标准，就可算出月度成本消耗量，然后领料员、成本员按此月度成本控制计划领料，以达到控制成本的目的。

e.便于决策。一方面，便于管理层根据差异分析情况做出采取新工艺、新操作、新技术的决策，以控制成本；另一方面，便于管理层针对标准成本状况做出销售经营决策。

另外，在实施标准成本制度时，还必须注意以下两点：一是标准成本必须整合化。要提高标准成本的反应速度及效率，应有整合的概念，即标准成本从标准的制定、成本中心的确定、成本项目划分到成本费用的归集、成本费用的分配直到报表的输出有机地合为一个整体，而不能分散、零落地各自分成一个个互不关联的小系统。二是标准成本必须电算化。标准成本要整合，从标准到生产实际的信息量必然非常庞大，光靠手工计算是不可能的，因而必须电算化。

(2) 在标准成本制度下作业长是降低成本的主要责任者。随着成本工作的不断深化，成本管理的重心逐步转移到作业区，特别是宝钢推行标准成本管理制度以来，作业长从以往的只管生产、质量转到现在还必须管现场成本上来。5年多来，推进标准成本的经验表明，作业长是降低现场成本的主要责任者，应创造条件使作业长成为降低成本的主力军。

①为何作业长是降低工序成本的主要责任者。实施标准成本制度，涉及的人员有分厂厂长、兼职成本员、财务人员及作业长等，他们各司其职。对于分厂厂长来说，一个分厂下面有几个作业区，分厂厂长除了要抓产量、质量、安全外，还有许多事务性的工作要处理，因而对现场成本不可能抓得很细、很深。分厂厂长可以做到的是部署各作业区成本管理的方案，检查作业区降低成本的措施及效果。对于兼职成本员来说，因为是兼职，他们大部分的精力会放在自己的岗位职责上，而且由于岗位的局限性，使得他们不可能去指挥班组长、工程师及具体的岗位操作工，他们能做到的，一是作领料计划、收集成本数据、核对成本数据、反馈成本数据；二是作为成本网络的成员，成为联系作业区与成本工作小组的桥梁。

②作业长如何真正成为降低现场成本的责任者。根据我厂推行标准成本制度的经验，作业长要真正成为降低现场成本的责任者，应做好以下工作：

a.应该知道成本中心成本标准的设定。作业长必须对作业区成本中心各产品的各成本项目标准设定的方法、状况、修订标准等做到心中有数，把成本标准与计划值有机结合，按成本标准、计划值控制各项消耗。

b.必须可以看懂成本中心成本差异报表及数据来源。首先，应该了解成本核算中本区域所包含的所有明细成本项目。不同的区域所包含的明细成本项目不尽相同，但基本上包括以下5大类：直接原料、直接辅料、直接燃动力、直接人工、制造费用。其次，标准成本报表主要有工序差异报表、分厂差异报表、在制品报表等，作业长应该了解自己所管工序的差异报表的来龙去脉，并进行事后分析。

c.应该了解物料领用、生产备件领用的途径并做到核对账实。从物资部领用的物料，按财务部门预先设定的规则，有些计入直接辅料，有些计入制造费用的机物料消耗、低值易耗品。作业长必须知道哪些物料该计入什么成本项目，并且月终及时核对领料单，发现错转、漏转，及时与有关部门联系，及时纠正。另外，像轧辊、刀具等生产备件的领用，为了避免成本的大幅波动，先计入待摊费用，作业区耗用这些生产备件时，才计入直接辅料中的生产备件，要求作业区及时与仓库核对生产备件的耗用数。

d.应该在保证质量的前提下制订降低消耗的计划，并把指标分解到岗位。年度成本预算下达后，作业长应根据作业区具体情况制订降低消耗的年计划，并以文件形式把指标分解下发到班组、岗位，制定切实可行的措施，使之得以实现。每月终了，财务部门把作业区的成本标准配上生产计划得出下月的成本计划，作业长再根据作业区具体情况制订月度降低消耗的计划，并贯彻落实。在成本的事中控制方面，作业长应开展有效的降低成本活动，将降低成本的指标层层分解到各作业区、班组及操作工，做到人人身上有指标、千斤重担人人挑。如精整区结合现场成立试点，在直接辅料、机物料、低耗品3大类可控项目上进行反浪费要因分析，寻找管理制度上的漏洞和不完善方面，并将主要成本项目实行挂牌到岗，使每个职工在生产操作中时刻牢记“成本在我心中、节约在我手中”，收到良好效果。

e.应该制定本成本中心降低成本的重点控制项目。作业长应该在本作业区找出用量大或单价高或浪费严重的项目作为重点控制项目，也就是抓住大头，确保降低成本目标得以实现。对重点控制项目应指定专人负责，抓科技攻关、合理化建议、自主管理，按月跟踪项目进度及取得的效益。如技术进步可使综合成材率上升，若提高一个百分点的成材率，可使单位成本及总成本都大幅下降。热轧区针对管坯切割长度精度低造成浪费等现象，组成一个质量攻关小组，经过努力，精度得到很大提高，切割长度超标由以往的4次降低到1次，成材率也由此提高。

f.应该下大力气增强全员成本意识，调动作业区降低成本的积极性。为了使全员具有成本意识，作业长进行成本指标分解，在做到“人人有指标”的同时，应根据指标制定一系列奖惩制度。对完成指标的给予嘉奖，对完不成的扣奖，使全员有一种责任感，对“降成本、增效益”起到积极的作用。作业长应使班组长了解标准成本，从管理思路上引导作业长带动员工来降低工序成本。如作业区通过开展一系列活动来提高职工的成本意识。钢管分公司1997年、1998年开展“查找身边浪费点”的活动，得到广大职工的积极响应，立足岗位做有心人，经过308个班组的认真查找，共收到800余条关于降低成本的好建议、好措施，同时将好的建议和措施在分公司内进行广泛推广并给予奖励，这样大大提高了全员的成本意识。

③如何创造条件使作业长成为降低成本的主力军。

a.要增强作业长的成本意识。要使作业长成为降低现场成本的责任者，首先必须使作业长有强烈的责任感，这样才能增强作业区员工的成本意识，才能带动现场人员去挖潜力、降消耗。

b.要对作业长进行定期的成本知识培训。如果作业长没有足够的成本知识，降低成本就没有方向，而且也分不清成本升降原因，更不用谈提出改进措施了。

c.要创造条件适当放权，如对班组及个人的考核权、奖金分配权。责任要与权利挂钩，如果只有责任而没有相应的权利，有些事情就难以往下推进，因而我们把考核权、奖金分配权下放到作业长手中。

d.要对作业长采取适当的激励措施。如设置重点指标推进奖、成本管理奖，以调动作业长降低成本的积极性。

（3）标准成本制度下财务人员在降低成本中所起的作用。宝钢自推行标准成本制度以来，成本管理的重心转移到了作业区，作业长从以往的只管生产、质量转到还必须管现场成本上来。随之，财务人员在降低成本方面扮演了越来越重要的组织者的角色，具体做法是：

①组织高效的成本网络。财务人员组织成立标准成本推进网络，以高效快捷地反映成本信息。公司经理担任小组组长，各工序兼职成本员、统计员、领料员等为网络主要成员，及时反馈成本信息，定期进行成本分析，有效控制成本。

②组织成本管理的过程控制。

a.财务人员对成本进行事前预测。一是建立成本指标分解体系：对于成本预算中的各类费用由专人控制，杜绝“无人管的费用”发生。如直接原料、直接辅料、直接燃动力由公司领导主管的各分厂、车间控制，具体指标年初下发到各工序；制造费用各项费用指标分解到各月，同时确定控制者及主管领导。二是建立月度成本计划体系：实行年预算指导下的月度成本计划管理，即根据每月的生产计划制定月工序成本计划及各项消耗定额，进行成本的月控制，使预算置于强有力的过程控制之下。

b.财务人员充分发挥成本管理网络的作用，对现场成本进行事中控制。一是通过作业长控制现场成本：年初作业长把预算指标分解到班组、岗位，使人人有指标、有压力、有动力，使成本压力由作业长层层传递到班组、岗位。各作业区由作业长为责任人提出2～3项各自工序的重点控制项目，制定指标，进行事中控制，每月进行检查。公司单独拿出奖金进行奖励（按节约额的5%提奖），这种管理方式已经取得了较显著的成绩。二是由作业长责令班组长控制班组成本：各班组分解指标、落实责任人、制定考核办法，月度作业长对直接材料、机物料、低耗品的责任人进行考核，与奖金挂钩。三是通过领料员控制物资领用：以月度成本计划为基础，领料员上报计划，作业长签字确认；领料员做好物资的验收工作，及时登记台账，并对当月各班、整个消耗情况进行分析，作业长控制物料的耗用。

c.财务人员组织好成本的事后分析。一是建立成本分析例会制度，由财务科牵头召开成本分析会，作业区内作业长牵头召开作业区班组长成本分析会。分析内容包括：总体分析，产量、产品结构变化产生的影响；直接原料，成材率、废钢回收量产生的影响；直接辅料，差异较大项目产生的影响；直接燃动力，综合能耗与目标值相比产生的影响；可控制造费用，分析总费用、各单项超支原因；与预算相比，对成本上升或下降进行分析；单位成本比较，量差、价差分析；总结本月工作，制订下月工作计划。二是财务人员每月组织召开一次成本分析会，由经理与财务人员、作业长面对面地进行差异分析。一些数据也要直接进行核对，及时更正差错，并研讨解决成本管理中出现的各种问题。此外，每年进行两次成本工作研讨会，使作业长除了关心本工序成本外，还注意横向协调配合，避免造成成本“此消彼长”的情况，便于从全局出发合理制定成本目标。

③细化成本核算，提供真实准确的成本报表。实行成本核算的细化管理，把成本算准、算细是关键。在产品方面，成本预算、标准、核算的对象是所有明细规格品种；在工序方面，要对应产品所经过的所有工序。只有算准、算细，财务人员编制的成本报表才有说服力，才能以此考核工序降低成本的实绩。

④指导编制成本管理程序性文件，为制定现场消耗指标打下基础。程序性文件内容包括各工序的成本管理网络体系、分解到岗位的成本指标、资材管理规定、工具管理规定以及为控制成本而规定的作业标准等。文件由作业长编制，分厂厂长审核，财务室审定。文件中对各工序的消耗指标要有确定的责任人，在原来的作业标准上增加一些降低成本所需的作业标准，如规定乳化液必须如何配比等。要将这些文件发至每个班组，使岗位操作人员熟知标准和责任。要经常进行对照，作业长和财务人员还要不定期进行监督检查，使程序性文件成为行为准则。每年1月份，财务人员还要组织作业长根据确定的年度计划和市场变化情况对文件进行定期修订。平时若市场情况、生产工艺或作业标准有较大变化，应及时对文件进行调整。

⑤量化故障成本，对现场起警示作用。由于设备故障、操作失误造成停机、产生废品等，会造成很大损失，引起成本上升，所以，财务人员每次对在早调会上通报的故障，要进行故障损失统计测算。把算出的结果在下次调度会上通报，并记入该作业区的成本实绩，能起到很好的警示作用，促使大家更加谨慎地操作，减少故障发生。

⑥对作业长进行定期的成本知识培训，使他们对降低现场成本有的放矢。

宝钢正是运用标准成本制度，并且把财务人员定位于组织者，把作业长定位于降低现场成本的主要责任者，所以在降低成本方面取得了显著的成绩，年年效益创全国冶金行业首位。管理会计中的标准成本制度的灵活运用是其取得成绩的原因之一。

复习思考

1.试说明标准成本制度的内涵。

2.目标成本法与标准成本法有何区别？

项目实训

一、单项选择题（每题只有一个正确答案，请将正确答案填在括号内）

1.（　　）可以成为评价实际成本的依据，也可以用来对存货和销售成本计价。

A.现行标准成本　　　　B.基本标准成本

C.正常标准成本　　　　D.理想标准成本

2.“标准成本”一词，在实际工作中是指（　　）。

A.单位产品的标准成本

B.实际产量的标准成本

C.理想的标准成本

D.单位产品的标准成本或实际产量的标准成本

3.下列关于变动性制造费用效率费用差异的计算公式，正确的是（　　）。

A.变动性制造费用实际数-变动性制造费用预算数

B.（实际工时-标准产量标准工时）×变动性制造费用标准分配率

C.实际工时×（变动性制造费用实际分配率-变动性费用标准分配率）

D.（实际工时-实际产量标准工时）×变动性制造费用标准分配率

4.根据正常的耗用水平、正常的价格和正常的生产经营能力利用程度制定的标准成本是（　　）。

A.理想标准成本　　B.正常标准成本

C.现行标准成本　　D.基本标准成本

5.（2017技能大赛）下列各项中，无法从生产过程的分析中找出产生原因的是（　　）。

A.变性动制造费用效率差异　　B.变动性制造费用耗费差异

C.材料价格差异　　D.直接人工效率差异

6.（2017技能大赛）固定性制造费用成本差异是指（　　）。

A.实际产量下，实际固定性制造费用与标准固定性制造费用的差异

B.预算产量下，实际固定性制造费用与标准固定性制造费用的差异

C.实际产量下，固定性制造费用实际数与固定性制造费用预算的差异

D.预算产量下，固定性制造费用预算与固定性制造费用标准成本的差异

7.（2017技能大赛）通常应对不利的材料数量差异负责的部门是（　　）。

A.质量控制部门　B.采购部门　C.工程设计部门　D.生产部门

8.（2017技能大赛）“直接人工效率差异”科目的借方余额表明（　　）。

A.标准工时超过实际工时

B.实际工时超过标准工时

C.标准工资率与标准工时超过实际工资率与实际工时

D.实际工资率与实际工时超过标准工资率与标准工时

9.（2017技能大赛）基于标准成本，在（　　）时，就需要进行调整。

A.产品的物理结构发生变化

B.市场供求变化导致的售价发生变化

C.市场供求变化导致的生产经营能力利用程度发生变化

D.由于工作方法改变而引起的效率发生变化

10.（2017技能大赛）在标准成本系统中，最重要的环节是（　　）。

A.成本差异分析　　B.制定标准成本

C.成本差异处理　　D.区分可控和不可控成本

二、多项选择题（每题有两个或两个以上正确答案，请将正确答案填在括号内）

1.（2017技能大赛）产品的标准成本由（　　）构成。

A.直接材料标准成本　　B.直接人工标准成本

C.变动性制造费用标准成本　　　　　　D.固定性制造费用标准成本

2.（2017技能大赛）造成材料数量差异的主要原因有（　　）。

A.操作疏忽造成废品、废料增加　　　　B.工人用料不用心

C.机器或工具不适用造成用料增加　　　D.新工人上岗造成多用料

3.（2017技能大赛）影响变动性制造费用效率差异的原因有（　　）。

A.工人劳动情绪不佳　　　　　　　　　B.作业计划安排不当

C.加班或使用临时工　　　　　　　　　D.出勤率变化

4.（2017技能大赛）材料价格差异产生的原因主要有（　　）。

A.供应单位和供应价格的变化　　　　　B.废品、次品率的变动

C.材料质量的变化　　　　　　　　　　D.运输方式和运输路线的变化

5.（2017技能大赛）材料数量差异形成的原因主要有（　　）。

A.产品设计和工艺的变更

B.工人技术操作水平的升降和责任心强弱的变化

C.采购批量的变动

D.材料质量的变化

6.（2017技能大赛）产生直接人工工资率差异的原因主要有（　　）。

A.企业工资的调整、工资等级的变更

B.奖金和津贴的变更

C.对工人安排、使用的变化

D.工人的技术等级达不到工作要求

7.（2017技能大赛）直接人工效率差异的形成原因包括（　　）。

A.工作环境不好　　　　　　　　　　　B.太多新工人上岗

C.奖励制度未产生实效　　　　　　　　D.机器或工具选用不当

8.（2017技能大赛）标准成本按其所依据的生产技术和经营管理水平分类，包括（　　）。

A.理想标准成本　　　　　　　　　　　B.正常标准成本

C.现行标准成本　　　　　　　　　　　D.基本标准成本

9.（2017技能大赛）下列各项中，可以作为评价实际成本依据的有（　　）。

A.理想标准成本　　　　　　　　　　　B.正常标准成本

C.现行标准成本　　　　　　　　　　　D.基本标准成本

三、判断题（正确的在括号内打"√"，错误的打"×"）

1.一般而言，直接材料价格差异应由采购部门负责；直接材料用量差异应由负责控制材料的生产部门负责。（　　）

2.固定性制造费用成本差异等于固定性制造费用耗费差异加上固定性制造费用闲置能量差异再加上固定性制造费用效率差异。（　　）

3.成本差异是指产品实际成本与标准成本的差额，凡是实际成本小于标准成本的差异数，即称为有利差异。（　　）

4.变动性制造费用耗费差异，是实际变动性制造费用支出与按实际工时和变动性制

造费用标准分配率的乘积之间的差额。（　　）

5.固定性制造费用能量差异是指固定性制造费用的实际金额与固定性制造费用的预算金额之间的差异。（　　）

6.现行标准成本和基本标准成本均可以用作评价实际成本的尺度。（　　）

7.无论哪种变动成本项目的实际价格上升，都会引起整个变动成本差异的不利变化。（　　）

8.在材料成本差异分析中，价格差异总金额是根据单价偏差乘以实际用量计算的，而用量差异总金额是根据用量偏差乘以标准价格计算的。（　　）

9.成本控制是企业降低成本、增加盈利的根本途径，因此，对企业的全部成本都要进行同样周密的核算。（　　）

四、计算分析题

1.E公司运用标准成本系统计算产品成本，并采用结转本期损益法处理成本差异，有关资料如下：

直接材料标准成本：6千克×1.5元/千克＝9（元）；直接人工标准成本：4小时×4元/小时＝16（元）；变动性制造费用标准成本：4小时×3元/小时＝12（元）；固定性制造费用标准成本：4小时×2元/小时＝8（元）；单位产品标准成本：9＋16＋12＋8＝45（元）。

原材料：期初无库存原材料；本期购入3 500千克，单价1.6元/千克，耗用3 250千克。

在产品：期初在产品存货40件，原材料为一次性投入，完工程度50%；本月投产450件，完工入库430件；期末在产品60件，原材料为一次性投入，完工程度50%。

产成品：期初产成品存货30件，本期完工入库430件，本期销售440件；本期耗用直接人工2 100小时，支付工资8 820元，支付变动性制造费用6 480元，支付固定性制造费用3 900元；产能为2 000小时。

要求：

（1）计算产品标准成本差异（直接材料价格差异按采购量计算，固定性制造费用成本差异按三因素分析法计算）。

（2）计算企业期末存货成本。

2.某企业采用标准成本制度计算产品成本。直接材料单位产品标准成本为135元，其中，用量标准3千克/件，价格标准45元/千克。本月购入A材料一批32 000千克，实际价格每千克40元，共计1 280 000元。本月投产甲产品8 000件，领用A材料30 000千克。

要求：

（1）计算购入材料的价格差异，并编制有关会计分录。

（2）计算领用材料的数量差异，并编制有关会计分录。

（3）采用“结转本期损益法”，月末结转材料价格差异和数量差异。

3.（2017技能大赛）Greasy Grimes 是企业家Terrel Grimes所拥有的一家汽车修理连锁店。在20世纪60年代建立的这家公司与当地的修车厂和新车交易商服务部进行竞争，除了提供基本的换油和润滑服务外，Greasy Grimes的技工还为发动机变速器和刹车系统做大大小小的修理。Greasy Grimes的技工分3个劳动等级，其工资率见表9–4。

表9-4 Greasy Grimes的技工工资率 单位：美元/小时

学徒工	25
普通技工	30
熟练技工	40

每个店有一个执行顾客成本估算并分配工作的经理，使用一本小册子人工估算确定执行各种修理所需要的标准工时。Terrel Grimes正在审阅第222家分店的变速器业务月报。该店最近管理层有些变化，Terrel Grimes非常希望评估新经理能够有效使用工人的能力。表9-5是第222家分店月报的相关数据。

表9-5 第222家分店月报的相关数据 等级：学徒工

实际工时	实际工资率（美元/小时）	标准工时	标准工资率（美元/小时）
500	30	800	25

要求：计算第222家分店该月人工工资率和人工效率差异，并解释计算结果。

五、案例题

案例一

Mark Wight公司（MWI）是一家位于美国中西部的专业冷冻食品加工企业。自1982年成立以来，该公司拥有一批忠实的顾客，这些顾客愿意支付溢价购买公司提供的经过特殊工艺加工的高质量冷冻食品。公司在经营地区的销售额快速增长，而且有许多顾客要求其在全国范围内供应产品。为了满足这一需求，公司扩大了加工能力，导致生产成本和经营成本的增加。而且在其传统销售地区以外，公司还遭遇了来自竞争对手的价格压力。

由于MWI想要继续扩张，因此公司的首席执行官Jim Condon聘请了一家顾问公司帮助自己确定最佳决策方案。顾问公司建议采用标准成本计算系统，这也有助于弹性预算制度的实行，以便更好地消化市场扩张时可以预计到的需求变化。Condon会见了公司管理层的成员，传达了顾问公司的建议，要求他们负责制定标准成本。在与员工讨论之后，管理层成员重新开会讨论此问题。

采购经理Jane Morgan建议，为了满足生产规模的扩大，需要从公司传统的采购渠道以外采购食品原料，这将会增加材料的运输成本，并且可能导致供货质量的下降。如果要保持或降低目前的成本，就要由生产部门来弥补这部分增加的成本。

生产经理Stan Walters反驳说，要提高产量就要加快生产周期，再加上可能出现的供货质量的下降，将导致产品质量的下降和更高的废品率。在这种情况下，可能难以保持或降低单位人工耗用量，而预测未来单位产品的人工比例也将变得很困难。

技术工程师Tom Lopez说，如果设备没有按照规定每天进行定时的适当维护和彻底清洗，生产的冷冻食品的质量和独特口味很可能受到影响。

销售副总裁Jack Reid指出，如果不能保证产品质量，公司预期的销售额的增长幅度就无法实现。

最后，公司管理层成员将各自遇到的难题向Condon作了汇报。Condon表示，如果不能就制定适当的标准成本取得一致意见，那么，他将请顾问公司来制定标准，每个人都要接受这一结果。

要求：

（1）列出采用标准成本计算系统的主要优点。

（2）列出标准成本计算系统可能导致的不利之处。

案例二（2017技能大赛）

Greencut公司为家庭用户生产使用能源驱动的割草机。Greencut公司的工人将钢片做成割草机的外壳，然后安装上一个天然气引擎，一个刀片和四个轮子，制造纯割草机。（提示：所有与产品相关的成本都认为是产品成本，只有销售和管理成本属于期间费用）

1月份发生了以下事件：

（1）Greencut公司采购了5 000美元的钢片用于制造割草机的外壳。

（2）2 000美元的钢片由叉式升降机操作工人（1月份工资是5 000美元）从原材料存货仓库传送给轧钢机器操作工人（1月份工资是3 000美元），将平整的钢片轧成割草机的外壳。叉式升降机操作工人再将割草机的外壳传送到自动油漆的地点。然后，自动喷漆操作工人（1月份工资为2 000美元）将割草机的外壳放在传送带吊钩上，通过一个机器喷漆车间，所有割草机的表面喷上了涂料（涂料总成本是1 000美元）。喷漆后的割草机外壳又沿着一个传送带被移送到一个乙烷气体加热的干燥机（1月份气体总成本为1 000美元）。

（3）干燥后，叉式升降机操作工人又将已经喷漆的割草机外壳传送到组装地点。同时，引擎、刀片、手柄和轮子从外购存货（总成本为20 000美元）仓库中移除，并用叉式升降机传送到组装地点。最后，组装工人为每个外壳装上一个引擎、一个刀片、一个手柄以及四个轮子（组装工人1月份总工资是6 000美元）。

（4）Greencut公司预计1月份的厂房设备折旧成本是24 000美元。

（5）组装后，已经完工的割草机被运输到全世界的零售店里。

（6）Greencut公司不持有在产品和产品存货。所有的产品在一个月内全部完工并销售。销售人员1月份的佣金是10 000美元。

要求：

（1）画一张简图来表示Greencut公司的成本流程。

（2）绘制一张图来说明Greencut公司1月份的活动对原材料存货、外购存货、在产品存货、产成品存货和已售产品成本的影响。假设外购存货1月份的余额为25 000美元，其他存货1月份的所有余额均为0。

（3）计算Greenact公司1月份已售产品成本。

（4）计算Greencut公司1月末原材料和外购存货的价值。

参考答案

项目十
责任会计

学习目的与要求

通过本项目的学习，要求学生了解责任会计的概念，熟悉责任会计的内容和建立责任会计制度应遵循的原则，重点掌握责任中心的种类、特征和考核指标，一般了解内部转移价格的类型、制定方法和适用范围。学习本项目，应重点掌握以下内容：

（1）责任会计的含义及基本内容；

（2）责任会计核算的原则及程序；

（3）责任中心的含义及特征；

（4）成本中心的含义及类型；

（5）利润中心的含义及类型；

（6）投资中心的含义及特点；

（7）内部转移价格的含义、制定原则及制定方法；

（8）成本中心、利润中心及投资中心业绩考核。

重点、难点解析

一、内部转移价格的制定

（一）市场法

市场法是指在内部各责任中心之间转移产品或劳务时，根据产品或劳务的市场价格来制定其内部转移价格的方法。

（二）成本法

成本法即以中间产品的经营成本作为内部转移价格的方法。如果企业内部的中间产品没有现成的外部市场，就不能用市场法确定内部转移价格，常见的做法是以成本为基础确定转移价格，这是制定内部转移价格最简单的方法。成本法可具体分为实际成本法、标准成本法和变动成本法。

（三）成本加成法

成本加成法就是在各中间产品的成本基础上加上一定比例的内部利润作为内部转移价格的方法。其内容主要包括加成率的选择和确定加成基础。

（四）协商法

如果中间产品存在非完全竞争的外部市场，可以采用协商的办法确定转移价格，即双方部门经理就转移中间产品的数量、质量、时间和价格进行协商并设法取得一致意见。

（五）双重计价法

双重计价法即对同一中间产品用一种标准对转出单位计价，又用另一种标准对转入单位计价，以使双方都有动机买和卖，而使企业整体得到好处的内部转移价格的确定方法。

二、成本中心的业绩考核

由于成本中心只对成本负责，对其评价和考核的内容是责任成本，即通过各责任成本中心的实际成本与预算责任成本的比较，评价各成本中心责任预算的执行情况。成本中心考核指标包括责任成本变动额和责任成本变动率。其计算公式为：

责任成本变动额=实际责任成本-按实际产量计算的预算责任成本

责任成本变动率=责任成本变动额÷按实际产量计算的预算责任成本×100%

三、利润中心的业绩考核

对利润中心的考核，主要是通过预算期实现的实际利润同责任预算所确定的预算利润进行比较，并对差异形成的原因和责任进行具体剖析，以总结经验，确定奖惩。通常采用两个主要责任指标：可控利润差异和销售利润率差异。

可控利润差异=实际实现的利润数-预算利润

可控利润=销售收入-变动成本-可控固定成本

销售利润率差异=实际销售利润率-预算销售利润率

销售利润率=可控利润÷销售收入

这里的可控利润是指利润中心能够控制的利润，即利润中心的销售收入与可控成本相配比的结果。

四、投资中心的业绩考核

评价投资中心业绩的指标通常有以下两种：

（一）投资报酬率

这是最常见的考核投资中心业绩的指标。这里所说的投资报酬率是部门边际贡献除以该部门所拥有的资产额。

（二）剩余收益

为了克服由于使用比率来衡量部门业绩带来的次优化问题，许多企业采用绝对数指标来实现利润与投资之间的联系，这就是剩余收益指标。

案例分析

【资料】兴业投资有限公司是上海一家以商用楼宇租赁业务为主的民营企业，其业务模式是，首先通过收购、租赁及联合开发等形式取得写字楼的经营权后，再按照写字楼的地理位置、周边状况进行相应的装修改造，然后对外租赁。该公司成立于2012年，在成立之初，通过收购几处开发商遗留的“烂尾楼”开始了最初的经营，随着写字楼租赁的火爆，加之价格优势，该公司进入快速发展时期，到2007年年底该公司已经拥有27座写字楼的经营权，整个可出租面积约50万平方米，这些写字楼覆盖了上海的大部分地区，但是在这些写字楼中80%是低档的写字楼，中档的写字楼只有几栋，而且面积最大的有4万平方米，最小的只有几千平方米。

随着公司规模的急剧膨胀，公司高层感到原有的组织形式已经无法适应目前的发展现状，于是决定对整个公司进行一次“大手术”，成立了3家专业公司，包括房地产经纪公司、物业管理公司及装饰工程公司加上与其他投资者合资成立的两家公司（被称为平台公司），整个集团共有5家公司，这5家公司的关系是这样安排的：兴业投资有限公司连同平台公司分别拥有各个写字楼的经营权，然后平台公司及兴业投资有限公司将所有写字楼的物业管理及租赁业务以委托合同的方式分别交予物业管理公司及房地产经纪公司。由于整个公司的组织形式发生了变化，下属的各个写字楼的管理机构也做了相应的变更，原来的总经理或被经纪公司任命为销售总经理，或被物业公司任命为物业总经理，同时经纪公司和物业公司又派了一些各自的总经理来补充各写字楼的领导岗位，专业公司及平台公司的成立导致整个组织机构迅速膨胀，上下的沟通非常困难，而且物业管理总经理及租务总经理互相掣肘，严重影响了各写字楼的正常经营。

由于股权的原因及核算的需要，每家公司都单设了一个财务部，负责本公司及所属的写字楼的核算，但由于整个集团公司缺乏统一的财务制度，导致会计核算出现了许多问题：首先，会计主体庞杂，有的公司为所属的写字楼设立单独的账套，有的公司是所属的写字楼全部使用一个账套。其次，会计政策不统一，有的公司房租收入直接计入营业收入，有的公司是房租收入先计入其他业务收入，等业主支付房租时再冲抵；广告收入、物业管理收入等没有统一的确认标准，这就导致无法通过账上确知整个集团的收入到底是多少。再次，各种财务性或非财务性指标缺乏统一的定义，比如出租率是采用已出租面积与整个写字楼建筑面积之比，但是对于已出租面积与写字楼建筑面积各公司定义不同，由此有的写字楼竟然算出130%的出租率，统计口径的出入导致各公司的数据无法进行比较。最后，财务人员整体素质参差不齐，会计核算质量无法保证。

兴业投资有限公司在改组之前曾经与部分写字楼的总经理签订了目标责任书，约定以现金流入及出租率作为考核指标，考核期半年。由于整个公司原有的组织形式发生了变化，人员也发生了变动，最后签订的目标责任书也不了了之，部分写字楼的经理意见很大。整个公司的这种状况一直持续到2017年的5月份。

王明作为财务副总裁来到兴业投资有限公司是2017年5月份的事，来之前他在一家房地产公司任财务副总经理，在此之前他已经对兴业投资有限公司略有耳闻，他曾为能来到如此规模的公司而兴奋，但现实还是让他很吃惊，业务流程的混乱、财务管理的各自为政更是让他惊讶。由于刚来，王明决定先了解一下整个公司的经营状况，在将近1个月的时间里，王明找十几个写字楼的总经理进行详细访谈，对公司的业务流程及整体经营情况有了一定的了解，经过深思熟虑，王明提出了一个大胆的建议：撤销专业公司，建立各写字楼独立核算的责任中心制度，并将各公司财务部合并。经过几轮总经理办公会的激烈争论，王明的建议终于被采纳了，专业公司陆续被撤销，财务部的合并工作虽然如期展开，但是由于账簿合并的工作量比较大，这部分工作暂时搁置，仅仅是人员及机构进行了合并，还是采用原来的会计核算体系。另一项工作也在紧锣密鼓地进行着，王明在设计收入中心时根据公司的现状，主要选取了现金流入、回款率及出租率作为考核指标。

现金流入是指在规定考核期内公司财务部已收到的包括房屋租金和押金、广告位租金、车位费等在内的经营性收入、物业性收入和各种暂存性押金等款项总额。回款率是指在房屋租金、押金中，按合同的规定应收而未收或未足额收回的款项总额占合同规定应收款项总额的百分率。

回款率=本考核期实收÷（本期前欠收+本期应收）×100%

另外，根据各个写字楼出租状况及人员配备的不同情况制定了不同的费用预算标准，经过一番精心准备责任中心制度初露端倪，各写字楼目标责任书文本最终完成，为了更好地推行责任中心制度，王明专门组织了几次培训，详细地讲解了收入中心的实施办法，5月末，经过与各个写字楼总经理的一番讨价还价，目标责任书总算签了。

下面就是王明与东方大厦的总经理签订的一份责任书的部分内容：

……

（三）考核指标

1.现金流入、回款率及出租率指标

第一考核期：

2017年6月1日至9月30日现金流入513.16万元；

2017年9月30日时点房屋租金、押金的回款率100%；

2017年9月30日时点出租率65%。

第二考核期：

2017年10月1日至12月31日现金流入491.45万元；

2017年12月31日时点房屋租金、押金的回款率100%；

2017年12月31日时点出租率78%。

2.费用支出控制指标

第一考核期：2017年6月1日至9月30日费用49.54万元。

第二考核期：2017年10月1日至12月31日费用64.74万元。

……

三、负责人义务

……

（三）集中主要精力于公司界定的业务范围，努力做好开源节流、客户服务和市场调查（每月对所在区域同类大厦市场行情的调查，包括竞争对手、目标客户、价格分析等），并对经营信息进行相关分析、统计并及时录入或上报。

（四）严格按照总公司制定的相关流程和工作标准进行营销、物业和工程管理，接受各职能部门和事业部的工作指导和监督。

……

（八）严格依据《营销人员考核管理办法》的规定实施对营销人员的考核。

四、负责人权限

（一）经营权

1.写字间价格应保证均租价1.8元/日/平方米（含水费、物业费）。

……

王明在签完最后一份责任书时终于松了一口气，一个月的辛苦总算没有白费，但是在接下来的时日里，王明无法轻松，因为他陆续听到了一些反映：

“我的写字楼地点不好，为什么指标给我定得那么高?”

“这都一个月了，我想问问财务部，我的指标完成情况怎么样，他们竟然说不知道。”

“东方大厦找了不少中介，他现金流完成得不错，可是他要付给人家佣金。”

“现在办一件事情，还是跟以前一样麻烦。”

“费用预算控制得太严了，上个月本来我要交一笔电梯维保费，可是忘了报计划，结果让我自己掏腰包。”

……

3个月的考核期终于到了，这时负责考核的稽核部李经理找到了王明，他说：“王总，您要求我10天完成整个业绩考核，我们办不到，今天我到了财务部，他们说我们要的数据他们提供不了。”

“为什么?”王明问。

“他们说如果想要这些数据，要自己汇总。”

这时王明才想起来财务部经理前几天已就这个问题跟他汇报过，“好吧，我来协调”，王明无奈地说。

【思考】如果你是王明，应该如何查找问题的原因并加强管理?

【分析】一个企业确定收入中心的主要目的是组织营销活动。典型的收入中心通常是从生产部门取得产成品并负责销售和分配的部门，如公司所属的销售分公司或销售部。若收入中心有制定价格的权力，则该中心的管理者就要对获取的毛收益负责；若收入中心无制定价格的权力，则该中心的管理者只需对实际销售量和销售结构负责。兴业投资有限公司按照各写字楼设置的责任中心具有收入中心的特点，从目标责任书中我们可以发现该公司设置的收入中心在一定标准以上具有制定价格的权力，超过标准的价格要经过公司营销总监的审批，而且各个收入中心的成本费用总额已经予以约定，所以从赋予收入中心管理者的权责角度来说三个考核指标的确定还是比较准确的，不足的是在具体指标制定过程中由于每个写字楼的具体情况相差较大，有的写字楼指标的制定可能存在一定偏差。

另外，收入中心制度在实施过程中存在一些问题：

(1) 会计核算体系的缺陷阻碍了责任中心制度的顺利实施。由于兴业投资有限公司会计政策不统一，会计科目设置缺乏科学性，不能及时核算收入，因此，造成各收入中心无法及时了解其指标的完成情况，缺乏必要的反馈，导致收入中心不能采取具有针对性的措施，纠正其营销过程中的偏差；另外考核期结束时，无法及时完成收入中心的考核工作，对收入中心的管理者的心理造成一定的消极影响，影响其未来经营的积极性。

(2) 缺乏对收入中心的控制措施，对收入中心的控制主要包括企业销售目标的实现、销售收入的资金回收，以及控制坏账的发生。作为收入中心的监督者，认为签订了目标责任书就万事大吉了，没有采取积极有效的措施对收入中心加以控制，缺少明确的收款责任制度，对已过付款期限的客户没有催款制度。

总之，兴业投资有限公司的责任中心制度存在着一定的缺陷，而且重要的是，收入中心制度在推出之前缺乏必要的准备与规划，业务流程的模糊及会计核算体系的缺陷，大大弱化了收入中心的作用。收入中心是较低层次的一种责任中心制度，随着营销活动中作业成本法的逐渐采用，以及业务流程优化，会计核算体系的健全，各收入中心能够把它们的营销成本和为每个消费者提供服务的成本考虑进去，这样企业就能够用作业成本制度把履行营销和销售活动的收入中心变成利润中心，从而可以对销售部门的利润贡献加以评估。

复习思考

1.简述责任会计的含义。

2.简述责任中心的含义及分类。

3.简述成本中心的类型。

4.简述内部转移价格的含义。

5.简述业绩考核的含义。

项目实训

一、单项选择题（每题只有一个正确答案，请将正确答案填在括号内）

1.具有最大的决策权，承担最大的责任，处于最高层次的责任中心是（　　）。

A.成本中心　B.人为利润中心　C.自然利润中心　D.投资中心

2.协商价格的下限是（　　）。

A.生产成本　B.市价　C.单位固定成本　D.单位变动成本

3.在投资中心的主要考核指标中，（　　）指标能使个别投资中心的局部利益与企业整体利益相一致。

A.投资利润率　B.利润总额　C.剩余收益　D.责任成本

4.在责任会计中，企业办理内部交易结算和内部责任结转所采用的价格是（　　）。

A.变动成本　B.单位责任成本　C.内部转移价格　D.重置价格

5.在责任预算的基础上，将实际数与预算数进行比较，用来反映与考核各责任中心工作业绩的内部报告是（　　）。

A.差异分析表　B.责任报告

C.预算执行情况表　D.实际情况与预算比较表

6.（2017技能大赛）责任会计核算的主体是（　　）。

A.责任中心　B.产品成本　C.生产部门　D.管理部门

7.（2017技能大赛）产品在企业内部各责任中心之间销售，只能按内部转移价格取得收入的利润中心是（　　）。

A.自然利润中心　B.人为利润中心　C.利润中心　D.投资中心

8.（2017技能大赛）成本中心控制和考核的内容是（　　）。

A.目标成本　B.责任成本　C.产品成本　D.直接成本

9.（2017技能大赛）对于任何一个成本中心来说，其责任成本应等于该中心的（　　）。

A.产品成本　B.固定成本之和

C.可控成本之和　D.不可控成本之和

10.（2017技能大赛）公司某部门的有关数据为：销售收入50 000元，已销产品的变动成本和变动性销售费用30 000元，可控固定成本2 500元，不可控固定成本3 000元，分配来的公司管理费用1 500元。那么，该部门的利润中心负责人的可控利润为（　）元。

A.20 000　B.17 500　C.14 500　D.10 750

11.（2017技能大赛）年初资产总额为100万元，年末资产总额为140万元，净利润为24万元，所得税为9万元，利息支出为6万元，则总资产报酬率为（　　）。

A.27.5%　B.20%　C.32.5%　D.30%

12.（2017技能大赛）企业（　　）必须首先对其投资的安全性予以关注。

A.所有者　B.债权人　C.经营者　D.国家

二、多项选择题（每题有两个或两个以上正确答案，请将正确答案填在括号内）

1.责任中心一般可分为（　　）。

A.成本中心　B.生产中心　C.利润中心　D.投资中心

2.下列各项不适宜作为利润中心负责人业绩考核指标的有（　　）。

A.利润中心边际贡献　B.公司利润总额

C.利润中心可控利润　D.利润中心负责人可控利润

3.内部转移价格的主要类型有（　　）。

A.市场价格　B.协商价格　C.双重价格　D.成本转移价格

4.在下列各项中，属于责任中心考核指标的有（　　）。

A.剩余收益　B.可控成本　C.利润　D.投资利润率

5.影响剩余收益的因素有（　　）。

A.利润　B.投资额

C.规定或预期的最低投资利润率　D.利润留存比率

6.投资利润率可分解为（　　）。

A.边际贡献率　B.投资周转率　C.销售利润率　D.销售成本率

7.（2017技能大赛）考核投资中心投资效果的主要指标有（　　）。

A.责任成本　B.营业收入　C.剩余收益　D.投资利润率

8.（2017技能大赛）划分责任中心的标准包括（　　）。

A.可以划清管理范围　B.能明确经济责任

C.必须自负盈亏　D.能单独进行业绩考核

9.（2017技能大赛）甲利润中心常年向乙利润中心提供劳务，在其他条件不变的情况下，提高劳务的内部转移价格可能出现的结果有（　　）。

A.甲利润中心内部利润增加　　B.乙利润中心内部利润减少

C.企业利润总额增加　　D.企业利润总额不变

10.（2017技能大赛）在下列各项中，属于揭示自然利润中心特征的表述包括（　　）。

A.直接面向市场　　B.具有部分经营权

C.对投资效果负责　　D.对外销售产品而取得收入

三、判断题（正确的在括号内打“√”，错误的打“×”）

1.因为企业内部个人不能构成责任实体，所以企业内部个人不能作为责任中心。（　　）

2.只要制定出合理的内部转移价格，就可以将企业大多数生产的半成品或提供劳务的成本中心改造成自然利润中心。（　　）

3.某项会使个别投资中心的投资利润率提高的投资，不一定会使整个企业的投资利润率提高，某项会使个别投资中心的剩余收益指标提高的投资，则一定会使整个企业的剩余收益提高。（　　）

4.内部转移价格只能用于企业内部各责任中心之间由于进行产品或劳务的流转而进行的内部结算。（　　）

5.同一成本项目，对有的部门来说是可控的，而对另一个部门则可能是不可控的，也就是说成本的可控与否是相对的，而不是绝对的。（　　）

6.编制责任预算需要在责任报告上进行，责任报告是考核评价经营业绩的载体。（　　）

7.在其他因素不变的条件下，一个投资中心的剩余收益的大小与企业最低投资利润率呈反向变动关系。（　　）

8.利润中心必然是成本中心，投资中心必然是利润中心，所以投资中心首先是成本中心，但利润中心并不一定都是投资中心。（　　）

9.为了体现公平原则，所采用的内部转移价格双方必须一致，否则将有失公平。（　　）

10.只有组织内部结算，才需要内部仲裁。（　　）

四、计算分析题

1.某公司下设甲、乙两个分公司，其中甲分公司2018年营业利润60万元，平均经营资产200万元，总公司决定2019年追加投资100万元扩大甲分公司经营规模，预计当年可增加营业利润24万元，总公司规定的最低投资利润率为20%。

要求：

（1）计算甲分公司2018年投资利润率和剩余收益。

（2）计算甲分公司2019年追加投资后的投资利润率和剩余收益。

（3）根据以上计算结果，分别以投资利润率和剩余收益指标评价甲分公司的经营业绩，并说明甲分公司接受该追加投资是否有利。

2.某公司下设甲、乙两个投资中心。甲投资中心的投资额为200万元，投资利润率为15%；乙投资中心的投资利润率为17%，剩余收益为20万元。该公司要求的平均最低利润率为12%。公司决定追加投资100万元，若投向甲投资中心，每年可增加利润20万元；若投向乙投资中心，每年可增加利润15万元。

要求：

（1）计算追加投资前甲投资中心的剩余收益。

（2）计算追加投资前乙投资中心的投资额。

（3）计算追加投资前该公司的投资利润率。

（4）若甲投资中心接受追加投资，计算其剩余收益。

（5）若乙投资中心接受追加投资，计算其投资利润率。

3.某百货公司下设的一鞋帽部2019年销售收入为200万元，变动成本率为60%，固定成本为30万元，其中折旧为10万元。

要求：

（1）若该鞋帽部为利润中心，其固定成本中只有折旧是不可控的，试评价该部门经理业绩，评价该部门对百货公司的贡献有多大？

（2）若该部门为投资中心，其所占用的资产平均额为100万元，剩余收益为35万元，则该公司要求的最低投资利润率为多大？

4.某公司的平均投资报酬率为13%，其所属甲投资中心经营资产为800万元，经营净利润为130万元，销售收入为2 000万元。

要求：

（1）计算甲投资中心的投资利润率和剩余收益。

（2）假定对该投资中心追加投资300万元，追加投资后该投资中心的剩余收益达到33万元，计算追加投资增加的净利润。

（3）乙投资中心的投资报酬率与甲投资中心的利润率相同，其销售净利率为5%，分别计算甲、乙两投资中心的资产周转率。

五、案例题

案例一

惠普科技是1939年由Dave Packard和Bill Hewlett创立的。截至2000年，总员工达88 500名，年收入达488亿美元，在财富500强中排名第13位。其产品包括电脑相关产品、电子测试仪、医学仪器、化学分析仪器及电子零件，并设立电脑设备及测量仪器组织（事业群）来管辖所属产品（事业部）的产销事宜。

惠普为了达成“营业收入超过400亿美元后，仍能维持每年10%以上的成长速度，且转型为服务导向的公司，以顾客需求推出市场需要的产品和服务”的目标，制定了“提升分权后的组织工作效率且贯彻以顾客满意度为导向；并运用原惠普的市场占有率，推动全新e-services产品与服务”策略。为了更进一步推动“组织重整”与“设立电子商务事业部”，惠普于1999年11月正式分家，成立一家新公司——Agilent Technologies（安捷伦科技）。换言之，改组后的惠普组织专门负责电脑相关产品的产销。改组后的惠普公司再依照“产品别”成立各事业部，分别负责销售、制造与e-services等，形成“产销分离”形式的利润中心。

安捷伦科技是从原惠普中的测量仪器组织（事业群）中独立出来的子公司。本身亦依“产品别”进行部门设计，各部门自负盈亏，可视为“产销合一”型的利润中心组织。

2002年5月，惠普科技与康柏完成合并，称为“新惠普”。就产品与服务而言，从企业机关用的存储系统、工作站、电脑服务器，乃至个人用的笔记本电脑、PDA、打印机等一应俱全。新惠普在全球各地的公司仍由4个核心事业群组成，包括企业系统事业群、服务事业群、影像列印事业群及个人系统事业群。

要求：阅读案例并回答下列问题。

（1）如何理解分权管理，实行分权管理对企业有何影响？

（2）结合案例我们应如何理解利润中心？

案例二（2017技能大赛）

假设你是一家中型公司的经理，公司生产各种类型的电话，电话是由一些部件装配产生而出来的，部件装配包括公司内的其他部门购买的电路板。每周五早上，公司总部都会传真过来一份生产计划表，指示下周要生产的电话型号和数量。这样，你的大部分工作就是尽可能有效地满足生产计划表。销售价格由高层管理者制定。利润表（见表10-1）及销售产品成本明细表（见表10-2）反映了最近12个月公司的销售、产品和费用。本期生产成本包括材料、人工和制造费用。

表10-1 利润表 单位：元

销售额	100 000 000
销售成本	75 000 000
毛利	25 000 000
销售和管理费用：	
公司航行器的折旧	1 000 000
销售佣金及其他销售费用	10 000 000
其他与公司相关的直接费用	13 000 000
总费用	24 000 000
净利润	1 000 000

表10-2 销售产品成本明细表 单位：元

期初产品库存	5 000 000
本期产品库存	77 000 000
合计	82 000 000
期末产品库存	7 000 000
产品销售成本	75 000 000

当你为今年的业绩评价会议做准备时，想起了去年高层管理者为公司生产的产品设

定的净利润目标。但是，你认为利润表中的一些成本超出了你的控制范围，而且你想知道用净利润来评价公司业绩的原因。

要求：

（1）在为会议做准备时，确定你能控制的成本。

（2）你的公司应该被定为成本中心、收入中心、利润中心还是投资中心？请解释。

参考答案

项目十一

业绩评价

学习目的与要求

通过本项目的学习，要求学生了解业绩评价的概念，熟悉业绩评价，掌握业绩评价的方法，为以后参与企业管理打好基础。学习本项目，要重点掌握以下内容：

（1）业绩评价的概念；

（2）业绩评价的指标与标准；

（3）平衡计分卡的编制。

重点、难点解析

一、管理者业绩评价概述

业绩考核与评价理论吸收了管理学中很多其他理论的思想，主要有委托-代理理论、激励理论、控制理论和战略管理理论等，这些理论研究的结论成为业绩评价理论的基础，也对业绩评价方法的设计提出了指导性的要求。

（一）业绩评价借鉴的各种理论

委托-代理理论是研究组织业绩评价问题的基础。

激励理论是行为科学中用于处理需要、动机、目标和行为四者之间关系的核心理论。

控制作为一项重要的管理活动很早就为管理学家和企业家所重视，法约尔提出了五项管理职能，即计划、组织、指挥、协调、控制。

战略管理理论随着经济和管理的发展逐步发展并完善。

（二）业绩考核与评价系统的概念

企业业绩考核与评价系统是为了达到一定的目的，运用特定的指标，比照统一的标准，采取规定的方法，对经营者业绩做出判断，并与激励结合的考评制度。

（三）业绩考核与评价系统的内容

考评主体（考评者）、考评客体（考评对象）、考评目标、考评指标体系（考评指标、考评标准、考评方法）以及相关的激励机制。

二、业绩评价指标与标准

（一）计量指标选择

1.财务性绩效衡量指标

（1）净利与每股盈余。

（2）现金流量。

（3）投资报酬率。

（4）资产报酬率。

2.企业发展阶段与业绩评价指标的选择

（1）企业创始阶段。如何以有限的资源获取市场上的有利地位，通常是最关键的因素，收入的增长及经营的现金流量成为企业特别关注的指标。

（2）企业成长阶段。这一阶段除了仍必须关注收入增长外，还应同时考虑获利率与资产的管理效率，以实现收入与报酬的平衡。

（3）企业成熟阶段。这一阶段的核心指标是资产及股东权益的投资报酬率。企业必须有效监控所有的财务性绩效指标，这样才能使企业拥有活力，避免衰退。

（4）企业衰退阶段。这一阶段，现金流量特别重要，成为衡量企业绩效的中心指标，而一些长期性的绩效衡量指标已变得不那么重要了。

（二）非财务性绩效衡量指标

非财务性绩效指标，如市场占有率、新产品的开发能力、产品与服务的品质、生产力及员工培训等，逐渐在企业的绩效衡量上，扮演着比较重要的角色。

（三）NAA的建议与汇总

（1）企业所采用的财务性绩效衡量指标，应具有代表性，并应同时包含收入成长率、利润、现金流量及投资报酬率等在内。

（2）在企业生命周期的不同阶段，各项绩效衡量指标具有不同程度的重要性；在强调任一指标的同时，不应排除使用其他有意义的指标。

（3）在运用多项财务指标来衡量绩效时，应结合运用预算与实际的差异，以提高绩效衡量指标的效用。

（4）受到通货膨胀影响的企业，不应完全用以历史成本为基础的会计数字来衡量绩效。

（5）企业应同时考虑采取与各个经营层面（如营销、生产、品管、新产品开发及人力资源等）有关的非财务性绩效衡量指标，以提高评估经营绩效的正确性。

（四）业绩评价系统的设计原则

（1）以成果为重。

（2）追求远大的绩效。

（3）评估正确的项目。

（4）明确的管理责任承担结构。

（五）业绩评价体系的实施步骤

（1）战略开发。

（2）制定预算。

（3）绩效计测。

（4）绩效检查。

（5）激励性报酬。

（六）业绩评价模式的选择

（1）总公司对子公司的管辖方式。

（2）与管辖模式相对应的管辖结构。

（3）与管辖方式和管辖结构相适应的业绩评价模式。

三、平衡计分卡

（一）综合计分卡的基本框架（如图11-1所示）

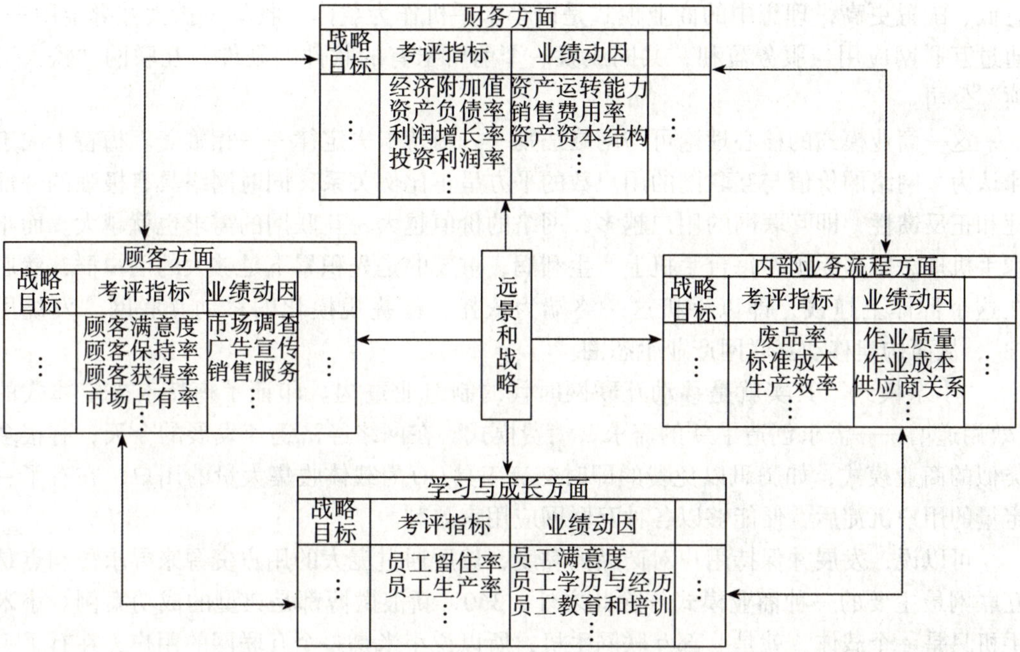

图11-1　平衡计分卡的基本框架

（二）平衡计分卡在战略管理中的用途

（1）使目标和战略具体化。

（2）促进沟通和联系。

（3）辅助业务规划。

（4）增强战略反馈和学习。

案例分析

小米手机：如何针对业绩进行价值链重构

传统企业存在结构性缺陷，在渠道管理、利润分配、市场推广、生产管理方面有诸多困局，这为电子商务等新业态的发展提供了“钻空子”的机会。目前国产手机的生产运营模式主要有高度依靠运营商渠道、以量取胜的传统型企业，代表企业是中兴、华为、酷派、联想，以及像步步高、金立、OPPO等向市场投入海量推广资金来换取产品上的高利润的第二种企业，在移动互联网时代，把通信和互联网行业结合得很好的互联网企业（如小米）的杀入，形成了国产手机行业的第三态。

一、小米手机商业模式的创新

小米公司的商业模式有异于传统手机制造商。目前手机生产商的商业模式都是靠销售手机赚钱，包括苹果、三星以及华为、联想等。而小米公司则把手机本身的价格做到更低、配置更高，理想中的商业模式是以小米手机作为载体，收集、扩大并绑定用户，通过互联网应用与服务盈利，共同成就一个前所未有的软件、硬件、互联网“铁人三项”公司。

这一商业模式的核心理论可与网络法则——梅特卡夫定律——相媲美。梅特卡夫定律认为，网络的价值与互联网的用户数的平方呈正比例关系，同时网络具有极强的外部性和正反馈性，即互联网的用户越多，网络的价值越大，互联网的需求也就越大。而小米手机理念则是无须在每台手机上产生利润，重要的是先积累下足够大的用户群，然后在这个群体上挣钱，即以手机这一终端为依托，聚拢规模化的移动互联网“发烧用户”，从而构建移动互联网产业生态圈。

“小米模式”其实就是移动互联网时代的制造业重构。印证了梅特卡夫定律式的“效用递增——需求创造了新的需求”消费模式。在网络经济迅速发展的今天，有很多类似的商业模式，如腾讯以免费的即时交流工具QQ为载体收集大量的用户，在有了一定量的用户沉淀后，便能够以各种互联网应用来盈利。

可以说，发展并保持用户对产品的黏度，然后通过庞大的用户资源来寻求盈利点是互联网最主要的一种商业模式。除此之外，360、新浪微博都是典型的成功案例。小米手机只是一个载体，就是一部互联网手机，所以说小米是一个互联网的用户，在有了一定量的用户沉淀后，便能够以各种互联网应用来盈利。

二、解读小米公司价值链重构

商业模式是网络经济中讨论最多而最不容易理解的方面，也是大多数风险投资公司考察网络公司的核心内容之一。迈克尔·罗帕教授指出，“商业模式规定了公司如何在价值链中定位，并指导其如何赚钱。”商业模式意味着一个公司是如何通过在价值链中定位自己，从而获得收益的，即一种赚钱的方法。

第一部小米手机诞生后，无论是人员、技术，还是产品理念与销售渠道建设，都直接冲击了传统的手机制造模式和营销模式，而传统手机企业自身存在各种不足：

（1）渠道：存在分销环节多、管理成本高、区域扩张受限等诸多问题。

（2）市场：品牌建设投入大、营销成本高、难以开展精准营销，无法及时了解市场需求。

（3）利润：厂家议价能力弱；中间商环节多，利润分配多级；渠道成本高，利润层层过滤。

（4）生产：生产与销售信息断层，导致库存积压或供货不足；难以满足消费者的个性化需求。

而小米公司则以互联网时代的公司建设与产品来打造，去面对一个相对传统一些的科技行业，以“轻公司”的姿态来挑战其他传统“大腕”，对传统厂商的传统模式产生了直接冲击。

1.突破传统渠道重构

在实践中，小米手机不走寻常路，尽可能降低渠道成本，采用社会化媒体的“零费用营销”等“全互联网模式”。

在分销渠道环节，小米只走电子商务渠道，即在线直销，也就是销售完全依托小米网站，舍弃了以往传统手机销售的大卖场渠道，或者利用转型期的国美电器网上商城、苏宁商城等，把中间的层层代理环节都砍掉，省下一大块渠道铺货和商场入驻的费用等，大大减少了中间环节的成本，从而支撑着小米手机的“低价抢占市场份额”策略。与此同时，销售范围没缩小，产品可以直达三、四、五线城市，乃至物流所能及之地。在线直销的方式，不仅迎合“发烧友”们的网购潮流，更是一种先进的销售模式，可以省掉所有中间利润，直接回馈用户，使用户能体验物美价廉的产品。在线直销让小米手机不仅有钱赚，而且有更重要的财务功效——加速现金回流。如果按照传统零售渠道销售，销售回款的账期可能就把一个企业拖垮了，但在线销售就把这种压力化解了。

2.拓展市场建设

传统企业在运营管理中品牌建设投入大、营销成本高、难以开展精准营销，无法及时了解市场需求。所以互联网企业应看到这方面的不足，从另一个角度去看待问题。

互联网时代的竞争法则是“没有哪一个品牌，强大到不能被挑战；没有哪一个品牌，弱小到不能去竞争”。小米手机在营销推广方式上，依据公司策略，不在广告上花钱，通过微博、论坛等进行营销，对“发烧友”级别用户实行单点突破，成功实现口碑营销，避免了电视广告、户外广告等传统营销中的“烧钱”模式。而专注做好产品，依赖“病毒式营销”口口相传。

在营销环节，小米舍弃传统的昂贵的展示性广告，只做新媒体、自媒体等社会化营销，并专注培育自己的论坛。传统广告的模式粗放，而小米却可以直接和自己的“粉丝”互动，营销起来就精准多了。

3.对顾客价值的颠覆

手机行业的经营传统是“用低端机冲击市场份额，用中高档机赚利润”，而小米颠覆了这个传统，它的最大卖点是“高配置、低价格”，这就是小米手机的核心竞争力之一。低价迎合了“手机‘发烧友’的胃口”，同时也有钱可赚。

小米手机在产品生产设计环节，也做到了完全的互联网化，通过互联网的方式发动群众一起来做手机，让消费者价值得到更人性化的提升。在设计上不再只依赖传统的设计师关起门来臆想和向外部做问卷调查回访的方式。小米通过官方论坛和各种社会化媒体，直接在它与用户、用户和用户之间，展开对小米的不足和可能的改进讨论。用户不仅是消费者，企业更应与用户找到沟通语言，使其成为生产设计伙伴，因此小米让“发烧友”参与手机系统的开发，根据“发烧友”的反馈意见不断改进，并每周实时进行更新。而对最资深的“米粉”，小米为他们成立“荣誉工程师组”，新产品的样品，先让这些用户进行体验，并请他们给予及时反馈。对消费者而言，小米手机在产品设计时让用户尽量参与，这要放在过去，根本不可能实现。

得益于互联网开放共享的系统平台，小米的客户价值主张就是通过提高产品价值和降低顾客成本，最大化地提高了顾客的让渡价值。小米最终把手机做成了一款真正的“用户自己定义的手机”。

4.柔性生产按需定制

在3C家电及功能手机时代，很多厂商倒闭的主因是没能解决“零库存”问题。同时，由于对供应链的优化，缩短了产品到达用户的时间，使传统手机这一“重资产生产模式”转变为“轻资产生产模式”。

在库存环节，小米公司类似于早些年戴尔的“零库存”概念。先有订单，才开始生产。本质上颠倒了传统供应链节点的先后顺序，外界总是认为小米手机缺货，被指责过度“饥饿营销”。在互联网环境下，饥饿营销是买方与卖方、生产商与用户掌握的信息足够多，解决信息不对称后才使用的一种营销方法。

戴尔模式的实质是“按需定制”。据介绍，小米手机用户通过网络下单，小米获得市场需求，然后通过供应链采购零部件，比如向夏普采购屏幕、向高通采购芯片、向索尼采购摄像头，再通过其他厂商采购其他非关键零部件。

目前由于小米手机的市场供不应求，处于“饥渴”状态，供需尚不需要完全对接。在供需相对平衡的情况下，如能打通供、需两端，就能实现真正的“按需定制”。

三、小米公司的创新与挑战

小米手机的热潮还在继续，小米公司的成功逆袭被解读为用互联网思维颠覆传统企业的游戏规则。2017年第二季度，小米手机出货量达到2 320万部。

手机与移动互联网结合的模式使得小米手机一路高歌猛进。小米公司除了在渠道、品牌、用户价值、生产库存等方面实现价值链重构外，还围绕四条法则进行创新：一是做最好的产品；二是营销模式的改变；三是硬件、软件和互联网服务“铁人三项”；四是小米手机的“粉丝经济”。但对比互联网成功的案例，以手机作为载体发展用户的模式在持久盈利能力、用户的忠诚度方面有其自身的弱点。小米手机的初步成功，顶多只是在一场步步惊心的比赛中赢得了开局优势，作为应对，其他竞争厂商也必将跟进。但当真正的价格比拼开始之后，价格、投资回报、利润水平、系统平台是小米公司未来面临的更大挑战。

由于传统的价值链存在诸多缺陷，企业在重构价值链的时候必须以满足顾客的需求为出发点、在对竞争对手的考量上不应只局限于行业内的竞争，而应尽早发现产业发展的趋势，从而以跨越行业的眼光来看待价值链的重构过程，同时技术、平台发展迅速，要有动态看问题的眼光。企业管理者更应具有前瞻性战略眼光，打破传统思维对策。

复习思考

1.业绩评价的概念是什么？

2.平衡计分卡的概念是什么？

3.业绩评价的计量指标有哪些？

4.平衡计分卡的特点有哪些?

5.平衡计分卡的优点是什么?

项目实训

一、单项选择题（每题只有一个正确答案，请将正确答案填在括号内）

1.评价企业短期偿债能力强弱最可信的指标是（　　）。

A.已获利息倍数　　B.速动比率

C.流动比率　　D.现金流动负债比率

2.（2017技能大赛）企业（　　）必须对其投资的安全性首先予以关注。

A.所有者　　B.债权人　　C.经营者　　D.国家

3.（2017技能大赛）某企业年初资产总额为100万元，年末资产总额为140万元，净利润为24万元，所得税为9万元，利息支出为6万元，则总资产报酬率为（　　）。

A.27.5%　　B.20%　　C.32.5%　　D.30%

4.（2017技能大赛）在下列各项中，不属于企业发展能力分析指标的是（　　）。

A.资本积累率　　B.资本保值增值率

C.总资产增长率　　D.三年资本平均增长率

5.平衡计分卡最突出的优点是（　　）。

A.计算方便　　B.使用简单

C.从战略角度考虑全局　　D.使用人力、物力较少

6.（2017技能大赛）从平衡计分卡的角度组织SWOT矩阵，其中“W”指的是（　　）。

A.优势　　B.劣势　　C.机会　　D.威胁

7.（2017技能大赛）在平衡计分卡业绩衡量方法中，下列各项属于潜在的领先指标的是（　　）。

A.新客户开发率　　B.盈利率　　C.投资回报率　　D.质量

二、多项选择题（每题有两个或两个以上正确答案，请将正确答案填在括号内）

1.应收账款周转率高说明（　　）。

A.收账迅速　　B.短期偿债能力强　　C.收账费用增加　　D.坏账损失减少

2.反映企业盈利能力的指标包括（　　）。

A.盈余现金保障倍数　　B.资本保值增值率

C.资本积累率　　D.每股收益

3.下列有关每股收益的计算公式正确的有（　　）。

A.每股收益＝净资产收益率×权益乘数×平均每股净资产

B.每股收益＝总资产净利率×权益乘数×平均每股净资产

C.每股收益＝主营业务净利率×总资产周转率×权益乘数×平均每股净资产

D.每股收益＝总资产净利率×平均每股净资产

4. 提高主营业务净利率的途径主要包括（　　）。

A. 扩大主营业务收入　　B. 减少主营业务收入

C. 降低成本费用　　D. 提高成本费用

5.（2017技能大赛）财务报表数据的局限性表现在（　　）。

A. 缺乏可比性　　B. 缺乏可靠性　　C. 存在滞后性　　D. 缺乏具体性

6.（2017技能大赛）进行财务分析时的弥补措施包括（　　）。

A. 尽可能去异求同　　B. 将资金时间价值有机纳入分析过程

C. 注意各项指标的综合运用　　D. 善于利用“例外管理”原则

7.（2017技能大赛）平衡计分卡基本框架建立的内容包括（　　）。

A. 财务　　B. 顾客

C. 内部业务流程　　D. 学习与成长

8.（2017技能大赛）财务分析既是对已完成的财务活动的总结，又是财务预测的前提，在财务管理的循环中起着承上启下的作用。下列各项不属于财务分析目的的有（　　）。

A. 对企业当前财务运作进行调整和控制

B. 可以提供解决问题的现成方法

C. 对企业过去的财务状况和经营成果进行总结性分析和评价

D. 预测未来企业财务运作的方向及影响

三、判断题（正确的在括号内打“√”，错误的打“×”）

1. 企业经营者必然高度关心其资本的保值和增值状况。（　　）

2. 某公司今年与上年相比，主营业务收入净额增长10%，净利润增长8%，资产总额增加12%，负债总额增加9%。由此可以判断，该公司净资产收益率比上年下降了。（　　）

3. 平衡计分卡是完美的，没有任何问题。（　　）

4. 对于企业来说，几乎所有的成本都可以视为可控成本，一般不存在不可控成本。（　　）

5. 当利润中心获得的利润中有该利润中心不可控因素的影响时，可以不进行调整。（　　）

6. 企业越是下放经营管理权，越应加强内部控制。所以很多大型企业将各级、各部门按其权利和责任的大小划分为各种责任中心，实行分权管理。（　　）

7. 作为第一层次业绩评价主体的企业所有者，是依据产权关系为基础的委托-代理关系对企业最高管理层进行业绩评价。这一层是管理会计确定内部责任单位，并进行业绩评价的重点。（　　）

四、计算分析题

某企业2019年主营业务收入净额为77万元，主营业务净利率为10%，按照主营业务收入计算的存货周转率为7次，期初存货余额为8万元，期初应收账款余额为12万元，期末应收账款余额为10万元，速动比率为150%，流动比率为200%，固定资产总额为50万元，该企业期初资产总额为80万元。该公司流动资产由速动资产和存货组成，资产总额由固定资产和流动资产组成。

要求：（计算结果保留两位小数）

（1）计算应收账款周转率。

（2）计算总资产周转率。

（3）计算总资产净利率。

五、案例题

某路桥工程总公司始创于1958年，固定资产达17亿元，公司下设桥梁、路基、路面、建筑工程四个专业公司，现已成为全国最大的综合性交通工程施工企业之一，多次获国家建设部工程质量最高荣誉——鲁班奖。

最近几年，在国家财政政策的积极驱动下，公路建设投资规模持续高速增长，该公司借此取得了快速发展。但是随着公司业务量的快速增长以及市场环境的不断变化，一些深层次的问题渐渐暴露出来：第一，尽管公司在公路与桥梁工程建设方面积累了丰富的经验并逐步摸索出一套较为成熟的业务运作模式，但是企业内部管理机制相对滞后，严重影响着企业的长远发展；第二，由于业务发展很快，人手紧缺，稍有能力的员工都充实到一线项目上，因此，职能部门形同虚设，根本无法履行其应担负的职责；第三，由于职能部门难以发挥作用，公司领导基本陷入事务性工作之中，整天在项目之间疲于奔命，因此，真正该做的工作反而没有时间去做，尤其让公司总经理感到担忧的是项目管理有失控的苗头，一些如隧道、桥梁和路面这样本应该获取高利润的项目，在项目结算后却出现亏损。

鉴于项目失控的严重性，公司内部采取了一系列的措施，包括时下流行的项目经济承包责任制，但都收效甚微，无法真正解决这个问题。

思考：

（1）公司的问题到底出在哪里？

（2）管理基础较差的企业应该如何迅速提升业绩？

参考答案

项目十二

作业管理

学习目的与要求

通过本项目学习，要求学生在了解传统成本法的局限性、作业成本法产生的背景的基础上理解作业成本法的基本概念；了解作业成本法的特点；掌握作业的四种分类，并能加以识别；熟练掌握作业成本法的基本程序；能够采用作业成本法计算产品成本；使学生在了解作业管理基本概念的基础上领会作业管理的基本步骤；掌握实施作业管理应采取的措施。学习本项目，应重点掌握以下内容：

（1）作业管理的含义；

（2）作业管理的基本程序；

（3）作业价值分析。

重点、难点解析

一、作业成本法的产生

（一）传统成本计算方法的局限性

在传统的生产环境下，由于市场对产品的个性要求不明显，产品结构相似，产品品种较为单一，差别较小；生产工艺流程较为简单，间接制造费用所占的比例不大；采用单一的分配基础或少数几个分配基础，对间接费用进行分配并计算产品成本，所提供的信息是相对准确的，能够满足企业决策和控制的要求。

然而在高科技广泛应用于生产过程、市场需求多样化的环境下，例如20世纪80年代以来源于日本并蔓延于欧美制造业的各种为提高生产能力的自动化生产系统，以及相关的管理理念、新的经营和制造环境要求改进传统的成本计算方法以满足管理对成本信息的要求。

1.生产方式改变

经济的不断发展和人们生活水平的日益提高，使得市场需求逐步呈现多样化、个性化、时尚化的局面。市场需求的这种变化，要求企业必须放弃大批量生产和销售的模式而以品种多、质量优、功能强的产品系列去争取尽可能多的订单，并按订单适时组织生产。不同产品要求的工艺过程、操作程序不同，导致产品生产对不同作业的需求量不同，如果仍然采用人工小时、机器小时等与产量密切相关的单一指标作为制造费用的分配基础，就不能客观反映不同作业成本与不同产品的关系。

2.制造技术革新

自20世纪70年代以来，生产日趋高度自动化。计算机辅助设计、计算机辅助制造等得到广泛应用。其结果使得产品成本结构发生了巨大变化——制造费用在产品成本中所占比例大幅上升，而直接人工在产品成本中所占比例大幅下降，仍然采用传统制造费用分配基础，显然会扭曲成本信息。

3.管理思想的演进

先进制造系统的推广同样带来管理思想的演变。企业从追求规模转向以客户为导向；从追求利润转向基于价值的管理；即时生产方式、弹性制造系统、物料需求计划、企业资源计划、全面质量管理这些新的管理思想和管理概念，无一不要求企业的成本信息更加准确、及时。

（二）作业成本计算的产生与发展

由于市场需求和生产环境的变化，传统的成本分配方法不能满足经营管理对成本信息的要求。作业成本计算将成本与作业联系起来，追踪分析作业与成本的关系，按作业来归集和分配成本。作业成本法得到越来越多的推广和应用，并导致了管理上的创新——作业管理（ABM）的产生。这种成本核算方法恰恰弥补了传统成本法的缺陷，为企业提供了大量相关、准确的成本信息，能在很大程度上帮助管理者实施价值管理。

二、作业成本法的基本概念

（一）作业成本法

作业成本法简称ABC法（Activity Based Costing），即以作业为基础的成本计算方法，也就是指将生产产品（包括提供服务）所消耗的资源按作业归集，再由作业分配至产品的一种成本计算方法。

（二）作业

作业是指由人力、机器等所执行的任务，是企业在生产经营过程中各项独立并相互联系的具体活动，企业经营过程中的每个环节或生产过程的每道工序都可以被视为一项作业。按照作业水平的不同将作业分为单位水平作业、批次水平作业、产品水平作业、生产维持水平作业四类。这种分类方法也是作业成本计算中常见的分类方法。

1.单位水平作业

单位水平作业是生产单位产品所从事的作业，即每产出一个单位的产品（或零部件等）便需进行一次的作业。

2.批次水平作业

批次水平作业是生产每批产品所从事的作业，即每生产一批产品便需进行一次的作业。

3.产品水平作业

产品水平作业是为支援各种产品的生产而从事的作业，即按产品的品种进行的作业，作业成本与产品品种相关，作业的目的是服务于各项产品的生产与销售。

4.生产维持水平作业

生产维持水平作业是为维持生产而从事的作业，它们有益于整个企业，而不是具体产品。

（三）成本动因

成本动因也称成本驱动因素，是指诱导成本发生的原因，是联系产品、作业和资源的中介因素。一项作业可以有多种成本动因。根据作业成本法的原理可以将成本动因分为资源动因和作业动因两类。

1.资源动因

资源动因是引起作业成本变动的因素。它是将各项资源耗费归集到不同作业的依据，反映了作业对资源的耗费情况，可以用来评价作业对资源的利用程度。可以运用资源动因来计量各项作业对资源的耗用，并将资源成本分配给各有关作业成本库。资源动因举例见表12-1。

表12-1 资源动因举例

资源	资源动因
人工	消耗劳动时间
材料	消耗材料数量
动力	消耗电力度数
房屋租金	房屋使用面积

2.作业动因

作业动因是引起产品成本变动的因素。作业动因计量各种产品对作业耗用的情况，并作为作业成本的分配基础，是产品和作业的纽带，代表了产品或工艺设计的改善机会。作业分类及常见作业动因见表12-2。

表12-2 作业分类及常见作业动因

作业分类	常见作业动因
单位水平作业	产品或零部件产量、机器工时、人工工时、耗电千瓦时数等
批次水平作业	采购次数、生产准备次数、机器调整次数、材料或半成品转移次数、抽样检验次数等
产品水平作业	按产品品种计算的图纸制作份数，按产品品种计算的生产工艺改变次数，模具、样板制作数量，计算机控制系统和产品测试程序的开发，按品种下达的生产计划书份数等
生产维持水平作业	设备数量、厂房面积等

3.资源动因与作业动因的区别和联系

资源动因连接着资源和作业，而作业动因连接着作业和产品。把资源分配到作业用的动因是资源动因；把作业成本分配到产品用的动因是作业动因。当作业和产品一致时，资源动因和作业动因也是一致的。

三、作业成本法的程序与特点

（一）作业成本法的程序

作业成本法成本计算过程划分为两个阶段：第一阶段，将作业执行中耗费的资源追溯到作业，计算作业的成本并根据作业动因计算作业成本分配率；第二阶段，根据第一阶段计算的作业成本分配率和产品所耗费作业的数量，将作业成本追溯到各有关产品，具体步骤如下：

1.确认和计量各种资源耗费，将资源耗费归集到各资源库

企业耗费的资源主要有货币资金、材料、人力、动力、厂房设备等内容。确认并计量各项资源耗费，并为耗费的每类资源设立资源库，将一定期间耗费的资源按资源库进行归集。

2.建立作业“同质成本库”，归集同质成本

同质成本是指由相同成本动因引起的制造费用。将相同资源动因引起的成本归集到一起即为同质成本库，在制造费用发生时就将其归集到各个同质成本库中。关于成本库的设立，从管理对信息的要求来看，越多越好，但究竟如何设立，设立多少，这一方面取决于作业及其成本是否能够明确划分，另一方面应考虑管理的需要并遵循成本效益原则。

3.按活动内容辨别不同类型的作业

企业的生产活动过程由不同内容的作业构成。根据内容科学区分作业类型，是作业成本法准确提供成本信息的前提和保证。辨别不同类型作业有两种形式：一种是根据企业总的生产流程，自上而下进行分解；另一种是通过与员工和经理进行交谈，自下而上地确定他们所做的工作，并逐一认定各项作业。

4.分析资源与作业之间的关系，确定每种作业的资源动因

在作业成本法下，每种作业活动所发生的成本是按作业消耗的资源动因分配的。因此，要分析作业与资源之间的关系，确定每种作业的成本动因。

5.确定资源动因分配率，分配同质成本

以该作业的资源动因为分配基础，计算资源动因分配率，并将所耗费的资源按资源动因分配率分配给各作业成本库，计算公式如下：

$$\text{资源动因分配率}=\text{资源成本}\div\text{各作业消耗的资源动因数量}$$

$$\begin{array}{c}\text{分配到某作业成本库中}\\\text{该项资源}\end{array}=\begin{array}{c}\text{该成本库各作业消耗的}\\\text{资源动因数量}\end{array}\times\text{资源动因分配率}$$

6.确定作业成本动因分配率，分配作业成本，并计算产品生产成本

作业成本法的这一步骤是运用前面计算得出的作业成本和各产品所耗用的作业量指标，将作业成本以每种产品消耗的作业动因为分配基础，计算作业成本动因分配率，并将作业成本库归集的成本分配于产品，对于原材料、直接人工等直接成本则直接计入产品成本，也就是将成本追溯到产品中去。其计算公式如下：

（1）作业动因分配率=作业成本÷各产品消耗的作业动因总和

（2）分配到某产品的该项作业成本=该产品耗用的作业动因数×该项作业动因分配率

（3）某产品当期发生成本=当期投入该产品的直接成本+该产品当期耗用的各项作业成本

（二）作业成本法的特点

与传统成本法相比，作业成本法主要有以下几个特点：

1.对产品间接费用的分配更为合理

与传统成本法相比，作业成本法的分配基础（成本动因）发生了质变。它不再仅仅采用单一的数量作为分配标准，而是采用多元分配基准；集财务性变量与非财务性变量于一体，且特别强调非财务性变量。因此，作业成本法所提供的成本信息要比传统成本

法准确得多。

2.“作业”是作业成本法的基本成本对象

传统成本法主要以产品为成本对象计算成本，而作业成本法以“作业”作为最基本的成本计算对象，产品的成本计算需先通过作业成本进行分配。正是由于作业成本法可以提供各项作业耗费的成本信息，因此使管理人员开展作业管理并改善作业链成为可能。

3.作业成本法是更广泛的完全成本法

传统的完全成本法将许多成本项目列作期间费用，在发生的当期“一次性扣除”而不是加以分配。在作业成本法下，对于营销、产品设计等领域发生的成本，只要其与特定产品相关，就可通过有关作业分配至有关产品（或其他成本对象）。这样所提供的成本信息更有利于企业进行定价等相关决策。

4.所有成本均是变动的

从作业成本法的观点看，有一部分成本虽然不随产量增加而增加，但却会随其他因素的变化而变化。这些因素包括产品批次、生产线的调整、企业生产能力的增减等。作业成本法将所有成本均视为变动的，这有利于企业分析成本产生的动因，进而降低成本。

四、作业管理

（一）作业管理的基本概念

作业管理简称ABM（Activity Based Management），是指以客户需求为出发点，以作业分析为核心，利用作业成本计算所获得的信息对作业链不断进行改进和优化，以达到不断消除浪费、提高客户价值的目的，从而使企业获得竞争优势的一种先进的成本管理方式。

作业链（Activity Chain）是指现代企业为了满足顾客需要而设立的一系列前后有序的作业的集合体，包括研发、设计、生产、营销、配送等；有的是指在某一特定过程中所包含的相互联系的各项作业。

价值链（Value Chain）是作业链的价值表现。生产经营中的各项作业有序进行，作业转移的同时伴随着价值的转移，最终产品是全部作业的集合，同时也表现为全部作业的价值集合。作业链的形成过程，也就是价值链的形成过程，要想提高价值，必须改进作业链；而作业链的完善是从价值链分析开始的。

（二）作业管理的基本程序

实施作业管理应结合传统成本控制的一般程序，围绕着作业及作业链的分析来进行。实施作业管理的基本步骤如下：

1.分析客户的需求

通过调查了解客户需求，并进一步分析哪些作业是增值的，哪些作业是无效的，为进一步的作业分析奠定基础。

2.分析作业链构成

此步骤的主要任务是分析作业，即要搞清楚企业的经营活动全过程究竟包括哪些作业，它们的内在联系是什么，每项作业发生的原因又是什么；重要作业是哪些，重要作业又可以分解为哪些具体的实施环节。

3.区分增值作业与非增值作业

企业必须对价值链中各具体环节的作业进行逐一检查分析，以识别哪些作业是增值作业，哪些作业是非增值作业。对于增值作业应考查其工作效率，研究在提高其效率的同时应保证其不被消除，否则会降低企业价值；对于非增值作业，应在保证产品质量和企业价值的前提下尽可能压缩或消除。

4.分析作业执行情况

分析作业水平的高低以及作业的利用效果，以便及时发现问题，采取措施，以达到合理配置资源降低作业成本的目的。

5.采取措施，改善企业经营管理

企业应在作业分析的基础上，采用先进的方法以及有效的措施，优化作业链，同时尽量提高增值作业的利用效率，从而达到不断改善生产经营、确保低成本竞争优势的最终目的。

（三）作业价值分析

作业价值分析的具体内容包括动因分析、价值链分析和增值作业的确认三个方面。

1.动因分析

动因分析是指以客户需求为出发点，对作业与产品成本的驱动因素的合理性进行的分析，以确定各项作业存在的必然性、成本动因的合理性以及利用的效率性。作业需求变动，会引起作业成本变动。

2.价值链分析

价值链分析是对作业的协调状况进行分析。作业之间的断开与重叠的现象都不利于企业价值的实现。应尽量消除作业链的断开和重叠现象，使其转化为理想的作业链。理想的作业链应是作业与作业之间环环相接，没有出现断开和重叠的现象，作业之间的等待或延误最小。

3.增值作业的确认

增值作业是指满足客户需要所必需的作业，是应该保留在价值链中的作业；客户不需要而不能形成价值增值的作业为非增值作业，也就是不应保留在价值链中需要从价值链中立即消除或通过持续改善逐步消除的作业。增值作业与非增值作业判断的标准是：如果去掉某项作业，仍然能够为客户提供与以前同样的效果，则该项作业为非增值作业，否则为增值作业。

（四）改善作业的具体措施

我们可以根据实际情况采用作业消除、作业选择、作业减少、作业共享等措施来实现作业改善，具体内容如下：

1.作业消除

作业消除是指采取措施将经过作业分析所确定的非增值作业消除，以减少不必要的耗费，提高成本效率。消除一项作业，往往不是只针对该项作业采取措施，而是很有可能涉及其他若干项作业，甚至整个生产过程或经营过程。

2. 作业选择

作业选择是指分析达到目标的不同作业或不同策略，选择其中最佳的作业或策略。最佳的作业可能是效果相同而成本最低的或成本相同但效率最高的作业。

3. 作业减少

作业减少是指对于一项增值作业来说，降低对它的需求，等于提高了它的效率。对难以立即消除的非增值作业，可以采取不断改进的方式降低作业消耗的资源或时间，或提高作业效率以尽量减少作业量以降低成本耗费。

4. 作业分享

作业分享是指充分利用企业的生产能力使之达到规模经济效应，提高单位作业的效率。如果不增加某种作业的成本而增加作业的处理量，那么单位成本动因的成本分配率会下降。

案例分析

宝钢作业成本管理应用

从2005年开始，宝钢分公司某配件分厂推进作业成本法试点，并取得了良好的效果。在推进过程中，宝钢建立了矩阵式推进体系，厂领导负责推进，同时由配件分厂牵头，其他部门（包括设备管理、能源管理、质量检测管理）共同参与，财务部门负责组织并指导具体的推进工作，从组织体系上确保整个推进过程顺利进行。

每月定期召开现场推进会，解决推进过程中的问题，部署下月的推进计划。

一、作业、资源及成本动因的划分

严格按照作业成本法的理念，结合配件区的作业特点，首先罗列出所有影响配件成本的动因，然后从中找出最重要的作业，不断优化作业流程，降低物资消耗，最终实现“小时能力最大，成材率最高，物资消耗最低”的目标。

配件分厂主要生产两大类产品：接箍和工具接头。配件分厂根据产品的加工路径不同，划分不同的加工作业，据此确定资源的消耗情况。具体确定原则如下：

（1）配件分厂的最终产品按照产品大类分为接箍和工具接头，再根据各自特点划分明细产品（分产品）。

（2）配件分厂的作业成本推进必须与钢管厂的明细产品成本推进相结合，为钢管产品明细产品成本计算提供扩展成本支撑。

（3）接箍作业成本核算对象按照接箍的英制规格和出钢记号不同来区分，按只计算，英制规格与详细规格的对照关系由配件分厂完成。

（4）接箍加工的主要作业包括：切管、车丝、探伤、表面处理。

（5）工具接头作业成本核算对象按照工具接头的类型和台肩类型不同划分，工具接头按对进行成本计算。

（6）工具接头加工的主要作业包括：外协深加工、超声波探伤、镗锥孔、热处理、车丝、磁粉探伤、表面处理和硬质合金堆焊。

（7）配件分厂的设备维修费用与作业的关系，由设备管理室根据不同机床固定资产净值与投入的维修费用比较分析，找出降低维修费用的具体方法。

（8）人工费：以各作业的实际人数（含岗位协力工）为权数摊销人工成本。

（9）请配件分厂统计所有的作业成本项目，并按照上述作业动因的不同，从7月1日开始收集资源消耗情况。

二、措施及成果

1.提高产能

根据产线设备的特点，科学组织生产，提高小时最大产能和综合盈利能力。

2.优化工艺流程，减少非增值作业，提升现场管理水平

（1）在原接箍生产工艺流程中，探伤后接箍装入成品筐后再置入成品库存放，待需磷化时从成品筐中拿出来再放到磷化筐内进行磷化。推行作业成本法后，通过合理安排优化，将探伤后的接箍直接装入磷化筐进行磷化，减少了两次移位作业和运输作业，从而达到减少非增值作业的目的。

（2）在原工具接头生产过程中，外协深加工时对接头进行超声波探伤和镗孔粗加工，到配件分厂后还要进行工具接头超声波探伤和镗孔精加工，最后进行热处理。在实行作业成本法之后，通过质量控制和流程优化，充分发挥外协深加工优势，由委外加工单位直接将工具接头进行超声波探伤和镗孔精加工到规定尺寸，从而减少了超声波探伤和镗孔精加工两个作业工序，降低加工成本，同时提高加工效率。

（3）针对成本消耗大的作业工序，采用创新技术，提高成材率，降低成本消耗。

①在车丝作业中，刀片占辅料消耗约60%的成本，同时刀片质量影响车丝合格率，车丝合格率又直接影响接头的成本。通过进口刀片和国产刀片的实验研究，发现进口刀片的单只接箍加工成本低于国产刀片。在实行作业成本法之后，宝钢将相关信息反馈给国内刀片供应商，使国产刀片厂家进行技术创新并改进质量。

②工具接头热处理能源消耗占其加工成本约80%的费用，同时其热处理能力也是工具接头加工的瓶颈。在推进作业成本法的过程中，宝钢通过技术创新，将工具接头热处理装筐量增加了16%，每年可节约成本30万元，并可间接增加16%的钻杆工具接头产量，解决工具接头生产瓶颈问题，创造了更大的经济效益。

3.相应的成本管理措施

宝钢在成本管理的实施过程中尤其重视对价值链的分析，强调从行业价值链、企业内部价值链、竞争对手价值链分析等三方面着手。

对于行业价值链分析，宝钢建立了基于供应链的成本管理方法，从销售环节和采购环节入手，通过价值链分析，全面优化供应链成本模型；通过企业间长期稳定的合作关系，减少非增值作业的成本支出，从而实现了供应链的价值最大化和企业间的双赢。

在供应链成本管理环节，宝钢通过实行大规模定制、按周交货、建设第三方物流体系等举措，既实现了快速响应，高效地满足了客户共同需求，又使得产品大规模生产，实现了“低成本”的竞争战略，还迅速满足了客户的个性需求，通过“差异化”实现了

公司在钢铁业的别具一格，从而提升公司产品的价值。

宝钢采购成本约占产品销售成本的60%，是产品成本竞争力的决定性因素之一。公司供应链采购管理以满足最终客户需求为目的，利用采购信息平台，发展与战略供应商的战略合作关系，减少非增值环节，如库存、质检等，从而降低了供应链存货成本。

对于竞争对手价值链分析，宝钢采用了对标管理方法。宝钢建立了多层次、全方位的对标体系，各级成本例会重点对与竞争对手的对标结果进行剖析、研究，并提出改进对策。通过与对标企业相互交流获取信息，建立信息共享平台、开发班组绩效报表、纳入评价指标等手段促使公司成本管理者不断地自我加压，主动开展与竞争对手的成本对标，从而持续提升公司成本竞争力。

三、领先的管理系统

宝钢之所以能在成本管理上一马当先，任凭时代变迁，始终处于领先位置，并成为目前中国少数对精益成本管理进行成功应用的企业之一，与其长期以来对“以财务为中心”的信息化体系建设的重视和持续投入息息相关。钢铁企业由于设备众多、物流复杂，其信息化系统往往由多个层次构成。为适应信息经济时代的管理要求，宝钢吸取国际先进信息化建设理念，于1997年与IBM合作，引进ATM设备，开发集销售管理、质量管理、生产管理、出厂管理、成本管理、统计管理和会计管理于一体的管理信息系统，从而实现了全部生产过程的计算机控制。信息系统的建立，使集团能够对各项成本、费用等指标进行动态跟踪，随时掌握资金流向和流量，对全面预算的执行情况进行动态分析。这也是宝钢在20世纪90年代成功应用标准成本法的必要条件。进入21世纪以来，宝钢仍持续对信息系统平台进行改善和建设。在已有的成本核算系统、销售系统、成本分析系统、各业务系统的基础上，针对精益成本的管理需求，宝钢不仅建设和改善了全面预算管理系统平台，还形成了以现有系统的数据为基础的作业成本计算模型和战略成本管理模型。同时，宝钢还很好地将信息化延伸到电子商务、客户关系管理（CRM）和供应链管理（SCM）、数据仓库和数据挖掘等领域，建立起财务成本数据仓库，从而实现了对作业的更准确把握、对经营管理的更快速响应，以及对价值创造的充分实现。

复习思考

1. 简述什么是作业成本法以及作业成本法产生的原因。
2. 简述什么是作业以及作业的分类。
3. 简述什么是成本动因以及成本动因类型。
4. 简述作业成本法的具体步骤有哪些。
5. 简述作业成本法的特点有哪些。
6. 简述什么是作业管理以及作业管理的基本程序。
7. 简述什么是增值作业，什么是非增值作业，并说明判断的标准。

8.简述改善作业的具体措施有哪些。

项目实训

一、单项选择题（每题只有一个正确答案，请将正确答案填在括号内）

1.（2017技能大赛）企业生产经营过程中各项独立并相互联系的具体活动是指（ ）。

A.作业管理 B.作业 C.作业链 D.价值链

2.（2017技能大赛）在下列各项中，属于满足客户需求所必需的作业是（ ）。

A.成本动因 B.增值作业 C.非增值作业 D.价值链

3.作业成本法指的是以（ ）为基础的成本计算方法。

A.产品 B.作业 C.客户 D.订单

4.（2017技能大赛）单位水平的作业成本高低与（ ）成比例变动。

A.产品产量 B.作业的批次

C.产品的品种数 D.企业生产维持水平

5.（2017技能大赛）打算降低批次水平作业成本，只能设法减少（ ）。

A.作业批次 B.产品产量 C.单位成本 D.变动成本

6.（2017技能大赛）为维持整个企业生产而从事的作业，是（ ）。

A.单位水平作业 B.批次水平作业

C.产品水平作业 D.生产维持水平作业

7.（2017技能大赛）在下列各项中，属于机器调整作业的作业动因是（ ）。

A.产品设计 B.生产批次 C.产品产量 D.机器大修次数

8.在下列各项中，属于人工的资源动因通常是（ ）。

A.人工小时 B.机器小时 C.材料消耗数量 D.生产批次

9.在下列各项中，能够反映作业量与资源耗费之间因果关系的是（ ）。

A.资源动因 B.作业动因 C.产品动因 D.成本动因

10.（2017技能大赛）在下列各项中，属于较难确定作业动因的是（ ）。

A.生产维持水平作业 B.产品水平作业

C.批次水平作业 D.单位水平作业

11.（2017技能大赛）在下列各项中，能够反映作业量与产品之间因果关系的是（ ）。

A.资源动因 B.作业动因 C.产品动因 D.成本动因

12.在下列各项中，能够从价值上反映企业作业链的指标是（ ）。

A.产品 B.作业量 C.价值链 D.作业

13.现代企业为了满足顾客需要而设立的一系列前后有序的作业的集合体是指（ ）。

A.价值链 B.作业链 C.生产过程 D.作业

14.（2017技能大赛）可以从公司成本中去除或降低且不影响产品质量的成本

是（ ）。

A.增值作业成本 B.可变成本 C.非增值作业成本 D.间接费用

15.国泰公司在运送部门实施了作业成本法。将运送部门的作业分成三项：第一项是与包装和运送相关的作业，该作业成本动因是包装与发送的箱数；第二项是与产品运送前的最终检验相关的作业，该作业成本动因是检验的件数；第三项是一般管理作业，该作业成本动因是订单的份数。2019年11月份该公司运送部门成本相关资料见表12-3。

表12-3 运送部门成本相关资料

作业	成本（元）	成本动因	作业量
包装与运送	180 000	运送箱数	6 000箱
最终产品检验	80 000	检验件数	25 000件
一般管理	60 000	订单数	1 000份

（1）一般管理作业的成本分配率是（ ）元。

A.60.00 B.10.00 C.2.40 D.20.00

（2）假如华北地区的订单为400份，共12 500件产品。这些订单分成1 500个箱子运送。华北地区应该分配的运送成本是（ ）元。

A.45 000 B.90 000 C.72 000 D.60 000

16.正民食品有限公司生产甲、乙两种产品。2019年10月该公司发生制造费用840 000元，将其分到3项作业中，相应成本信息与成本动因有关资料见表12-4。

表12-4 成本信息与成本动因有关资料

产品	机器运行	机器调整	包装
甲产品	1 000小时	80次	3 000箱
乙产品	3 000小时	20次	5 000箱
作业成本	400 000元	200 000元	240 000元

（1）假设企业采用传统成本法按照机器小时分配制造费用，则单位机器小时应分配的制造费用是（ ）元。

A.210 B.8 400 C.73.36 D.35

（2）假设企业采用传统成本法按照机器小时分配制造费用，则甲产品应分配的制造费用是（ ）元。

A.672 000 B.210 000 C.420 000 D.640 000

（3）假设企业按照作业成本法进行核算，该企业机器调整费用作业分配率是（ ）元。

A.2 000 B.3 000 C.1 500 D.2 500

（4）假设企业按照作业成本法进行核算，乙产品应分配的机器调整费用是（ ）元。

A.140 000 B.10 000 C.40 000 D.168 000

二、多项选择题（每题有两个或两个以上正确答案，请将正确答案填在括号内）

1.在下列各项中，属于生产维持水平作业的有（ ）。

A.产品设计　B.人事管理　C.一般管理　D.产品介绍

2.按照作业水平的不同将作业分为（ ）。

A.单位水平作业　B.批次水平作业

C.产品水平作业　D.生产维持水平作业

3.下列各项中，属于批次水平作业的有（ ）。

A.订单处理　B.机器调整　C.产品设计　D.产品检验

4.实际工作中可以采用的改善作业具体措施有（ ）。

A.作业消除　B.作业选择　C.作业减少　D.作业共享

5.（2017技能大赛）根据作业成本法的原理，成本动因可分为（ ）。

A.产品动因　B.作业动因　C.资源动因

D.需求动因　E.价格动因

6.（2017技能大赛）在理想的状态下，企业生产经营过程中属于增值作业的有（ ）。

A.产品设计　B.存货储存　C.产品加工　D.产品交付

7.（2017技能大赛）与传统成本法相比，作业成本法的特点主要有（ ）。

A.对产品间接费用的分配更为合理

B."作业"是作业成本法的基本成本计算对象

C.作业成本法的成本计算比完全成本法更具体

D.所有成本均是变动的

E.计算方法更为简便

三、判断题（正确的在括号内打"√"，错误的打"×"）

1.作业成本法对间接制造费用的分配往往采用人工小时、机器小时等这些与产量密切相关的单一分配基础。（ ）

2.在传统的生产环境下，由于生产工艺流程较为简单，间接制造费用所占的比例不大；采用传统成本法，所提供的成本信息是相对准确的。（ ）

3.作业成本法是以产品为基础的成本计算方法。（ ）

4.企业生产经营过程中相互联系的每个环节或每道工序都可以视为一项作业。（ ）

5.批次水平作业的成本随产量增加成比例增加。（ ）

6.因质量问题出现的返修、重复检测等工作属于增值作业。（ ）

7.产品设计作业的成本与生产批次无关。（ ）

8.作业管理是利用传统成本法计算所获得的信息对作业链不断进行改进和优化，以达到不断消除浪费，提高客户价值，从而使企业获得竞争优势的一种先进的成本管理方式。（ ）

9.传统成本法认为所有成本都是变动的。（ ）

10.在实际工作中，对作业划分越细，对企业越有利。（ ）

四、计算分析题

1.（2017技能大赛）南华化工制品公司生产销售A产品和B产品，该公司2017年12月份发生的制造费用为600 000元，直接人工工资率为10元/小时，作业量消耗见表12-5。

表12-5　作业量消耗

项目	A产品	B产品
机器小时	35 000小时	15 000小时
直接人工小时	20 000小时	40 000小时
直接材料用量	10 000千克	5 000千克
直接材料价格	1.8元/千克	2.4元/千克
产品产量	75 000千克	125 000千克

要求：

（1）分别以直接人工小时和机器小时为分配基础，计算制造费用分配率；

（2）以直接人工小时为制造费用分配基础，分别计算每种产品的单位成本；

（3）以机器小时为制造费用分配基础，分别计算每种产品的单位成本；

（4）分析产品单位成本不同的原因。

2.广元工具制造公司制造销售高质量的木工工具，2019年11月份该公司成本与作业方面的资料见表12-6。

表12-6　成本与作业方面的资料

项目	按成本类别归类的制造费用和作业量		
	单位水平作业	批次水平作业	产品水平作业
预计成本额（元）	80 000	20 000	15 000
预计作业量	运转500机时	搬运80批	设计25种

甲、乙两种产品资源耗费情况见表12-7。

表12-7　甲、乙两种产品资源耗费情况

产品名称	生产数量（件）	机器小时（小时）	材料搬运次数	工程绘图（件）
甲	80	40	1	0
乙	15	10	2	2

要求：

（1）计算每一类作业的预计分配率；

（2）分别计算甲、乙两种产品的制造费用总额和单位产品的制造费用。

3.某电风扇企业制造公司生产两种产品X和Y，与制造费用相关的作业、成本及其他有关资料见表12-8。

表 12-8 与制造费用相关的作业、成本及其他有关资料

项目	加工	调整准备	材料订购验收
产品X	1 500机器小时	100次	400批次
产品Y	1 500机器小时	50次	200批次
制造费用	300 000元	7 500元	12 000元

要求：

（1）确认每一作业的成本动因并计算各项作业的费用分配率。

（2）将制造费用分配给产品X和Y。

4.某园林2019年间接费用发生情况及相关作业与成本动因等方面资料见表12-9。

表 12-9 间接费用发生情况及相关作业与成本动因相关资料

作业	间接费用	成本动因	成本动因总量
一般管理	150 000元	植物种类	500种
移植	100 000元	移植株数	2 000株
浇水	500 000元	植物株数	250 000株

要求：

（1）计算每项作业的分配率。

（2）如果有200株某种植物每年需要移植1次，浇水3次，问该种植物应负担的间接费用是多少？

五、案例题

波特兰电力公司（Portland Power Company，PPC），是一家公用事业公司，其开单部为两类主要客户——居民账户和商业账户提供账户查询和账单打印服务，目前有120 000个居民账户和20 000个商业账户。

现有两个因素正影响公司的获利能力：一是行业竞争加剧，收费降低；二是市场规模扩大，预计居民账户上升50%、商业账户上升10%。

目前公司正在满负荷运转，想要增加利润，需有良策对应。

良策一：通过投资，扩大规模，增加利润。经分析PPC认为：通过投资扩大规模有两个不确定性因素：一是在增加的市场规模中本公司所占有的份额；二是增加的产能是否能达到保本点的要求。

良策二：通过外包调整品种，增加利润。现有一地方劳务局愿按每账户3.5美元（不分账户类型）为公司提供账户查询和账单打印服务。

于是，PPC对两类客户单位成本进行测试，发现公司目前按统一分配率（查询次数：居民账户18 000次和商业账户5 000次）为基础分配总成本565 340美元，并进行成本计算，有关计算如图12-1所示。

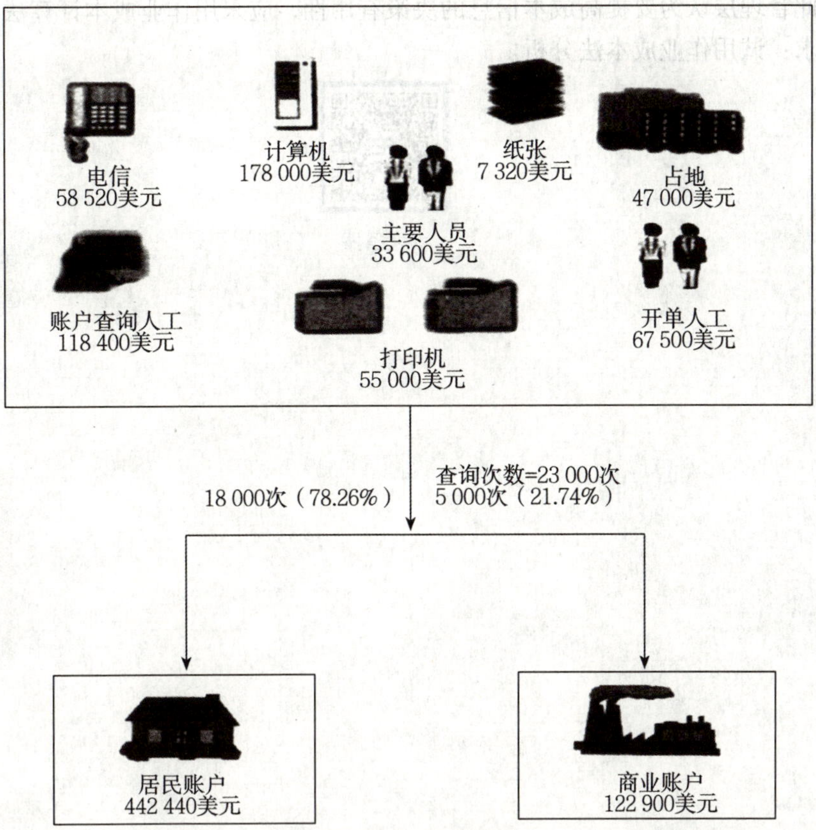

图12-1　有关计算

以统一分配率为基础进行当前两类客户单位成本的计算，结果见表12-10。

表12-10　两类客户单位成本的计算　金额单位：美元

项目 计算 户名	成本/查询次数（美元/次）565 340/23 000	查询次数（次）	总成本	账户（户）	总成本/账户
	（1）	（2）	（1）×（2）	（3）	（1）×（2）÷（3）
居民户	24.58	18 000	442 440	120 000	3.69
商业户	24.58	5 000	122 900	20 000	6.15

对上述计算结果管理层认为存在问题：

按此结果进行决策，由于两类客户的单位成本均高于地方劳务局的出价，因而将两类客户全部移交地方劳务局将使公司获得最大利益，但公司经营将空心化。

管理层认为，由于业务的复杂性，商业账户实际消耗的支持资源远远高于21.74%，如商业账户平均每张账单50行，而居民账户平均每张只有12行。

因此管理层认为要提高成本信息的决策有用性，应采用作业成本计算法。

要求：试用作业成本法分析。

参考答案

项目十三

战略管理会计

学习目的与要求

通过本项目的学习，要求学生对战略管理会计有一个总括的认识，把握战略管理会计在管理会计体系中所处的位置，明确其与传统管理会计的关系。学习本项目，应重点掌握以下内容：

（1）战略管理的内涵、意义及传统管理会计的局限性；

（2）战略管理会计的定义、特点和目标；

（3）战略管理会计与传统管理会计的关系；

（4）战略管理会计的主要内容，并能结合实际加以运用。

重点、难点解析

一、战略管理的内涵及意义

（一）战略管理的内涵

一般来讲，战略管理的含义可以归纳为两种类型，即广义的战略管理和狭义的战略管理。广义的战略管理是指运用战略对整个企业进行管理；狭义的战略管理是指对企业战略的制定、实施、控制和修正进行管理。目前，主张狭义的战略管理的学者占主流。

（二）战略管理的意义

（1）战略管理可以为企业提出明确的发展方向和目标；

（2）战略管理为企业适应外部环境的变化创造良好的条件；

（3）战略管理可以使决策更加科学化和规律化。

二、传统管理会计的局限性

传统管理会计的局限性主要表现在：

（1）不能适应企业制造环境的变化；

（2）不能适应市场竞争的需要；

（3）缺乏重视外部环境的战略观念。

三、战略管理会计的定义、特点与目标

（一）战略管理会计的定义

战略管理会计与企业战略管理密切联系，运用灵活多样的方法收集、加工、整理与战略管理相关的各种信息，并据此来协助企业管理层确立战略目标、进行战略规划、评价管理业绩。

（二）战略管理会计的特点

（1）战略管理会计重视企业与外部环境的关系，具有外向性的特征；

（2）战略管理会计具有结果控制与过程控制相结合的动态系统的特征；

（3）战略管理会计具有信息多样化与其处理过程的科学性与艺术性具有统一性的特征；

（4）战略管理会计对企业效益的评价是全方位的综合性效益。

（三）战略管理会计的目标

战略管理会计的目标可以分为最终目标和具体目标两个层次。

1.最终目标

最终目标为企业价值最大化。

2.具体目标

具体目标有四个，分别为：

（1）协助管理层确定战略目标；

（2）协助管理层编制战略规划；

（3）协助管理层实施战略规划；

（4）协助管理层评价战略管理业绩。

四、战略管理会计与传统管理会计的联系与区别

（一）战略管理会计与传统管理会计的联系

（1）战略管理会计是对传统管理会计的发展；

（2）战略管理会计是对传统管理会计的一次重大变革；

（3）战略管理会计对传统管理会计提出挑战。

（二）战略管理会计与传统管理会计的区别

（1）战略管理会计提供了超越企业本身的更广泛、更有用的信息；

（2）战略管理会计提供了更多的与战略管理有关的非财务性信息；

（3）战略管理会计改进了评价企业业绩的尺度；

（4）战略管理会计提供了更及时、更有效的业绩报告。

五、战略管理会计的主要内容

战略管理会计的主要内容包括以下四个方面：

（一）企业的经营环境分析

任何企业都是在一定的外部环境中利用一定的内部条件来开展生产经营活动的。进行战略管理，必须从分析企业的内外部环境入手。

1.企业外部环境分析

企业外部环境包括宏观环境和特定产业环境两个方面。

2.企业内部环境分析

企业内部环境是指企业的内部条件，包括人力、物力资源，管理水平，经营者的领导才能等。

（二）价值链分析

价值链分析是一种战略工具，它是提高企业竞争优势的基本途径。价值链分析不仅与企业所处的产业有关，而且与企业自身的生产经营也密切相联，因此价值链分析包括企业的价值链分析和产业的价值链分析。

1.企业的价值链分析

企业的价值链分析是指对产品的整个价值链（包括从产品所需材料的供应、设计与生产，直至产品的销售与售后服务）所进行的分析。这种分析的对象比较宽泛，包括供应商、企业本身和顾客；分析的内容主要包括产品生产合理配合分析、作业链分析和成本动因分析。

2.产业的价值链分析

产业的价值链分析是指整个产业的纵向整体分析，即从产业的最初原料开发开始，经过若干个不同产品的生产环节，直至最终产品被用户消费结束的完整过程。如造纸业的产业价值链包括“木材种植→砍伐→纸浆生产→造纸→纸张制品生产→纸张制品销售→最终用户”七个环节，每个环节都有着自身的价值链特点，而每个环节又都是产业价值链中的一部分。可见，任何企业的价值链都是产业价值链中的一部分，甚至全部，产业价值链分析是从更广阔的视角，对整个产业所属企业的竞争地位和相应的分化、组合等问题进行的战略分析，主要内容包括投资收益率分析、成本动因分析等。

（三）企业的竞争能力分析

企业的竞争能力分析，又称SWOT分析，是指对企业的优势（Strengths）与劣势（Weaknesses）、机会（Opportunities）与威胁（Threats）所进行的分析。其中，优势是指企业拥有的比其他企业更多的技术和资源，它是企业建立总的竞争战略的基础，也是企业克敌制胜的法宝。与此相反，劣势说明企业与竞争对手相比，缺乏重要技术和专长。机会是指企业环境中存在的对企业有利的情况。与此相反，威胁是指企业环境中存在的对企业不利的情况。在分析企业内外环境的基础上，关键是要确定企业的优势和劣势，同时发现机会，辨别可能存在的威胁，以此判断企业所处行业的竞争强度。通常可从以下几方面进行判断：

（1）同行业中不同企业内部资源的对比；

（2）潜在或新进入者的障碍分析；

（3）企业退出的抉择；

（4）替代产品的威胁分析；

（5）供应商的讨价还价能力分析；

（6）顾客的讨价还价能力分析。

（四）战略定位

通过上述分析，就会明显地发现企业的竞争优势与劣势，所存在的机会和面临的威胁也趋于明朗化。在此基础上，管理会计人员就可协助企业高层领导建立竞争战略，进行战略定位，所制定的战略应该能够利用优势，抓住机会，弱化劣势，避免或缓和威胁。

1.公司层的战略定位

公司层战略是对企业整体事业范围的确定，包括经营类型及经营范围的定位、公司的宗旨和目标的确定等。

经营类型及经营范围的抉择。每个企业都是产业价值链的一部分或几部分，甚至全部，决定企业应处于价值链的哪个环节的战略决策建立在企业自身相对优势确定的基础之上，即企业在哪个环节上能够发挥其优势并能为顾客提供更多、更好的服务而获得更多的利润，企业的产品就应定位在哪里。

企业的宗旨和目标的抉择。企业的宗旨和目标是企业竞争战略思想的充分体现，它是企业的长期规划和未来的长期努力方向。管理会计人员以及企业的高层领导必须对此予以高度重视。一般企业所确定的宗旨和目标应高度概括，通俗并简单明了，不能含混。

波士顿咨询集团提出的竞争战略。波士顿咨询集团（Boston Consulting Groups，BCG）于20世纪70年代初开发了公司业务组合矩阵方法。该方法通过坐标图列示公司业务组合矩阵，按照产品类型的不同可分别采取稳定型战略、增长型战略、收缩型战略和组合型战略四种经营战略。

2.经营层的战略定位

经营层战略的抉择应与企业和产业的具体状况相适应。迈克尔·波特教授和安瑟夫提出的竞争战略框架是两种值得借鉴的竞争战略，特别是前者的影响极为广泛。

（1）迈克尔·波特教授在对企业进行价值链、成本动因和SWOT分析之后，提出以下三种竞争战略：低成本战略、差异化战略和集聚战略。①低成本战略，也称为成本领先（cost leadership）战略，是指企业通过提供比竞争对手成本更低的产品或服务来超过竞争对手的一种竞争战略。②差异化（differentiation）战略，也称为别具一格战略，是指企业通过使消费者认识到企业的产品或服务在某一方面是独特的，如质量一流、外观新颖等，这种认识使公司可为产品或服务要求更高的价格，维持较高的利润，从而战胜竞争对手的一种竞争战略。③集聚（focus）战略，也称为集中一点战略，是指企业选择市场中的某个特定部分，如特定的顾客群、特定的地理区域等，使其战略适合于这一特定的细分目标市场，而不顾及其他市场，在特定细分市场取胜的一种竞争战略。

（2）安瑟夫提出的竞争战略。安瑟夫以矩阵形式提出不同的竞争战略。按照安瑟夫的观点，企业竞争战略主要针对原产品和新产品，目的是提高企业产品的市场占有率。对于原产品，一方面可以通过市场渗透来扩大其市场份额，另一方面可以通过开发新市场来增加其销售渠道，从而提高原产品的市场占有率；对于新产品，一方面可以在原有市场上销售新产品，另一方面可以采用产品多样化策略来开辟新的市场，从而达到吸引新顾客、占领新市场的目的。

案例分析

华为欧洲战略："第二本土"创新

2014年，在华为年度财报中，华为全球的整体营业额增幅为20%。华为在欧洲市场继续高速增长的势头，似乎在短期内不会有任何的阻碍。欧洲市场，俨然已成为华为继中国市场之后的“第二本土”市场。

高速的增长，来自华为在欧洲多年的投入，这种投入除了普通的研发、市场和销售层面，更包括深度参与欧洲的数字化进程，从欧洲的电信运营商、通信企业、高校与研究机构，一直到欧洲工业4.0、“Horizon 2020”等战略计划中，都有华为的身影。而且就目前的情况来看，华为在欧洲的这种深度融入和快速发展的趋势，还仅仅是个开始。

一、华为深度融入欧洲市场

与华为在欧洲市场取得的成功呈正比，华为在欧洲市场的投入和本地化也达到前所未有的规模和力度。此前，华为的内部数据也已表明，截至2014年12月31日，华为欧洲员工总人数比2013年年底增加了2 200多人。与此同时，2014年年底华为在西欧企业市场的合作伙伴已经超过700家，华为公司的相关负责人表示，2015年华为在西欧地区的合作伙伴规模会超过1 000家企业。

事实上，华为对于欧洲创新能力的认知，并非近期才“有所觉悟”。早从2006年开始，华为就先后与德国电信、英国电信、沃达丰等欧洲领先运营商建立了19个联合创新中心，共同研究未来网络以及新业务的发展，解决面临的挑战，为用户提供更好的服务。华为将其定义为“和客户联合创新”。

联合创新带来了实质上的结果。例如，SingleRAN已经成为移动行业技术发展趋势和标准，这也是创新中心行业影响力和实力的表现。目前华为在欧洲8个国家设立了18个研究机构，研究范围更是广泛地覆盖了无线微波芯片工程数学和美学等领域。2015年5月，华为更是成立了“华为欧洲研究院”，对其在欧洲的18个研究机构进行统一协调管理。

华为占领欧洲市场之后，更准备在这片大陆上扎根，尽管这并非那些总部设在欧洲的竞争对手们所乐意见到的。华为强大的执行力、深度参与欧洲ICT发展进程的速度，给欧洲市场留下了深刻印象。

2014年，华为与超过100家欧洲顶尖大学和研究机构达成了合作意向，在技术合作领域的资金投入达到7 000万欧元。在学术领域，与华为合作的欧洲专家学者超过160位，与之相随的是120多个学术机构，成为华为的合作伙伴，仅仅在2014年，华为便资助了欧洲70多个新的研究项目。

即便在被视为欧盟信息化进程核心的“Horizon 2020”项目计划中，华为参与的项目数也达到了25个，并且还在欧洲签署了超过200个技术合作项目。华为表示，华为欧洲研究院的建立，有一个主要目标，便是聚焦下一代5G网络技术研究，推动欧洲“Horizon 2020”项目。

近年来，让欧盟最引以为豪的战略规划，莫过于发端于德国的“工业4.0”概念。作为一个庞大的生态系统规划，“工业4.0”旨在实现设备间的高效互联，并在这一基础之上向智能化迈进。华为将自身视为欧洲工业“完全互补的伙伴”融入这一进程中。而现实的走向，也证实了华为此言不虚，包括与德国工业研究院、Fraunhofer/SAP等机构合作，投入到“工业4.0”场景的研发和行业解决方案的研发中。

二、面向工业4.0

和很多公司相比，华为对于“工业4.0”的描述，更为直接和清晰。华为认为面向“工业4.0”的战略，是“1-2-1战略”，即一个物联网平台，两种联接方式，以及一个物联网操作系统。

对于在电信行业已经成为领头羊的华为而言，无论是从设备层、基础设施层，还是从应用层，这家公司认为自己能依托领先的创新能力，参与推动欧洲的数字化进程。

华为认为，这个物联网平台，可以汇总各种各样的数据，通过收集、整理大数据，分析形成有价值的数据，并向第三方、合作伙伴等全面开放，为整个行业创造价值；而两种联接方式则是有线和无线。至于物联网操作系统，则是华为不久前刚发布的，也是目前业界体量最小（小于10KB）、速度最快、最省电的实时物联网操作系统。设备智能化所带来的商业价值，无疑是巨大的，而智能化的基础，则是高效互联。举例而言，在智慧城市建设中，交通、安全、教育和医疗等公共服务领域高度依赖于设备的联接与智能化。

华为认为，未来数十年是从传统社会过渡到信息化社会最重要的时期，建设国家宽带，部署数字经济是关键，而欧盟的“Horizon 2020”战略计划，正是这一特性的区域性体现。华为常务董事、战略Marketing总裁徐文伟在2015年6月举办的“华为欧洲创新日”活动中发言，称“欧洲有雄厚的实力，引领全球工业数字化进程”。

目前的数据似乎对华为的判断有足够的支撑。从2014年开始，华为每年发布全球联接指数，基于供应、需求、体验、潜力（SDEP）四个维度，构建了一套ICT发展水平的评估体系，用来量化联接对国家数字化转型的价值。

而基于全球联接指数的研究发现，欧洲在人均物联网设备保有量方面，人均拥有7.2个，远高于全球平均值2个。同时，欧洲在物联网数据分析软件人均投资方面也大幅领先，全球Top10国家中有8个来自欧洲。

三、欧洲：华为的第二本土

2015年6月，华为在德国举办了“华为欧洲创新日”活动。华为在面向“工业4.0”和即将到来的5G通信时代，正是由于坚持开放和合作，欧洲企业才能够继续主导下一代的联接标准，引领产业的发展。华为在5G技术上的突破，也同样引人瞩目。徐文伟说，华为已经融入欧洲，同各大科研机构、高等学府、企业协作，共同定义5G标准。

华为对欧洲的创新投资，特别是在5G、“工业4.0”等领域持续投入，助力欧洲重建在全球行业生态系统中的领导力，加速推动欧洲数字化进程，共建全联接世界。

虽然标准尚未推出，但业界已经对此有初步的统一认知，即5G将提供超过1 000亿的联接能力、每秒10G的网速峰值和1毫秒的超低时延。这将成为“工业4.0”的关键支撑，能够满足工业界的各种需求，实现交通、制造等各行业的高效联接。

毫无疑问的是，在欧洲市场大获成功的华为，已经将欧洲地区视为中国之外的“第二本土”市场。2014年年底，在华为9 900多名欧洲员工当中，本地员工占比超过70%。2015年，华为欧洲员工数量已经超过1万人。

在采购方面，华为也以实际的数据，证明了其对欧洲市场的融入不是空头承诺。仅2014年华为在欧洲的采购额就高达36.87亿美元。华为表示，预计在德国到2018年累计采购将近41亿美元。

在开放的竞争中，参与欧洲地区的合作，对于华为而言，最为重要的机遇便是2010年5月启动的“2020欧洲战略”七大计划之“欧洲数字议程”。该计划旨在以促进电信领域增长为首要任务，在欧盟成员国内部署超高速宽带，使数字经济变革覆盖每个商业领域。

华为相关人士表示，华为已扎根欧洲15年，尤其在过去的5年中，华为发挥创新技术积累与全球资源整合优势，联合客户与合作伙伴用“全球智慧”助力“欧洲数字议程”，加速推动数字化进程，与欧洲共同成长。

资料来源：佚名.欧洲华为的“第二本土”创新［EB/OL］.［2015-11-22］.http://www.sohu.com/a/43416556_115880.

复习思考

1.战略管理会计的特点是什么?

2.战略管理会计的主要内容有哪些?

3.战略管理会计与传统管理会计有何联系与区别?

项目实训

一、单项选择题（每题只有一个正确答案，请将正确答案填在括号内）

1.1976年，在《从战略计划走向战略管理》一书中首先提出“战略管理”的美国学者是（　　）。

A.安瑟夫　B.斯坦纳　C.西蒙斯　D.泰罗

2.战略管理会计是与企业（　　）密切联系的。

A.财务管理　B.战略管理　C.财务会计　D.资金运动

3.目前在西方经济发达国家，战略管理会计理论处于（　　）。

A.发展初期　B.发展中期　C.成熟期　D.衰退期

4.最早将管理会计与战略管理联系起来并提出“战略管理会计”概念的英国学者是（　　）。

A.西蒙斯　B.安瑟夫　C.斯坦纳　D.威尔逊

5.战略管理会计的特征是（　　）。

A.外向性　B.内向性　C.独立性　D.排他性

6.战略管理会计与传统管理会计相比，提供了更多的与战略管理有关的（　　）。

A.财务性信息　B.非财务性信息　C.统计信息　D.内部信息

7.战略管理会计重视企业与（　　）的关系。

A.职工　　B.资金　　C.内部因素　　D.外部环境

8.“战略三角”是指（　　）三者之间的关系。

A.本企业、合作伙伴和竞争对手　　B.政府、顾客和竞争对手

C.政府、银行和投资方　　D.本企业、顾客和竞争对手

9.战略管理会计的最终目标是（　　）。

A.利润最大化　　B.企业价值最大化

C.利润率最大化　　D.劳动生产率最大化

10.（　　）影响动因，动因影响成本。

A.成本　　B.作业　　C.价值链　　D.劳动效率

二、多项选择题（每题有两个或两个以上正确答案，请将正确答案填在括号内）

1.传统管理会计对新制造环境的不适应性主要有（　　）。

A.业绩报告系统　　B.成本控制系统　　C.成本计算系统　　D.利润计算系统

2.狭义的战略管理是指对企业战略（　　）进行的管理。

A.制定　　B.实施　　C.控制　　D.修正

3.战略管理会计的具体目标主要包括（　　）。

A.协助管理层确定战略目标　　B.协助管理层编制战略规划

C.协助管理层实施战略规划　　D.协助管理层评价战略管理业绩

4.传统管理会计的局限性表现在（　　）。

A.不能适应企业制造环境的变化　　B.不能适应市场竞争的需要

C.缺乏重视外部环境的战略观念　　D.缺乏企业内部管理的观念

5.战略管理会计能够用来协助企业管理层（　　）。

A.确立战略目标　　B.进行战略规划　　C.评价管理业绩　　D.组织经营管理

6.竞争对手分析的主要内容包括（　　）。

A.竞争对手是谁

B.竞争对手的目标和所采取的战略措施及其成功的可能性

C.竞争对手的竞争优势和劣势

D.面临外部企业的挑战，竞争对手是如何反应的

7.战略管理会计对投资方案的评价除了使用传统管理会计中的定量分析模型以外，还应用了大量的定性分析方法，这些方法包括（　　）。

A.价值链分析　　B.成本动因分析　　C.竞争优势分析　　D.本量利分析

8.一般来说，企业降低战略成本的途径有（　　）。

A.适度的投资规模　　B.市场调研

C.合理的研究开发策略　　D.经济批量

9.战略管理会计的主要内容包括（　　）。

A.企业的经营环境分析　　B.价值链分析

C.企业的竞争能力分析　　D.战略定位

10.迈克尔·波特在对企业进行价值链、成本动因和SWOT分析之后，提出的竞争

战略有（　　）。

A.低成本战略　　B.差异化战略　　C.集聚战略　　D.质量成本分析

三、判断题（正确的在括号内打“√”，错误的打“×”）

1.战略管理会计是对传统管理会计的发展。（　　）

2.战略管理会计是对传统管理会计的一次重大变革。（　　）

3.战略管理会计对传统管理会计提出挑战。（　　）

4.传统管理会计缺乏重视外部环境的战略观念。（　　）

5.战略管理会计能够满足现代企业管理的信息需求，所以可以完全取代传统管理会计。（　　）

6.战略管理会计的目标可以分为最终目标和具体目标两个层次。（　　）

7.战略管理会计改进了评价企业业绩的尺度。（　　）

8.战略管理会计具有结果控制与过程控制相结合的动态系统的特征。（　　）

9.战略管理会计对企业效益的评价是全方位的综合性效益。（　　）

10.战略管理会计具有信息多样化及其处理过程简单化的特点。（　　）

四、案例题

案例一

X企业正在制订一个投资方案，拟投资100 000元用于产品品质的改进与提高，以期超过其主要竞争对手Y企业的水平，并将其市场份额从25%提高到35%。竞争对手Y企业经过多年的努力，已从X企业夺取了20%的市场份额。X企业如不采取行动，Y企业打算以后每年从X企业再夺取1%的市场份额。X企业预计通过产品品质的改进与提高，可从Y企业夺取4%的市场份额，并从其他较小的竞争对手夺取6%的市场份额，使其市场份额从现有的25%提高到35%。目前的情况是：产品单位售价为10元，X企业销售利润率为5%，Y企业的销售利润率为3%。累计销售量分别为：X企业200 000单位，Y企业150 000单位。年折现率按15%计算。预计产品的单位售价将每年下降3%。今后6年内每年的市场容量和经验效应而导致的成本降低数已直接提供。今后6年内X企业不对产品的改进进行追加投资的各有关因素数值的消长变化见表13-1，X企业对产品的改进进行追加投资的各有关因素数值的消长变化见表13-2。

表 13-1　X企业不对产品的改进进行追加投资

年　度	第1年	第2年	第3年	第4年	第5年	第6年
市场容量（以千为单位）	100	100	120	150	180	180
单位售价（元）	9.70	9.41	9.13	8.86	8.59	8.33
X企业						
市场份额（%）	25	24	23	22	21	20
销售数量（以千为单位）	25.0	24.0	27.6	33.0	37.8	36.0
累计销售数量（以千为单位）	225.0	249.0	276.6	309.6	347.4	383.4
累计销售数量的增加（%）	12.5	10.7	11.1	11.9	12.2	10.4
经验效应导致单位成本的减少（元）	0.34	0.28	0.30	0.33	0.30	0.28
单位成本（元）（现行单位成本9.5元）	9.16	8.88	8.58	8.25	7.95	7.67

续表

年　度	第1年	第2年	第3年	第4年	第5年	第6年
单位利润（元）	0.54	0.53	0.55	0.61	0.64	0.66
总利润（以千元为单位）	13.5	12.7	15.2	20.1	24.2	23.8
按15%计算的折现率	1.0	0.870	0.756	0.658	0.572	0.497
利润的现值（按千元计算）	13.5	11.0	11.5	13.2	13.8	11.8
竞争对手Y企业						
市场份额（%）	20	21	22	23	24	25
销售数量（以千为单位）	20.0	21.0	26.4	34.5	43.2	45.0
累计销售数量（以千为单位）	170.0	191.0	217.4	251.9	295.1	340.1
累计销售数量的增加（%）	13.3	12.4	13.8	15.9	17.1	15.2
经验效应导致单位成本的减少（元）	0.36	0.34	0.37	0.42	0.45	0.47
单位成本（元）（现行单位成本9.7元）	9.34	9.00	8.63	8.21	7.76	7.29
单位利润（元）	0.36	0.41	0.50	0.65	0.83	1.04
总利润（以千元为单位）	7.2	8.6	13.2	22.4	35.9	46.8

表13-2　X企业对产品的改进进行追加投资

年　度	第1年	第2年	第3年	第4年	第5年	第6年
市场容量（以千为单位）	100	100	120	150	180	180
单位售价（元）	9.70	9.41	9.13	8.86	8.59	8.33
X企业						
市场份额（%）	35	35	35	35	35	35
销售数量（以千为单位）	35.0	35.0	42.0	52.5	63.0	63.0
累计销售数量（以千为单位）	235.0	270.0	312.0	364.5	427.5	490.5
累计销售数量的增加（%）	17.5	14.9	15.6	16.8	17.3	14.7
经验效应导致单位成本的减少（元）	0.46	0.40	0.42	0.44	0.46	0.40
单位成本（元）（现行单位成本9.5元）	9.04	8.64	8.22	7.78	7.32	6.92
单位利润（元）	0.66	0.77	0.91	1.08	1.27	1.41
总利润（以千元为单位）	23.1	27.0	38.2	56.7	80.0	88.8
按15%计算的折现率	1.0	0.870	0.756	0.658	0.572	0.497
利润的现值（按千元计算）	23.1	23.5	28.9	37.3	45.8	44.1
竞争对手Y企业						
市场份额（%）	16	16	16	16	16	16
销售数量（以千为单位）	16.0	16.0	19.2	23.0	28.8	28.8
累计销售数量（以千为单位）	166.0	182.0	201.2	224.2	253.0	281.8
累计销售数量的增加（%）	10.6	9.6	10.5	11.4	12.8	11.4
经验效应导致单位成本的减少（元）	0.28	0.26	0.28	0.31	0.34	0.31
单位成本（元）（现行单位成本9.7元）	9.42	9.16	8.88	8.57	8.23	7.92
单位利润（元）	0.28	0.25	0.25	0.29	0.36	0.41
总利润（以千元为单位）	4.5	4.0	4.8	6.7	10.4	11.8

要求：根据以上资料，分析和评价X企业的投资方案。

案例二

上海汽车股份有限公司招股说明书的摘要如下：

（1）原材料供应的风险。公司所属上海汽车齿轮总厂生产的桑塔纳轿车变速器的主要原材料为优质合金钢材，其中大部分由上海第五钢铁（集团）有限公司等国内钢铁企业提供，部分从国外进口，因此，钢材价格高低以及是否能够及时供应生产所需的优质钢材，将会影响公司的生产经营。

（2）对主要客户的依赖。公司生产的变速器主要供应给上海大众汽车有限公司，为桑塔纳轿车配套。上海大众汽车有限公司对该产品的需求量也将直接影响公司的生产经营。

（3）生产价格方面的限制。由于公司生产的变速器主要为桑塔纳轿车配套，所以桑塔纳轿车市场价格的高低也会对公司所生产的变速器价格产生间接影响。目前，国内轿车市场已逐步变为买方市场，价格竞争日趋激烈，所以公司产品的售价将受到较大限制。

（4）产品结构过度集中的风险。企业的产品主要是轿车配件，产品结构相对集中。因此，在轿车市场不景气，尤其是桑塔纳轿车销路不畅时，公司的经营会受到一定影响。

（5）行业内部竞争的风险。目前全国生产轿车零配件的企业较多，相互之间存在竞争。虽然上海汽车齿轮总厂在行业竞争中占有较大优势，但随着其他厂家不断提高技术水平，可能会对公司形成竞争压力。

上海汽车齿轮总厂是目前国内最大的变速器生产企业，各项技术经济指标在全国同行中居领先地位，曾连续三年获得德国大众质量体系评审A级，并于1994年通过ISO 9002质量认证，而国内其他齿轮厂无论是生产规模还是技术水平都达不到上海大众汽车有限公司对齿轮产品的要求。

要求：根据以上资料，对上海汽车股份有限公司进行竞争优势分析和价值链分析，并为公司的进一步发展提出建议。

参考答案

项目十四

管理会计案例

管理会计在西方发达国家经过几十年的发展，既诞生了重要的管理学理论与思想，也产生了大批的在管理会计应用方面取得丰硕成果的现代企业。在经济全球化的今天，这些企业在本国及全球各地都在积极推广和实践这些管理会计思想。

中国经济的崛起需要世界级的企业，更需要先进的管理理念与方法指引。管理会计的发展与应用对当下处于经济转型的中国企业格外重要。在最新的世界500强企业中，中国企业占据了其中的五分之一。在迈向世界级企业的过程中，中国企业需要在管理会计应用实践中总结经验，谋求发展。

中国企业一直在试图创新和改革，其中最为典型的就是借助西方管理会计的理论，通过实践应用形成具有中国企业特色的发展模式。管理会计帮助一大批企业走上了改革创新的道路，并取得了不错的成绩。本项目选取了10个在管理会计方面做得比较好的国内企业案例，从管理会计在企业的应用与发展的角度，为管理会计在中国的发展与应用提供借鉴和参考。

案例一　兵装集团："四注重"管理会计体系

在"SRRV"战略的指导下，中国兵器装备集团公司（以下简称兵装集团）系统性地导入了全面预算管理、标准成本法、内部管理报告、经营预测、EVA提升管理、投资决策、价值链成本管理、作业基础管理、客户盈利能力管理和平衡计分卡等十项管理会计工具，推进兵装集团管理会计体系化建设。在该体系中，兵装集团以全面预算管理推进财务转型、以标准成本和作业成本支撑全价值链的成本管理效益提升、以动态经营分析和内部管理报告为管理决策提供依据、以平衡计分卡确保战略落地、以信息技术提升企业管理效率，实现了管理会计对企业发展战略的全方位支撑。推动管理会计体系建设，必须寻找业界的实践"标杆"。对目前的国内企业而言，如何从全局角度来考虑，在集团内部及下属企业中推动管理会计体系建设成为难点。兵装集团从"四注重"角度来推动管理会计体系建设的思路和方法，对国内企业具有示范意义。兵装集团的管理会计实践包括四个方面，从上到下、从宏观到具体，形成了统一的、整体的管理会计体系。

一、注重环境建设

环境是一切管理的基础，兵装集团推进管理会计工作，首先就是建设整个管理会计环境。环境建设的核心要素是"人"，围绕这一要素，兵装集团从"组织、人员、培训、学习"几方面入手，打造兵装集团管理会计的"宽"环境。

一是组织搭建。从集团公司到成员单位都成立了企业主要负责人任组长的管理会计工作领导小组。在集团公司层面，总经理亲自担任领导小组组长，同时组织专门力量成立管理会计工作推进办公室。在兵装集团，单位负责人是管理会计的主要需求者和推动者。

二是人员配置。集团公司编制并下发了《管理会计岗位及职责设置建议》，对成员单位管理会计组织机构建设和管理会计人员配备提供指引，明确要求成员单位财务机构中管理会计人员占比逐年提高，到2015年年底不低于60%，并将这一指标逐年细化，纳入成员单位总会计师年度重点工作。

三是分层培训。集团公司对成员单位负责人开展以管理会计理念为主的高层培训，对部门负责人和业务人员开展管理会计工具方法培训，对管理会计骨干人员进行实际操作培训，注重学用结合，提高管理会计工具应用水平。

四是鼓励学习。兵装集团鼓励成员单位总会计师、财务人员、业务骨干进行管理会计知识学习；引入美国管理会计师协会培训认证体系，鼓励骨干财务人员参加考试培训，截至2013年年底，参培人数近300人，已有98人通过美国注册管理会计师（CMA）全科考试。

二、注重规划指导

在推动管理会计体系建设过程中，集团公司重视整体作用的发挥，做到事前规划、事中控制、结果反馈，实现集团规划和企业实践相互支撑、相互印证。

（一）规划先行，严格落实

通过调查问卷、实地调研、管理诊断、专家论证等多种方式，制订了《管理会计体系建设实施方案》并经集团公司总经理办公会审批通过。《管理会计体系建设实施方案》从工作目标、工作内容、工作机制、推进步骤、保障措施等方面对2012年11月至2015年12月的管理会计体系建设工作进行了全面部署。同时，兵装集团指导成员单位制订具体落实方案，并细化为成员单位年度重点工作任务之一。分阶段推进的具体时间为：第一阶段（导入准备），时间是2011年11月—2012年7月；第二阶段（逐步推广），时间是2012年8月—2013年12月；第三阶段（分类实施），时间是2014年1月—2014年12月；第四阶段（完善提升），时间是2015年1月—2015年12月。对此，兵装集团副总经理、总会计师李守武指出，“按照原定计划，到2014年年底，第三阶段基本上已经完成，2015年要查缺补漏，即查出哪些企业还有哪些短板，主要问题是什么。”“目前集团推进管理会计存在的问题是管理信息化问题。管理会计需要大量数据支持，同时要对这些数据进行深入挖掘分析，靠人工几乎做不到，所以管理会计工具的应用，更凸显了信息化支撑的重要性，没有信息化，管理会计就无法进一步走向深入。”李守武说，“因此，兵装集团之前与软件公司合作，用了两年时间打造兵装集团的管理会计信息系统。到2014年年底，可以全面上线，到2015年6月就可以全部运转。”

（二）紧贴业务，针对性选取工具

考虑兵装集团以制造业为主、产业激烈竞争与既有实施基础，以成本管理、预算管理、管理决策和绩效评价为主要内容，按照规范化、标准化和信息化要求，选取了全面预算、经营预测、内部管理报告、投资决策、标准成本法、价值链成本管理、EVA提升管理、平衡计分卡、客户盈利能力管理和作业基础管理等十项管理会计工具，其中前七项工具作为各成员单位必须推行的内容，在管理基础较好的成员单位先行导入平衡计分卡、客户盈利能力管理和作业基础管理。兵装集团系统导入十项管理会计工具，更加强调工具的整合运用，力求形成管理会计应用合力。

（三）健全工作机制，确保推进效果

以集团公司和成员单位年度计划为牵引，实行月度总结、季度通报制度，做到有部署、有检查、有考核。集团公司管理会计推进办公室定期或不定期对成员单位管理会计推进情况进行督促和指导。在这个过程中，兵装集团特别注重典型案例研究，通过案例总结、经验交流、现场调研等多种方式，为成员单位搭建学习交流平台，总结和推广成员单位管理会计推进的成功经验和做法。

三、注重方法选择

方法选择是兵装集团推进管理会计的又一特色，其"特色"就体现在"'推动'重在'引导'、'全面'还要'个性'"，实现管理会计由易到难、由点到面、由单一运用到整合运用的突破。

（一）以内部管理报告为抓手，突出管理会计的决策支持作用

在传统的企业管理中，各种管理报告充斥其间，企业负责人很难在诸多报告中找到自己所需要的东西，其关注的主要经营问题也很难在原有的报告中直接找到答案，所以怎样给领导层提供能够呈现关键信息的内部报告就成为工作重点，比如企业盈亏点在何种水平上，企业风险点在哪些环节，企业未来改善的出路在哪里。所以在方法选择上，针对企业高层管理者的实际管理需求，兵装集团设计了以"盈利结构分析表"、"盈利路径管理表"和"经济增加值驱动路径表"为重点的内部管理报告体系，将在传统财务报告中很难直接找到答案的决策信息，通过管理会计视角进行直观展现，帮助经营者找出盈亏原因，向经营者揭示盈利路径，为经营决策提供信息支撑。集团公司要求各成员单位财务部门每月向本单位负责人报送管理会计报表，并做出专项分析、提出管理建议，以最大程度地激发经营者"共鸣"，同时也为成员单位推进管理会计工作设立一个"倒逼"机制。

"这三张表财务部门是必须要提供给企业所有高管的。"李守武说，"所以从方法选择上讲，管理会计的推进一定要让非财务人员和各个层级的决策者，看到管理会计的作用和效益，这是我们推动和应用管理会计工具的一个基础。"

（二）编制《管理会计运用指导手册》，突出对管理会计推进的指导

针对在推行管理会计之初，成员单位对部分管理会计工具比较陌生的情况，兵装集团编写了《管理会计运用指导手册》，为成员单位运用管理会计工具提供操作方法和工具指南。《管理会计运用指导手册》为成员单位提供大量的表单、流程图、分析模板等"半成品"，使成员单位能在短时间内将管理会计工具真正用起来。同时，集团公司编制了《管理会计运用指导手册》（精简版），向成员单位负责人介绍管理会计工具是什么、如何应用以及能够发挥什么作用，使他们成为管理会计的需求方和推动者。这些手册实际操作性非常强，"简单易懂，成员单位可以直接拿来使用"，有的表格可直接复制。比如在全面预算上，兵装集团给下属企业制作了78张编制分析表样、16个流程模板、11个预算要点说明；在标准成本法上，兵装集团提供的手册不仅讲解了标准成本的制定方法，还提供了12张计算样表；在投资决策上，加入了研发投资决策建议和13张计算样表，以及2个决策案例；在EVA提升管理上，提供4个计算表样、8个流程模板；在经

营预测上，讲解了3种主要业务预测、11个计算公式；在价值链成本管理上，分理念篇和操作篇进行编写，提供了14个案例。

（三）试点先行，突出典型企业的标杆示范作用

兵装集团为每个管理会计工具选取2至4家试点单位，集团公司给予重点指导和支持。通过这些单位的成功实践，积累和输出一些好的做法和经验，供其他单位学习借鉴，促进集团公司整体管理会计工具的应用。

（四）强调"个性化"，分类推进管理会计工作

集团公司根据成员单位的不同业务特征和管理状况，建立了子集团管控型（资金集中型、运营管控型、一体化管理型）、批量生产型、项目管理型、资源再配置型等不同版本的管理会计推进方案，突出了不同版本管理会计应用的重点领域，增强了管理会计运用的针对性和有效性。在每个版本内选取具有代表性且条件比较好的企业，先行一步建立管理会计体系，并总结成功经验，逐步实现全面推广。

（五）加强评价管理，突出持续改进

兵装集团根据管理会计推进的实际情况，制定相应的评价办法，分层级对成员单位管理会计的实施进度和实施效率进行评估。首先是集团制定标准，进行统一评估，也鼓励各企业的总会计师结合自身实践，在集团要求的基础上，进行自我评估。以全面预算管理评价体系为例，兵装集团建立了3大类、8个方面、289项指标的分类分层评估体系，从管理环境、预算编制、执行控制、预算调整、分析与报告、评价与考核、管理效果等多维度实现对全面预算的立体评估。正如李守武所言："3大类一共289项指标，可以对全面预算进行具体评估。"

四、注重业务实践

业务是管理的立足点和出发点，结合自身行业特性和企业的特点，兵装集团重视管理会计实践取得实效，切实促进管理提升。

（一）建立战略牵引、价值导向、业务驱动、闭环运行的全面预算管理平台

在集团层面，利用全面预算整合相关管理会计工具，促进经营预测、标准成本、投资决策、管理报告、EVA等管理会计工具与全面预算的整合运用。一是深入推进业务、资本、薪酬和财务预算有机融合，不断优化资源配置，坚持工资总额与经济效益联动、投资收益与资金投放联动。二是实现了三年滚动预算、年度预算和月度滚动预算的相互支撑，提高预算管理的战略落地和日常管控功能。三是下发《经济运行分析报告基本模版》，突出预算执行情况分析在月度经济运行分析中的主体地位。四是推行全级次预算和预算管理达标评级制度，促进预算管理向车间、班组下沉，不断提高预算管理深度。

在企业实践层面，一是从基础入手，实现全面预算管理全覆盖，兵装集团称作"预算推进'五步走'"，其核心思想就是在全面预算推进中，不急于求成，从最基础的费用预算开始，做扎实、做到位，再逐步推进相关标准完善、业务支撑。二是推进业务财务相融合，兵装集团称作"业财融合'三关键'"：第一，明确部门职责和业务活动是全面预算的基础和起点，把预算"做实"，真正做到有业务活动才有业务预算，有业务

预算才有财务预算；第二，将预算“做细”，将预算编制的标准明确、细化；第三，预算职责明确，将全面预算职责分解到业务部门，业务部门不只是本部门预算的编制者，也是分管业务预算的管理者。三是推行月度滚动预算，开展月度预测、月度预警、月度分析和月度考核四个阶段的精细化滚动管理。李守武说：“从集团层面上讲，我们每月的数据可以和前几年相对应月份的数据相比，如果这个月份出问题了，我们会有月度预警，然后再去查找原因，如果发现这个原因是可控的，这个问题自然就关闭了，如果解决不了，这个问题就会被跟踪下来。”

（二）重成本管理，成本管理的广度和深度不断拓展

兵装集团是制造业占主导地位的集团，一直持续推进成本领先行动，特别是通过对各项成本管理工具的系统导入，使成本管理的深度和广度得到了有效拓展。一是拓展成本管理范围，坚持成本管理向“前”延伸，突出设计源头控制成本，向成员单位推广长安汽车面向成本的设计（DFC）经验；二是通过标准成本法、作业成本法等管理会计工具的应用，坚持成本管理向“下”深化，实现班组改善降成本，不断提高成本管理精细化水平；三是发挥成本管理信息对产品定价、盈利性分析、投资评价等方面的决策支撑作用。

兵装集团重视各环节成本控制。为此，兵装集团编制下发了《成本领先36招》，供下属企业借鉴，有效地降低了成本。比如，在下属长安汽车的设计小组当中专门设置成本管控人员，在设计阶段控制成本。对于质量成本管理，兵装集团施行了由质量管理部门为主牵头推进、财务部门协助的管理方式；在班组成本管理上，主要由企业自身基础的管理来主导；对于精益生产和精益管理，也是以集团的企业管理部门为主要推动力。李守武说：“在这些控制成本的方法上，绝大部分不是以财务部门为主，但管理会计的主要作用体现在对成本管理工具的系统导入上。这些成本管理方法、工具的运用和措施的推进极大地提升了集团公司的成本管理水平，我们这几年每年降成本的数额大概都在20亿元人民币以上。”

在企业实践中，也有许多好的例子。比如，长安汽车从面向成本的设计（DFC）到全价值链成本管理：长安汽车在新产品自主研发和成熟产品持续改进过程中，面向产品生命周期，以追求产品性价比最大化和提升客户满意度为指导思想，以管理机制和流程为保障，采取人力、财务、质量、采购、技术、市场、销售多个部门共同参与的团队工作方式，在产品研发过程中全面运用DFC应用手册、占比计算系统、拓展的检核表、对比管理、价值工程、设计验证等现代管理技术和信息化工具，采用“试点探索、形成标准、实际应用、修订标准、推广实施”的推进方式，实现产品精细化设计，达到功能、质量与成本的最佳融合。该管理成果获得第十六届国家级企业管理现代化创新成果一等奖。在汽车整车企业多年实践的基础上，形成了以1个管理体系、4大支撑平台、1套应用手册为主要内容的全价值链精细化成本管控体系。1个管理体系是指TVM管理体系，即基于共赢的全价值链成本精细化管理共同的理念、共同的战略目标、协同的控制方法、共赢的利益格局；4大支撑平台是指成本文化宣贯平台、成本项目管控平台、成本控制方法工具平台、成本信息管理平台；1套应用手册是指《成本控制应用手册》。

（三）融合对比、分类、EVA、短板、“两段式”评价为一体的多层次绩效评价体系基本建立

结合管理会计工具运用，注重绩效评价的引领作用，引导资源有效配置，促进企业科学决策，客观评价企业业绩。一是以对比评价初定绩效等级，引导企业与市场和主要竞争对手博弈；以经营业绩评价（财务性指标）和分类评价（非财务性指标）最终确定绩效等级。二是重视价值评价，工业企业EVA考核权重达到40%，强调资本有偿使用，强调主业盈利，鼓励战略投入（考核中加回利润），指导企业深入分析EVA驱动因素，层层落实价值创造责任，这一做法已经持续了8年左右。三是推行短板评价，按照“缺什么就重点考核什么”的思路，提高绩效评价的针对性和有效性。四是实行预算目标与预算执行“两段式”评价企业经营业绩，完善预算闭环管理，提高预算管理水平。

案例二　京东集团：基于价值链的全方位成本管理

京东集团是我国知名的综合网络零售商，在线销售家电、数码产品、电脑、家居百货、服装服饰、母婴用品、图书、视频、在线旅游等12大类数万个品牌百万种产品。2014年5月，京东集团成功在美国纳斯达克挂牌上市，其成功背后的重要原因之一就是基于价值链的全方位成本管理。基于价值链的全方位成本管理模式为其发展插上了腾飞的翅膀。

京东集团基于价值链的全方位成本管理以先进的信息系统为基础，以即时库存管理为前提，以高效的物流体系为核心。该公司通过“提高价值链效率”和“降低价值链各个环节的成本”两条曲线，将成本管理嵌入价值链的各个环节，采取有针对性的措施对价值链节点加以完善，全方位降低成本，实现企业战略目标。

一、京东集团的“倒金字塔”管理模式

京东集团总裁刘强东在中国人民大学演讲时首次披露了京东集团的“倒金字塔”管理模式（如图14-1所示）。

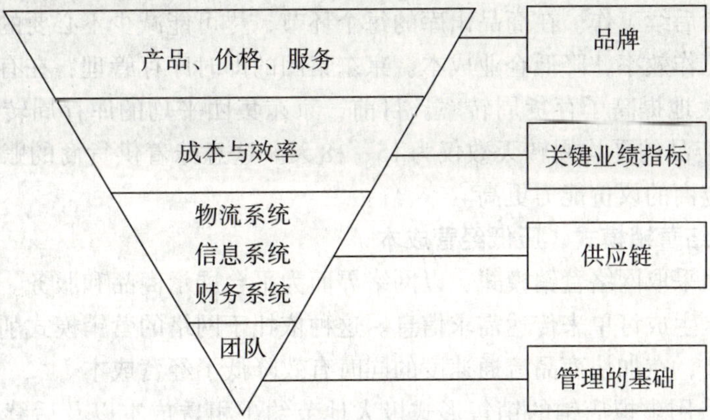

图14-1　“倒金字塔”管理模式

“倒金字塔”管理模式主要分为四个层级，依次涉及管理的基础、供应链、关键业绩指标、品牌。基础层以团队作为企业管理的基石，旨在充分发挥每个人的最大作用，实现员工高效协调一致的工作目标。处于其上的系统层，是指导公司日常经营的“智慧大脑”，涵盖了物流系统、信息系统和财务系统三大核心。基础层和系统层的效果直接决定了“成本与效率”是否具备领先优势，比如每单快递的成本是否低于竞争对手、存货周转率或资金周转率是否高于竞争对手等。只有实现了“成本与效率”的领先，才能取得“产品、价格、服务”上的优势，打造品牌的核心竞争力。在这四个层级之中，京东集团主要将注意力集中在第二、第三个层级上，旨在通过对系统层之中的价值链的有效管理，紧紧抓住价值链效率和成本控制两条曲线，来实现成本的降低和效率的提高，最终实现企业的战略目标。近年来，京东集团的一系列做法印证了其试图通过协调价值链的各个环节全方位降低成本的经营理念。

二、完善价值链节点管理，实现全方位成本降低

通常来讲，商品从京东集团送至客户这一链条上包括以下几个环节：采购环节—销售环节—配送环节—支付环节—反馈环节。京东集团将成本管理嵌入价值链的各个环节，采取有针对性的措施对价值链节点加以完善，全方位降低企业的成本。

（一）即时库存管理，降低库存成本

1.采用先进的信息系统，实现零库存管理

京东集团通过加大对大数据及云计算等先进信息技术的投入，利用数据分析、数据挖掘、平台开放等手段，根据商品点击率来判断分析客户的潜在消费需求，预计未来数天每个产品在各地的销量，将客户可能购买的产品提前运到当地仓库。这种以预测销量为基础的库存管理模式，在保证正常经营活动的前提下，可以缩减商品库存量，降低库存成本。

2.精细化库存管理，提高运营效率

对“货品摆放—订单拣货—货品分拣—订单开票—出库包装”实现精细化管理。在京东集团的仓库中，按照销量分区摆放商品，最畅销的商品放置于通道附近。此外，商品按与拣货人员拣货汇总单顺序相一致的A—P的顺序依次摆放，方便拣货人员取货。拣货人员将拣出的商品放在推车上以后，分拣人员按订单分拣，之后完成校验、开票、包装等一系列后续工作。在商品出库的每个环节，尽可能减少不必要的资源浪费，提高仓库人员的工作效率，降低企业成本。京东集团的即时库存管理，在有效降低库存成本的同时，极大地提高了存货周转率。目前，京东集团平均的库存周转天数已经压缩到30天，电子产品的平均周转天数仅为15～18天。这意味着供货商的账期缩短，京东集团对上游供应商的议价能力更高。

（二）网络营销模式，压低经营成本

京东集团采取网络营销模式，以网络界面为平台展示商品和服务。客户在网上浏览并选购商品，生成订单来传达需求信息。这种依托于网络的营销模式削减了商品销售渠道的层层环节，在加快商品流通速度的同时有效降低了经营成本。

第一，采用虚拟店铺的销售形式极大地节约了租赁成本以及后续的一系列维修成本、选址不佳及销路不畅等风险带来的经营成本，采取直接从厂商处进货的方式，越过

了批发商、中间商等环节，进一步降低自身的经营成本。一般而言，没有门店租赁成本可以省去销售额的10%，没有批发环节可以省去销售额的20%，没有中间商可以省去销售额的20%，成本的降低直接体现在商品的价格优势上。

第二，网络营销模式的营销策略更加简便易行、精准有效。借助于自身的互联网平台投放广告，京东集团及时有效地将商品信息传达给客户，并利用促销专场、抢购活动以及送代金券等方式来激发客户的消费欲望。除此之外，京东集团社区和贴吧的搭建为客户与企业提供了交流的平台，有助于企业收集客户的反馈信息，更好地预测客户需求，实现精准营销。

（三）专业物流配送，优化物流成本

1.自建物流体系

随着电子商务市场的不断发展壮大，全国范围内的网购交易量与日俱增。看到自建物流体系背后所蕴含的巨大商机后，京东集团率先开展了物流体系建设。自2009年开始，京东集团投入2 000万元在上海成立“圆迈快递”，并陆续在23个重点城市组建配送站，最终覆盖了全国200座城市；2011年，在其主要客户相对集中的城市开工建设7个一级物流中心和25个二级物流中心。其中以上海物流中心为例，每日正常订单处理量为2.5万单，最大处理量能达到5万单；在上海嘉定开始组建号称“亚洲一号”的物流中心，总面积达到26万平方米，并在2014年“双11”购物节前夕正式投入使用，订单日处理能力提升数十倍。此外，京东集团计划陆续在全国各大城市筹建“亚洲一号”项目。通过自建物流体系，京东集团不仅能够亲力亲为地为客户提供优质高效的服务，并且利用规范用语、统一人员的服装和工具、品牌logo宣传等方式巧妙地将品牌宣传工作融入物流服务之中，轻松地完成营销过程，在客户中树立品牌形象。此外，自建物流体系加强了京东集团对物流成本的控制力度，通过合理规划实现物流成本的降低，以弥补前期巨大的资金投入。

2.外包物流

随着京东集团的不断发展壮大，京东集团业务已经发展到二、三线城市。出于对成本效益的考虑，京东集团采用与当地第三方物流或生产商合作的方式完成配送。相比于自建物流体系，外包物流放松了企业自身对整个物流配送过程的把控，可能会受到外包物流公司运营风险的影响。若外包物流公司的某一个运营环节出现问题，影响商品的送货效率和服务质量，将会招致客户的不满。为此，京东集团依据信息记录和经济实力谨慎选择第三方物流企业，并通过动态合同，建立监督、检查机制来控制外包物流风险。尽管外包物流存在一定的风险，但考虑到二、三线城市的经济发展水平相对落后，选择外包物流可以避免企业巨大的资金投入，防止由于小额交易量使企业陷入入不敷出的困境。同时，由于物流本身具有规模经济优势，随着京东集团在二线和三线城市销售业务量的扩大，其对第三方物流合作伙伴的议价能力将会提高，从而进一步削减外包物流成本。除此之外，外包物流能使京东集团回归自身的核心业务，将企业的资源集中投放到最具有价值的地方。

（四）自建支付体系

在成立初期，京东集团并未意识到缺少自身支付系统的危害。前期主要是通过与支

付宝、财付通的合作来实现网上付款功能的。但在2011年、2012年，京东集团相继终止了与支付宝、财付通的合作，并通过收购网银在线，着手打造自身的支付系统，京东集团此举更多的是避免受制于人。第三方支付公司往往掌握电商企业的机密信息，譬如交易量、资金流向、退换货率等，自建支付体系使得京东集团将这些核心数据紧紧握在自己的手中。此外，自建支付体系能够实现对资金回收过程的全方位控制，加快资金回流速度，避免动用外部融资缓解现金压力而增加资金成本。

（五）服务周到贴心

京东集团通过对价值链上游各个节点的有效管理，降低了企业成本，提高了企业效率。成本与效率的领先，使得京东集团以平价薄利的产品、优质快捷的服务体系在客户中树立了良好的品牌形象，提高了客户的满意度和忠诚度，降低了企业的隐性成本。

京东集团的客户培养战略目标依靠的是其周到贴心的服务，比如依托于即时库存管理和自建物流体系的“211”工程：上午11点之前提交订货的提单，当日送达；夜里11点之前提交订货的提单于次日上午送达。这无疑是在强调京东集团高效的物流配送体系，在降低成本的同时提高客户的满意度。此外，京东集团通过在线咨询、畅销产品排行榜、售后评价以及价格保护机制等线上服务，并结合24小时客户服务电话、全国免费上门取件、上门装机、电脑故障诊断以及家电清洗等线下服务，增强了客户黏性，降低了退换货率。正如刘强东所说，“京东的客户80%都是老客户”，这充分表明了京东集团客户的培养战略初步取得成效，客户的满意度和忠诚度不断提升，大大降低了企业的隐性成本。

三、启示

（一）先进的信息系统是基于价值链的全方位成本管理的基础

基于价值链的全方位成本管理都要紧密依托于先进的信息系统。电商企业必须完善企业的信息系统，建立信息量庞大的数据库，在降低企业经营成本的同时，利用数据分析和数据挖掘等，预测消费者喜好，提高客户满意度，降低隐性成本；利用数据搜索和分类等工具分析消费者浏览记录及购买行为习惯，实现即时库存管理，带来库存成本的降低；利用先进的网络信息技术自建支付体系，节约资金成本。

（二）即时库存管理是基于价值链的全方位成本管理的前提

库存管理是基于价值链全方位成本管理的首要环节。库存管理的好坏直接关系到下游销售环节、配送环节的运作效率。即时库存管理不仅有利于电商企业将存货量控制在最低水平，减少企业资金占用，达到降低库存成本的目的，同时也是完善价值链下游节点成本管理的必要手段。

（三）高效的物流体系是基于价值链的全方位成本管理的核心

物流成本一直是电商企业成本管理的核心内容，物流成本管理效果的好坏直接关系到基于价值链全方位成本管理的成功与否。电商企业应当认清自建物流体系和外包物流二者各自的优劣势，选择适合自身实际情况的物流体系，优化物流成本，提高企业竞争力。

案例三　宝钢集团：建立“四位一体”的管理会计框架

宝钢集团有限公司（以下简称宝钢集团）的管理会计框架是以全面预算管理为基本方法，以标准成本管理为基础，以现金流量控制为核心，以信息技术为支撑形成的四位一体结构。在具体的实践当中，宝钢集团以全面预算管理体系对接战略与运营，综合运用成本管理工具推进精益成本管理，通过三权集中和三维监控降低资金使用成本并通过信息化建设持续提升成本竞争力。在管理会计框架的指导下，宝钢集团推动其成本结构向更合理的方向发展。管理会计的应用也为宝钢集团实现其成为全球最具竞争力的钢铁企业的战略目标提供了有力支持。

宝钢集团在管理会计多个领域的实践，为我国的大型企业集团提供了成功范例。特别是全面预算管理和标准成本管理领域的成功实践，不仅是我国大型企业早期对管理会计应用的探索，也是我国信息系统早期在管理会计领域的成功实践典型，带动了我国大型企业对管理会计方法的应用潮流。

一、宝钢集团管理会计实践历史

宝钢集团管理会计的实践大致可以分为以下三个阶段：

（一）第一阶段（1985—1992年），以基层管理为主的全面预算管理酝酿阶段

宝钢集团诞生于我国改革开放的历史转折时期。为适应历史潮流，宝钢集团在建设初期就从国外引进先进的成套技术、设备和管理软件。1985年投产伊始，集团就从日本引进作业长制，采用“以作业长制为中心、以计划值管理为目标、以设备点检定修制为重点、以标准化作业为准绳、以自主管理为基础”的五制配套管理模式，来适应连续化、自动化生产管理需要。

1991年，宝钢集团二期工程顺利建成，集团的规模不断扩大，但是随之也出现了诸如功能庞大、机构众多、资源配置机制复杂、管理中心分散等管理问题，并且随着市场经济改革的不断深化，信息技术在经济中的比重加大，企业面临一种全新的竞争环境，企业原有的作业长制管理模式倾向于关注企业基层管理，缺乏战略管理观念，已经很难保证各部门按照企业总体意图进行经营管理，要保证设备高质、高效运转更是不可能。

集团急需建立与市场经济体制相适应的管理体制，来提高企业的市场竞争力。此时，决策层正式提出管理要以财务为中心，确立了财务管理的中心地位，全面预算管理势在必行。

（二）第二阶段（1993—1999年），全面预算管理和标准成本应用发展阶段

1993年年初，宝钢集团财务部设置了经营预算部门，正式开始全面预算“演习”，在总结预算管理推行经验的基础上，于1994年正式推行全面预算管理。

在全面预算管理开展的同时，宝钢集团自筹资金进行的三期工程也开始建设。随着企业发展规模的不断扩大，一般的分批结转制度已经很难适应企业的发展规模和速度。

宝钢集团是高度自动化、连续化的钢铁生产企业，各项消耗指标趋于稳定，具备了运用标准成本管理制度的条件。为了适应企业发展需求，更好地构建全面预算管理的基础，宝钢集团决定于1996年1月1日起正式实行标准成本管理制度，并形成了一套完整的成本控制体系。

1997年，宝钢集团与IBM合作，开发了产、销、存一体化的管理信息系统，实现了全部生产过程的计算机控制。该系统全面确立了以用户为主的开发理念及开发方法，建立了以财务为中心的业务整合管理理念，大大增强了宝钢集团管理系统的实力。

1998年，宝钢集团与上钢、梅山钢铁联合重组。重组之后，宝钢集团确立了明确的战略目标，并在目标导向下，在整个集团推进全面预算管理。经过七年的探索和改进，以全面预算管理为基础的管理方法已成为各个子公司生产、经营、管理的重要控制手段，很多钢铁子公司也形成了各具特色的、符合各自内部生产经营特点的预算管理模式。

（三）第三阶段（2000年以后），全面财务管理体系成熟阶段

2000年6月，宝钢集团三期工程全面建成。经过三期工程的建设，宝钢集团总体技术工艺及装备都达到较高水平，成本优势明显，企业盈利能力达到世界先进水平。此时，宝钢集团提出了精益化管理的设想。

经过不断的探索和改进，到2003年，宝钢集团已经形成一套具有其自身特色的，以企业价值最大化为导向、以全面预算管理为基本方法、以标准成本管理为基础、以现金流量控制为核心、以信息技术为支撑的全面财务管理控制体系。

二、宝钢集团全面财务管理控制体系的五大特点

（一）以企业价值最大化为导向

随着发展阶段的更替，宝钢集团的价值观从一开始的追求企业产值最大化转为追求利润最大化，并最终转变为追求企业价值最大化，形成了集团的核心价值观，即追求为股东、用户、员工、社会及利益相关者持续不断创造价值，促使各利益相关者协调平衡、共同发展，使整个供应链价值最大，最终实现企业价值最大化。

宝钢集团确立了核心价值观，集团各个企业和部门都以企业价值最大化为基本导向来开展业务活动、评判工作业绩，形成了企业价值创造的良性循环。

（二）以全面预算管理为基本方法

宝钢集团推行全面预算管理经历了三个阶段：1993—1994年，预算管理体系初步形成，企业设置了经营预算管理部门，并编制了第一本年度预算；1994—1999年，预算管理逐步规范完善，这一阶段通过完善相关预算管理制度和预算管理技术，推出了月度执行预算，形成了规范的预算管理模式，丰富预算蓝本内容；2000年以后，集团进入战略目标引导下的预算管理阶段，编制了第一本经营规划，以企业的战略目标为起点，以年度预算为控制目标，以滚动预算为控制手段，逐步完善预算信息化平台。

宝钢集团通过架构全面预算管理体系，将企业所有涉及现金和财务的活动都纳入预算管理，将投资、采购、生产到销售的每一个环节都置于预算控制之中。通过具体的预算编制、预算执行，将集团的整体经营目标进行分解，落实到具体的业务部门，再通过

预算分析和控制，来监控各项业务活动的开展与绩效，确保整体经济活动的有效进行。

宝钢集团已经形成了以经营计划为导向、以年度预算为控制目标、以滚动执行预算为控制手段，覆盖公司生产、销售、投资、研发的全面预算管理体系。

（三）以标准成本管理为基础

宝钢集团建立了内部严密、科学的标准成本制度，通过对成本中心各项成本指标及成本动因的细化分析，制定相应的成本标准，通过对标准与实际对比揭示分析差异，实施对成本事前、事中和事后的全过程控制；通过成本中心成本绩效衡量，着力于成本改善，并运用成本标准服务于经营决策的成本管理体系；以标准成本推进管理创新和技术进步，实现成本的持续改良和全过程控制，提升产品的成本竞争力。

标准成本在国外的工业企业中应用广泛，也积累了丰富的实践经验，但是我国企业在引进标准成本的过程中操作性很差。作为我国早期尝试实施标准成本法的大型企业，宝钢集团能够成功将其付诸实践，与企业整体管理模式密切相关。

宝钢集团在建厂初期，在对“新日铁”的标准化作业进行提炼的基础上，形成了符合企业特点的标准化作业管理模式，将生产经营各个方面（包括管理方法、时间标准、工作程序、礼仪服装等）予以标准化，为后来的标准成本管理奠定了实施基础。另外，宝钢集团基层管理模式中的作业长制和计划值管理，也使宝钢集团可以对经营指标进行明确分解和定责，并能进行实时跟踪和优化，有效地推动了标准成本管理的顺利开展。

（四）以现金流量控制为核心

企业管理的核心是财务管理，财务管理的核心是资金管理。宝钢集团以财务管理为核心的全面预算管理，重要的控制核心就是对现金流量的控制。

宝钢集团实行资金集中统一管理，即统一融资权、统一调度、统一协调金融机构进行资金保值增值运作；通过对现金流量的监控，实施动态管理，促使各项业务活动与企业整体经营目标趋同。通过细化年度现金流量预算，提高资金预算执行精度，使资金使用和调度计划紧密结合，提高资金调度的及时性和准确性。宝钢集团还建立了一系列管理制度，减少资金占用，提高资金使用效率；控制应收账款风险，强化货款回笼，保证企业充足的现金流量。

（五）以信息技术为支撑

为适应信息经济时代的管理要求，宝钢集团吸取国际先进的信息化建设理念，于1997年与IBM合作，投资1 700万美元引进自动化设备，开发集销售管理、质量管理、生产管理、出厂管理、成本管理、统计管理和会计管理于一体的管理信息系统，实现了对全部生产过程的计算机控制。信息系统的建立，使集团能够对各项成本、费用等指标进行动态跟踪，随时掌握资金流向和流量，对全面预算的执行情况进行动态的分析。

该系统能快速反映企业的运作结果，并将结果反馈到各业务部门，促使业务不断优化整合，最终形成了PDCA（即计划、实施、检查、行动）管理控制循环，构成了宝钢集团完整的现代化财务控制体系，极大地提升了企业的价值创造能力。

三、宝钢集团管理体系的成效

宝钢集团通过对全面财务管理控制体系的不断完善和规范，到三期工程建成之时，集团总产量、主营业务收入和盈利能力在国内钢铁行业均处于领先地位。1999年，宝钢集团主营业务收入占国内十大钢铁企业总收入的24.4%，而利润总额占这十大企业税前利润总额的61.9%。2000年，宝钢集团成功在A股市场上市。2003年，宝钢集团以销售收入145.48亿美元进入世界500强，成为中国竞争性行业和制造业中首批跻身世界500强的企业。

到2004年，宝钢集团实现了人力、技术、资金、管理等资源的优化配置，解决了老企业工艺落后、装备陈旧、消耗高、劳动生产率低、工厂布局不合理、物流不经济等突出问题。集团的炼铁技术以吨钢综合能耗670千克/吨、高炉燃料比495千克/吨、高炉喷煤比261千克/吨等6项技术指标保持了世界领先地位，形成了覆盖五大洲的海外营销网络，到2004年，累计出口产品2 000多万吨。2003—2007年，宝钢集团营业收入以每年20%~30%的比例增长，净利润也以35%的比例高速增长。

2008年由于国际金融危机的爆发，钢铁价格大幅下跌，我国钢铁行业全面亏损。宝钢集团也未能幸免，营业收入和利润率均大幅下跌。宝钢集团决策层充分发挥全面财务管理体系的作用，坚持企业的价值最大化方向，以用户需求为驱动，从市场出发，倒逼管理机制和管理流程的完善，进一步确定企业的战略导向，以最短的时间调整经营模式和路径，使宝钢集团重新进入稳定经营的轨道。

经过适时的管理创新和技术进步，宝钢集团提出了符合其企业特点的全面财务管理控制体系。在战略目标的指引下，借助信息技术手段和预算管理，使得集团收入、成本、费用、利润、企业价值等财务成果与整体发展战略紧密切合，集团产品在行业中占据明显的成本优势，保证了集团产品的市场份额。

案例四　海尔集团：打造“人单合一”模式，与关联方双赢

海尔集团公司（以下简称海尔集团）的管理会计着眼于谋取企业整体的竞争优势，通过对企业内部研发、采购、生产、销售和售后等全价值链各个环节的分析、对企业上下游产业链的分析，以及对竞争对手与行业信息的分析研判，以财务和非财务信息为企业战略制定、业务经营、决策分析和投资并购等提供全方位的服务。海尔集团的管理会计实践从划小核算单元的组织变革入手，通过再造流程促使财务人员高效聚焦业务进程。通过将传统的财务报表转化为每个自主经营体的战略利润表、日清表和人单酬表，使包括财务在内的各级组织与市场需求精准对接。通过建立零库存和零应收的营运资金管理，实现与供应商、经销商的双赢。

一、背景分析

（一）海尔集团简介

海尔集团于1984年创立于青岛，是当前全球大型家电第一品牌。目前，海尔集团在全球拥有10个研发中心、21个工业园、66个贸易公司、143 330个销售网点，用户遍布全球100多个国家和地区。通过对互联网模式的探索，目前海尔集团已经初步从传统

制造家电产品的企业转型为互联网企业，已经形成自己独特的“人单合一”双赢商业模式。2015年，海尔集团全球营业额实现1 887亿元，销售量第七次蝉联全球第一。

（二）海尔集团企业文化

企业文化集中体现了企业经营管理的核心主张，是指企业为解决生存和发展问题而树立形成的、被组织人员普遍接受认同的认知。企业文化在企业整体发展过程中具有潜移默化的作用，因此加强企业文化建设越来越受到重视。在经历长达二十多年的发展中，创新已然成为海尔集团企业文化的核心。海尔集团员工普遍认为不断创新、主动参与、充分发挥主观能动性是海尔集团企业文化的精髓。

（三）海尔集团发展历程

任何事物都是在不断变化发展的，只有顺应潮流，才不会被无情淘汰。从1984年至今，海尔集团经历了五个发展阶段。在名牌战略发展阶段，实施全面质量管理，“要么不干、要干就干第一”。在多元化发展阶段，实施OEC管理模式，海尔集团文化激活“休克鱼”，兼并国内多家家电企业。在国际化发展阶段，坚持走出国门、出口创牌，在海外建立“三位一体”本土化模式，实施“市场链”流程再造。在全球化品牌战略发展阶段，坚持创造互联网时代的全球化品牌，以用户为中心提供服务。在目前正在进行的网络化阶段，海尔集团坚持网络化的市场和网络化的企业，创造互联网时代的平台型企业，继续探索“人单合一”双赢商业模式。

二、海尔集团“人单合一”双赢商业模式分析

（一）所谓“人单合一”

互联网时代的到来是企业经营模式变革的重要契机，新的经营模式应凸显网络化特性。海尔集团探索的“人单合一”双赢商业模式，是为了适应互联网时代的需求，体现网络化特性的一种创新型经营模式。所谓“人单合一”，“人”是指认同海尔集团经营理念的所有人，“单”并非狭义的商品订单，而是指商品所体现的市场用户需求。“人单合一”双赢模式是一种将市场、用户和员工紧密联系在一起，充分发挥个人主观能动性，自由、自主型的经营管理模式，符合管理会计中平衡计分卡的核心意义。

在全球信息网络和现代信息技术高速发展的今天，现实经济运行主要朝着全球化、信息化两个方向发展。在这种大爆炸式信息环境下，市场经济日益全球化、透明化，而网络经济模式正是在这种情况下出现、产生并不断发展起来的。网络经济模式是指企业在商品运行过程中将市场作为中介，借助虚拟的网络平台进行双向信息交流，协调供求关系并从中收取一定交易佣金的商业运行模式。在某种程度上，海尔集团“人单合一”双赢商业模式可以被认为是一种网络经济运行模式。

（二）“人单合一”双赢商业模式的创新意义

在海尔集团“人单合一”双赢商业模式中，双赢是人单合一的终极目标。在营销学中，双赢具有双向性。一方面，在企业与用户二者中，用户先赢企业后赢；另一方面，于企业和员工而言，员工先赢企业后赢。在现代经济发展过程中，双赢强调的是双方利益兼顾，而事实证明实现双赢是市场经济条件下企业增强市场竞争能力和盈利能力的关键。

在海尔集团“人单合一”双赢商业模式中，双赢也是一种服务理念。互联网时代，用户关注的不再是广告而是口碑。在企业的多年发展中，海尔集团依旧坚持“真诚到永远”的服务理念，为用户提供高质量的商品、高品质的服务，以求实现企业对用户的诚信承诺。在网络化阶段，海尔集团“人单合一”双赢商业模式从某种程度上探讨了如何从传统科层制企业转型为共创共赢的创业平台，其目的是通过组织变革让每位员工直面用户、与用户零距离接触，打造出互联网时代的诚信品牌。

三、海尔集团“人单合一”双赢商业模式的借鉴意义

在现代经济发展中，随着网络信息技术的发展，企业经营方式改革面临着日益严峻的挑战。在现行经济运行过程中海尔集团“人单合一”双赢的商业模式仍具有一定的借鉴意义。

双赢是“人单合一“的关键，是引导企业改革方向的灯塔。在企业双赢模式中需要充分发挥人的主观能动性，包括用户的需求、员工的参与、领导的决策等。从一般意义上讲，用户是商品或服务的使用者、接受者。信息技术的发展使得创新不再是科研人员的“独角戏”，用户对科技创新的作用越来越受到重视，用户需求、用户参与被认为是新背景下企业创新的重要条件。员工是企业得以正常运营的关键力量，现代企业员工的综合素质较高、知识性强，充分发挥员工的积极性、创新性、独立性对于企业文化建设和经营管理具有重要意义。在知识经济日益繁荣的今天，企业的掌舵人应及时更新管理理念，学会用人艺术，用发展的眼光看问题，做出有价值的决策。

案例五　神华集团：预算管理的模型化之路

神华集团有限责任公司（以下简称神华集团）提出“价值溯源、业务求本、三位一体”的全面预算管理体系方案。通过全产业链业务模型测算的辅助确定预算目标，通过短板分析、贡献度分析、产业链分析、敏感度分析、经营特点分析和异动分析等方法搭建KPI分解模型指导目标分解，并借助管理会计思想和方法进行目标管控，最终通过业务模型化的全面预算管理实现对管理决策的支撑。使得战略目标制定科学、分解合理，同时建立了财务与业务的联系，明晰了资源消耗和价值创造点。此外，神华集团在预算管理工作中还引入了成熟度模型，推动预算管理水平的不断提升。

一、神华集团业务说明

通过一系列模型的建设，推动全面预算管理落地，提升管理价值，是神华集团预算管理工作中最具价值和借鉴意义的亮点。神华集团因全面预算管理荣膺“2012管理会计实践奖”。

作为全球最大的煤炭经销商，神华集团是以煤为基础，集电力、铁路、港口、航运、煤制油与煤化工为一体，产运销一条龙经营的特大型能源企业。为了充分利用全产业链优势，达到运营的最佳效能，神华集团提出了“价值溯源、业务求本、三位一体”

的全面预算管理体系方案，力图以创新性的模型建造破解管理难题，搭建起高效的预算管理和决策支持的管理会计体系。

这里所谓的“价值溯源”，是指能够从财务价值指标向业务前端的动因进行追溯；所谓“业务求本”，是指能够基于实际业务的变化，及时反映业务活动对价值创造的本源影响；而“三位一体”，则是指通过预算系统、业务模型和管理报告三个工具的配合，形成实现上述“价值溯源”和“业务求本”能力的管控载体，从而将集团的战略分解、业务追踪和信息反馈进行有机结合，使集团全产业链一体化的业务协同效应和资源整合优势充分发挥。

二、神华集团目标测算模型

（一）制定目标：考虑利益相关人的目标测算模型

以前财务人员做预算的目标是由领导决定，然后下达给工作人员。实施全面预算之后，神华集团在确定预算目标时，首先考虑一个问题：我们应该关注谁？神华集团将利益相关人的要求列为首要的考虑因素，并据此建立起一个目标测算模型。

作为中央企业，神华集团既要关注外部对象，包括国务院国有资产监督管理委员会（以下简称国资委）、公众投资者、资本市场，也要关注企业自身管理层。确定关注对象对财务成果的要求及反馈，对企业成长、生产效率以及风险因素等方面的要求，然后根据要求划分指标，再将指标一层层细化和渗透。

在制定预算之前，神华集团首先要关注国资委的一些重要考核指标，比如利润指标、经济增加值等。为了达到国资委的考核指标或者某一定级，应该通过预测和计算，确定对经营指标、任期业绩以及周转指标的设定。

目标的确定也是对自身战略的反映。神华集团的目标是建设世界一流的企业，在“十二五”期末，要把经济总量翻倍，这就必然要求其在制定目标时设定好增长率等方面的限定条件。

目标的实现会受到经济和市场形势的影响。因此，神华集团会在每年的第四季度根据预测机构和其他公开信息，对资本市场和旗下六大行业的预期经营增长情况做出测算。然后，根据企业需要达到的目标确定战略的权重。譬如，在经济形势不好的年份，神华集团可能把对资本市场的测算权重加大，这样会得到一个全集团的目标，这是利益相关者对企业的要求。

将以上这些确定了之后还不够，还有业务能力的问题。神华集团有一个独立的业务能力模型。神华集团使用全产业链的模型，将煤炭、电力、铁路、港口这一产业链条以及主要的生产单位全部模型化，将整个产业链形象地呈现出来，然后根据后台的模型数据和表单等进行场景测试。譬如，测试煤炭的生产、电力的发电以及外部条件的变化对企业整体生产能力和目标的影响。它甚至可以精确计算出每一个矿井量的增减，对运输以及盈利的影响。模型还可以将实际指标与预测指标进行对比，随时调整能力和差距。

通过建立全产业链模型，管理层可以清晰地看到企业想要达到的水平以及产能的具体安排等；同时，管理层还可以根据模型平衡与利益相关者之间的关系，对其进行预期管理。

（二）分解目标：全产业链模型下的选择方法体系

在集团层面设定好目标之后，预算管理的下一个问题就是如何将目标有效地分解到下属单位。分解逻辑是否合理，决定了“价值追溯、业务求本”能力的实现基础。

过去，神华集团对各产业的目标分解都是平均分配，每个产业都是孤立的，大家都来做贡献。但事实上，作为一家全产业链公司，每项业务之间都是有关联的，每项业务对于顶层指标的贡献也都是不一样的。平均分配的结果是无法反映各业务之间的关系和发挥不同业务单元间的协同作用。

在全产业链模型下，神华集团更多地关注业务，关注各业务间的关系和协同作用的发挥。根据每一家公司对集团不同的顶层指标贡献，神华集团在预算目标分解时进行了区分，为此确定了二级单位KPI的选择方法体系，包括短板分析、贡献度分析、产业链分析、敏感度分析、经营特点分析和异动分析等，并依据上述方法，确定二级单位重点关注的指标，最终明确哪些指标应该由哪些公司重点或全部完成。

譬如贡献度分析，对集团整体指标贡献大的公司应重点关注。譬如重资产的公司对集团的资产周转率的影响会很大，因此，这类公司的这类指标一定要选。譬如产业链分析，考虑神华集团产业链的内部定价关系，会影响对真实利润的衡量和KPI指标重要性的筛选等。譬如电力公司的利润增长，如果是通过煤炭公司的煤价下跌来实现的，那么这部分利润就不归入电力公司的指标。

（三）目标管控：财务向业务的有力延伸

通过目标的制定和分解，企业的战略要求就体现为具体的财务指标。神华集团通过对指标进行基础性的分解实现了目标的落地。但是，接下来，应该如何执行和实现这些目标，亦即如何管控这些目标呢？

通过将“管指标”变成“管作业”，神华集团有效地完成了这项工作。

“管作业”，就是要把指标落实到作业活动中。由于企业所有的财务指标都产生于经营活动之中，而企业的各项资源也在作业环节中消耗或者产生，因此，在预算管理中，神华集团引入管理会计思想，建立财务KPI指标和业务指标间的关联，并针对不同业务细分作业环节和建立集团层面的作业活动标准库，将指标落实到作业活动中去，有效地掌控了作业活动中资源的消耗过程和金额以及不同作业所产生的成本，有效地实现了财务向业务的延伸，确保了目标的实现。

（四）支持决策：业务的模型化探索

神华集团在建立全面预算管理体系之后，主要有两个收获：一是战略有落地，即战略目标制定科学，战略目标分解合理；二是管理有抓手，即建立财务与业务联系，明晰资源消耗、价值创造点等。

然而，我们都知道，预算管理不仅要着眼于企业的战略落地，更应该为企业管理层的经营决策提供支持。要做到决策有用，需要系统能及时反映实际业务进展对经营绩效的影响，即掌握“业务求本”的能力，同时还需要基于不同环境和场景，找出企业经营绩效和价值提升的可行空间，即形成面向未来的分析决策依据。

在传统管理模式下，决策支持是靠核算系统和管理系统协同配合来实现的。但是通常核算系统的数据处理是按照会计准则的要求进行信息的归集和核算，并通过标准的财务科目来展现的，在确保信息规范性的同时，却丢掉了很多业务信息，对支持决策而言，有先天的缺陷。而在管理系统中，我们可以看到各项业务的驱动信息，其中有很多与业务有关联，但往往是孤立的、没有经过必要的归集。同时，由于业务统计和会计核算只对发生过的一种情况进行反映，而企业未来的经营环境和业务协同方案却是多样化的，因此基于传统决策支持体系得出的结论，无法适用于企业当前以及未来的场景要求。

神华集团的方案通过业务模型化工作和管理报告工具的整合和联结来解决决策支持的问题。

所谓业务模型化，就是打破传统的、基于组织维度展开的、围绕财务科目进行的财务分析体系，然后将打散的所有生产业务单元，按照业务相关性和资源投入产出的逻辑进行重组，从而建立上下游关系明晰、面向业务视角和经营环境的价值链分析模型，这样就可以以真实或者虚拟的业务活动为起点，利用模型钩稽出的业务财务一体化逻辑，描述分析业务变动对企业绩效和价值的影响，通过输入业务量，得到预设经营环境和业务安排下的价值结果，并以此判断某项决策的合理性和有效性。换言之，就是脱离财务逻辑，通过新视角来全面反映过去模糊不清但却又至关重要的价值链关系，继而以业务活动为出发点来寻找企业价值创造的瓶颈和管理提升的空间。

例如，W公司是神华集团下属企业，该公司下设煤炭、煤化工、电力和焦炭板块。在对其进行战略发展方向的分析时，神华集团通过上述方法还原其内部交易后，找到五大链条的相关性。譬如煤矿生产的煤炭直接内部供应给洗煤厂等，通过将数据重新组合后发现，该公司存在产能不匹配的问题，也就是在战略布局上存在问题，煤炭板块的产能大大低于洗煤厂，导致其生产的煤炭无法满足洗煤厂的要求，即使煤炭板块满负荷运转，洗煤厂的产能利用率也不足60%。经过这样的分析，要拯救W公司业绩就要对其未来的投资方向进行调整，不能再投资洗煤厂，而应该投资煤矿，这样才能提高其产能利用率。

通过业务模型化，神华集团不再分析财务数据，只分析决策。它不仅为自己也为其他企业找到了一条提高决策支持能力的可参考路径——按管理的思想将传统的业务单元打散，通过模型实现业务的量化，还原和描述真实的贡献值、责任成本等，最终实现对经营决策效益的场景分析，同时，实现对生产组织优劣的模拟分析。

三、未来与发展

现在，神华集团正在进行基于产业链和二级公司两个层面的全集团的业务模型化整体架构建设。通过在总部层面产业链模型的建设，将煤、电、油、航运、运输之间的关系形象地模拟出来，继而找出全年目标的管控点；通过在所有二级公司建立盈利模型，用来作为审视、判断或者诊断产业链的工具。

未来，神华集团将构建起全新的决策支持、管理分析报告架构体系，以一系列的年度模型、目标模型、产业链模型和业务模型来评判集团和下属公司所创造的实际价值，评判其战略契合度。神华人认为，这才是管理层真正希望看到的信息。

案例六 中航工业：管理会计体系化建设

中国航空工业集团公司（以下简称中航工业）围绕公司发展战略开展了基于价值创造的管理会计体系建设，推动公司各项改革措施落地。这些措施包括：一是围绕战略目标，深入推进全面预算管理，通过预算落实经营目标，实现收入逐年增长。二是围绕经济质量效益提升，深化实施战略成本管理，将成本控制纳入企业战略统筹考量，同时与客户需求相结合，实现长远发展。三是围绕技术与经济相结合，大力推广项目财务管理，在一些自主研发的重大项目上着力推进项目总会计师系统建设。四是围绕企业价值最大化的目标，全面推行经济增加值（Economic Value Added，EVA）管理，建立健全EVA的组织推进体系、制度体系、工作体系、监控体系和考核评价体系，不断提升价值创造能力。五是围绕集团并购中存在的项目战略性强、投资额大、风险因素多等问题，注重发挥管理会计的作用，加强风险防范，有效整合资源，加强财务管控。

中航工业在推进全面预算管理的过程中，注重全面预算管理与战略结合、与企业计划管理结合、与业务实际结合、与经营业绩考核结合，通过预算落实经营目标，促进了企业管理水平和经济运行质量效益的提升。

中航工业推进管理会计体系建设，遵循“战略引领、加快发展、控制风险、创造价值”的基本思路，致力于财务管理与其他业务管理深度融合，进而成为集团业务快速增长的保障系统、企业价值的创造系统、经营决策的支持系统和财务风险的控制系统。

一、围绕战略落地推进全面预算管理

中航工业从2000年开始启动全面预算管理体系建设，在全集团内树立全面预算管理的理念，通过预算落实经营目标，收入逐年增长，2013年实现收入3 500亿元，2014年完成近4 000亿元。中航工业在推进全面预算管理的过程中注重四个结合。

（一）全面预算管理与战略相结合

中航工业将全面预算管理的工作内容层层分解，与战略管理“发展战略-规划-经济运行-评价考核”的工作内容相对应并予以落实。同时，通过全面预算管理进一步完善战略，从近几年的实践来看，一方面战略引领全面预算管理，另一方面通过全面预算管理的实施结果，不断修正调整完善战略，从而使战略更加务实和可行。

（二）全面预算管理与企业计划管理相结合

为更好地处理计划管理与全面预算管理的关系，中航工业在组织机构设置上将计划与财务部门合并为计划财务部，以全面预算管理为基础实施经营计划管理。

（三）全面预算管理与业务实际相结合

结合业务实际，坚持“既要积极进取，又要实事求是；既全面拉动，又不搞‘一刀切’”的原则，对全面预算管理工作做到真重视、真编制、真使用、真考核，通过实施年度预算和滚动预算的编制执行与控制调整，实现推动业务管理水平提升、促进业务持续健康发展的目的。

（四）全面预算管理与经营业绩考核相结合

中航工业狠抓全面预算管理，充分发挥全面预算管理的战略抓手作用，充分发挥全面预算管理整合并优化配置企业资源的工具作用，严格控制成本费用预算执行，做好成本费用预算分析和考核，从而降低成本费用；严格控制各类成本、费用开支规模，坚决贯彻中央“厉行勤俭节约”的精神和落实中航工业“市场效益年”相关要求，积极压缩行政经费和非直接生产性费用开支；严格落实预算责任，签订分部门预算管理责任书，同时将预算执行过程及结果与各部门绩效考核挂钩，保证了预算执行的质量；强化现金流量预算管理，严格控制应收账款规模，遵照“先预算后支出、无预算不支出”的管理原则；完善预算标准体系，规范预算管理标准流程。

二、深化实施战略成本管理

成本管理是企业管理永恒的主题。经济全球化时代，成本管理不是简单的降低成本，而是要促进企业核心竞争力和价值创造能力的提升，实现长远发展。战略成本管理是从战略的高度对企业的成本行为及成本结构进行分析，为管理决策服务，形成竞争优势。实施战略成本管理，要重视建立和保持企业长期竞争优势，成本控制必须纳入企业战略内统筹考量。同时，成本控制应与客户需求相结合，高端的客户匹配高成本，低端的客户匹配低成本。

为营造中航工业以EVA为导向的成本文化，提高公司成本管理水平，促进公司EVA提升，近三年中航工业开拓思路，将战略成本管理的思想融入公司实际，创新开展了“以EVA为导向的全价值链成本工程”活动。

“成本工程”贯彻战略成本管理的思想，重在控制成本，立足于产品全价值链的成本预防。“成本工程”以EVA为出发点和落脚点，以全价值链成本分析为方法，以成本管控和优化为手段，引领公司各单位从单纯抓生产进度管理转向全价值链成本管理，引导公司从任务型企业向任务与质量效益并重型企业转型。该工程主要围绕产品设计、试制、材料供应、生产加工、售后服务等企业基础活动，以及人力资源、经营计划、基础设施、生产保障等支持活动，从价值链源头抓起，从对公司成本影响比重较大、可控程度较高的环节入手，寻找降本增效的关键点。这项工作得到了公司各单位的积极响应，在公司内部掀起了降本增效的热潮。公司内部各单位按照活动的要求，优化战略成本配置，进行全过程成本控制，加强职能行使过程的成本控制与经营风险成本防范，价值细分落实到零件及个人，认真梳理业务和子活动，明确子活动的成本控制目标，深入挖掘降本增效的有效途径，实现成本降低目标。财务部门精心组织，各单位密切配合主动作为，取得了成本工程活动的显著效果。通过“成本工程”活动的开展，近年来公司成本费用占营业收入的比率逐年降低。

中航工业在深入分析EVA要素的基础上，开展了EVA要素管理，将EVA要素落实到具体部门、具体人员，各相关部门和人员结合工作实际，对EVA要素进行改进和提高。公司各单位识别出可控关键要素、关键控制点，从而有针对性地建立内控指标，及时掌握本单位EVA关键要素运行动态，及时制定或调整本单位EVA关键要素管理办法。

在普遍开展EVA要素管理改进的基础上，中航工业每年确定若干EVA要素作为重点改进项目。如开展了“提高全员劳动生产率”“降低工具费”“原材料消耗定额动态管理”“实施招标采购，降低通用工具采购费用”“实施货源地检验，降低标准件复验费”“降低综合能耗”等六项EVA重点改善专项活动，产生了明显的经济效益。

中航工业在实施战略成本管理的过程中注重五个结合。

一是成本管理与重大战略行动相结合。近年来，中航工业不断加大对重大投资项目的战略性投入，保障战略稳健实施，促进战略目标的实现。

二是成本管理与技术创新相结合。中航工业近年来在设备、原材料、人工等成本不断攀升的情况下，通过项目投入、项目贴息、建立创新基金、奖励与激励方案等方式，大力支持对自主创新的投入，额度占到营业收入的5%以上，并做到了成本费用水平稳中有降。

三是成本管理与管理创新相结合。中航工业财务管理部门主动与研发、生产、营销等部门大力协作，梳理、优化流程，推行精益生产和流程再造，通过提高劳动生产率进一步降低成本、提高效率。中航工业学习借鉴波音公司的精益生产管理，生产流程时间也大幅缩减。

四是成本管理与商业模式创新相结合。传统商业模式的弊端为成本高、效率低、管理难。中航工业积极借鉴波音公司和空客公司的商业模式，探索将飞机生产模式从“设计-部件制造-总装-销售”逐步转变为“设计-总装-销售”，将部分部件制造外包，从单一飞机制造商逐步升级为高端系统集成商，提高产品价格的竞争力，目前已在一些民用飞机项目的部件制造方面尝试全球招标。

五是成本管理与国际化开拓相结合。中航工业积极支持海外并购、国际营销网络建设、国际战略合作交流、国产民机海外销售、民机转包生产等工作，向成为有竞争力的跨国公司迈出了坚实步伐。

三、大力推广项目财务管理

项目财务管理是项目管理的重要方面，是财务与业务协同、共同推进技术与经济相结合的重要途径。中航工业大力推广项目财务管理，主要在以下几个方面进行了有益的尝试。

（一）将目标管理和财务管理相结合，通盘考虑新产品的研制费、生产成本和使用维护保障费

中航工业积极开展目标价格和目标成本管理，逐步推进限价设计，将项目财务管理细分为“四阶段”（概算、预算、核算、决算）和“三重点”（目标价格测算、目标成本控制、目标价格控制），使日常的管理工作更精细、更深入，对保障项目实现研制成功的目标发挥了积极作用。

（二）全力推进项目总会计师制度，从体制上保障项目技术性与经济性的协同管理

中航工业近年来加大了对财务管理人员的技术与生产知识的普及力度，并加强了对科研技术人员尤其是总设计师和总工程师的成本管理培训，提高了大家对项目财务管理工作的认识。特别是项目总会计师制度的建立，使重大项目的管理由过去的行政、技术领导转变为行政、技术、财务协同领导，由行政总指挥、总设计师、项目总会计师协同

开展项目管理，在体制上保障了项目管理技术性与经济性的协调一致。

（三）优化项目成本结构，提高企业的投入产出能力

优化项目成本配置，该升的升，该压的压，通过提高投入产出能力降低成本比重，提升企业效益。

四、重视目标成本管理

为了强化绩效考核，有效推进经营管理责任制，中航工业实行了目标成本管理经营责任制。目标成本是责任单位在考核期内应完成的航空产品、民用产品及其他项目所应控制的既定成本水平。目标成本考核就是对完成既定任务而成本节约的单位进行奖励，对成本超支的单位进行处罚。

通过开展目标成本考核，使各生产单位的责任定位更加清晰，即成为完成科研生产任务、有效控制成本的成本中心，从而更加有利于保证公司整体目标的实现。另外，“目标成本”的设定有效地提高了生产单位员工杜绝浪费、降低成本的意识，这也在很大程度上为各项经济指标不断攀升奠定了基础。

五、利用管理会计的分析方法，进行一些产品项目的投资决策管理

公司在进行一些重大项目投资决策时，通过净现值、回收期、投资报酬率、盈亏平衡等指标计算分析，为项目投资决策提供科学的依据；再者，公司在承揽民机转包项目或承揽民品项目时，由于参与的都是市场充分竞争的产品，在制定价格策略时，公司通过边际贡献分析方法，计算出相关产品的边际贡献，通过比较边际贡献大小，再综合考虑其他因素等，制定价格及谈判策略，为公司投资决策提供重要的参考。

通过以上管理实践，管理会计的一些理论、工具和方法逐渐得到了越来越广泛的应用，也取得了较好的管理效果，得到各级领导的认可和重视。

六、培养高端管理会计人才

中航工业长期注重以高素质财务人员培养为核心的财务能力建设，常年与财政部财政科学研究所、郑州航空工业管理学院、北京航空航天大学等开展多种形式的交流与合作。自2008年开始大力推行“十、百、千、万”财务人才队伍建设工程，培养储备了一批具有较高水平的管理会计人才，产生了良好的示范效应。

中航工业还培养了一批国际化企业的首席财务官（CFO）、首席执行官（CEO）和地方政府的领导人。在中航工业内部，集团公司近1/3直属单位和多个上市公司的正职领导都有财务管理方面的工作经历和背景。

案例七 长安汽车：作业成本法探索实践及成效

重庆长安汽车股份有限公司（以下简称长安汽车）以产品盈利为核心、以达成公司整体盈利能力提升为目标，在运用传统管理工具的同时，根据企业内部管理需求，改革

创新，积极应用高效智能的管理会计工具，如财务BI（Business Intelligence，商务智能）、作业成本管理等管理会计工具，更精确地控制成本，较大程度地提高了产品利润。

长安汽车作业成本法的实施步骤分为七个部分：一是培训动员；二是采集基础信息，如生产车间的组织架构、设备能耗参数等；三是确认计量资源，如人工成本、燃动费、折旧费等；四是为资源消耗选择动因，如人工成本的消耗动因是"人工作业时间"，即按照对应生产线，分作业项目统计人员有效工作时间、停线等待时间、停工时间；五是按照一定的逻辑计算作业成本；六是选择作业动因；七是产品成本计算。

长安汽车运用作业成本法，探索作业成本管理工具的运用方法、成本计算及其成效，为汽车行业各企业探索作业成本法的实践应用提供借鉴。

一、长安汽车作业成本法试点的前期准备

（一）试点单位的选择

长安汽车选定江北工厂冲压车间作为作业成本法试点单位。江北工厂是长安汽车生产的发源地，其冲压车间业务层面基础管理工作相对完善，工艺简单，作业标准；冲压工艺是整车生产的第一道工艺，上下游业务之间的界线清晰，行业标杆信息易于采集。

（二）实施作业成本法的关键要素

在进行作业成本法试点探索之前，长安汽车明确了实施作业成本法的关键要素。一是作业动作必须标准。对每一项作业进行标准定义，明确区分核心作业和辅助作业，详细分析各项作业有无附加值，以便从中发现持续改善的机会和途径。二是业务数据要准确。采集的业务信息必须真实、准确，不真实、不准确的业务信息将输出无效的财务信息，误导公司的经营决策。三是调动积极性。作业成本法涉及的业务范围广，作业层次深，只有充分调动业务层面广大员工的积极性，才能保证作业成本法各实施环节的顺利开展。四是要有信息系统的支撑。作业成本法需要采集大量的数据，没有精细的信息系统支撑，计量成本将大幅度增加，导致作业成本法的推行受阻。

（三）组织保障

为推行作业成本法，长安汽车成立了以总会计师为组长、财务部部长为副组长的推进领导小组。财务部全面牵头，深入事业部、工厂调研，将作业成本法的试点范围进一步扩大，正式在冲压工艺、铸造工艺中进行推广。

各实施单位每周召开例会，跟踪工作进展情况，控制项目风险，保证推进工作的顺利开展。财务部每半个月组织召开月度例会，通报各实施单位作业成本法试点工作的推进情况，总结项目推进方法，指导后续推进工作的顺利开展。

二、长安汽车作业成本法试点的实施步骤

通过培训动员、基础信息采集、计量资源确认、资源动因选择、作业成本计算、作业动因选择和产品成本计算这七大步骤，长安汽车完成了作业成本法的运用实施。

（一）培训动员

作业成本管理是一项以作业为基础的管理工作，业务层面对作业成本法的认知程度

对其成功实施至关重要。为此，公司在实施单位统一召开启动会，从上到下，层层动员，使实施工作在基层单位达成广泛共识；项目实施专责组对各业务层级员工开展多形式、多层次专业培训，形成良好的互动机制，保证员工掌握作业成本法的基本知识和实际操作方法，为项目开展提供人员技能保证。

（二）基础信息采集

第一步：清理生产车间的组织架构。以生产线、工位为基准，收集车间生产线工位及辅助工段岗位的设置信息作为统计人员信息、固定资产配置、设备参数的依据。

第二步：清理生产车间的固定资产设备配置情况。首先清理出车间设备的实际使用状态，然后将“在用”状态设备按工位进行匹配，作为统计设备能耗参数以及后期设备运行时间的基准。

第三步：清理生产车间的设备能耗参数。对分配到生产线工位的设备能源耗用对象进行分析，将“定额功率”作为用“电”设备的能耗参数，将“储气罐体积”作为耗用“压缩空气”设备的能耗参数。

第四步：清理生产车间的人员信息。对生产线各工位及辅助工段岗位的工种、报废待处理、电、定额人数、实际人数进行清理，作为后期统计人工作业时间的基准。

第五步：清理产品参数。对车间产品的加工方式、模具状态、工序数、混线生产情况等关键要素进行清理，作为统计部分作业动因（冲次等）的依据。

第六步：作业内容访谈。对车间主任、职能组长、班组长分别进行三个层次的作业访谈，逐步细分作业内容。通过对操作人员的访谈，落实具体工作步骤，形成作业项目清单，对影响作业效率及资源耗用水平的原因进行剖析，确定车间主要的作业动因。

（三）计量资源确认

第一步：划分费用性质。根据各项费用的性质，把车间费用拆分为直接费用和间接费用。将间接费用中占比最高的前4项（即人工成本、燃动费、折旧费、维修费，合计占比96.61%）作为试点作业成本法的资源项目。

第二步：确认计量人工成本。根据前期人员信息与生产线工位配比的结果，运用人力资源系统，将每个员工发生的人工成本费用项目直接计入对应的工位或辅助岗位上。人工成本按工位分配的总成本应与ERP系统总账会计科目的发生额保持一致。

第三步：确认计量燃动费。根据工厂设备管理部门提供的原始抄表数据，将车间燃动费分为车间实际使用部分与工厂分摊部分。同时根据能源项目与车间作业内容的关联性，将车间实际使用的“电”“压缩空气”成本按作业成本法进行分配，将“水”“天然气”按产量进行分配。

第四步：确认计量折旧费。根据前期固定资产与生产线工位配比的结果，运用ERP资产管理系统，将每项资产的月折旧额直接计入对应的生产线、工位。不能计入对应的生产线、工位的部分按产量进行分配。

第五步：确认计量维修费。根据前期固定资产与生产线工位配比的结果，运用EAM备件管理系统，按出库备件的使用去向，将EAM备件费用直接计入对应的生产线、工位。维修工程则依靠设备管理部门的台账管理系统，将能够追溯到生产线、工位的维修项目，直接计入对应的生产线、工位，不能追溯的部分按产量进行分配。

（四）资源动因选择

动因之一：人工作业时间。按照对应生产线，分作业项目统计人员有效工作时间、停线等待时间、停工等待时间，作为分配人工成本的基础。

动因之二：设备运行时间。按照对应生产线、工位，分作业项目统计设备运行时间，包括有效运行时间、停线等待时间、停工等待时间、闲置时间、待机时间，作为分配燃动费、折旧费、维修费的基础。

（五）作业成本计算

成本之一：人工成本。首先计算人工成本的分配率，计算公式为：固定人工分配率=某生产线固定人工成本总额÷该生产线人工作业时间之和，变动人工分配率=某生产线变动人工成本总额÷该生产线人工有效工作时间之和。其次分配人工成本，计算公式为：人工作业成本=某条生产线某项作业所耗用的人工时间×固定（变动）人工分配率，人工停线等待成本=某条生产线人工停线等待时间×固定（变动）人工分配率，人工停工等待成本=某条生产线人工停工等待时间×固定（变动）人工分配率。

成本之二：燃动费用。首先根据燃动费分配率=某生产线工位燃动费总额÷（该生产线工位设备运行时间之和–该生产线工位设备闲置时间之和）计算燃动费用的分配率。其次分配燃动费，计算公式为：燃动作业成本=某生产线工位某项作业所耗用的设备运行时间×燃动费分配率，燃动停线等待成本=某生产线工位设备停线等待时间×燃动费分配率，燃动停工等待成本=某生产线工位设备停工等待时间×燃动费分配率，燃动待机成本=某生产线工位设备待机时间×燃动费分配率。

成本之三：折旧费用。首先根据折旧费分配率=某生产线工位折旧费总额÷生产线工位设备运行时间之和计算折旧费用的分配率。其次分配折旧费，计算公式为：折旧作业成本=某条生产线工位某项作业所耗用的设备运行时间×折旧费分配率，折旧停线等待成本=某条生产线工位设备停线等待时间×折旧费分配率，折旧停工等待成本=某条生产线工位设备停工等待时间×折旧费分配率，折旧闲置成本=某条生产线工位设备闲置时间×折旧费分配率，折旧待机成本=某条生产线工位设备待机时间×折旧费分配率。

成本之四：维修费用。首先根据维修费分配率=某生产线工位维修费总额÷（该生产线工位设备运行时间之和–该生产线工位设备闲置时间之和）计算维修费用的分配率。其次分配维修费用，计算的式为：维修作业成本=某条生产线（工位）某项作业所耗用的设备运行时间×维修费分配率，维修停线等待成本=某条生产线（工位）设备停线等待时间×维修费分配率，维修停工等待成本=某条生产线（工位）设备停工等待时间×维修费分配率，维修待机成本=某条生产线设备待机时间×维修费分配率。

（六）作业动因选择

动因一：冲次，即每个产品需要经过的冲压成形加工的次数。其统计口径可分为能源月冲次和自然月冲次。为了与能源抄表周期保持一致，将上月21日至本月20日按完工产量计算的冲次计入能源月冲次；为了与人工薪酬计算周期保持一致，将本月1日至31日按完工产量计算的冲次计入自然月冲次。根据冲次分配与冲压加工相关的作业成本，如“冲压生产——加工半成品”。

动因二：换模时间，即将某一生产线上的产品模具进行品种切换的间隔时间，包括模具准备时间、操作时间、调整时间、整理时间。其统计口径可分为设备换模时间和人工换模时间，设备换模时间指从上月21日至本月20日，为完成换模相关作业，设备实际的运行时间；人工换模时间指从本月1日至31日，为完成换模相关作业，实际参与的人工作业时间。按照换模时间，分配与换模相关的作业成本，如“调整程序”“装撤模”。

动因三：试模时间，即对新产品模具、老产品复制模具的精度及参数进行试生产、测试及调试的时间。其统计口径可分为设备试模时间和人工试模时间，设备试模时间指从上月21日至本月20日，为完成试模相关作业，设备实际的运行时间；人工试模时间指从本月1日至31日，为完成试模相关作业，实际参与的人工作业时间。按照试模时间，分配与试模相关的作业成本，如“新品试制”。

动因四：修模时间，即当产品在冲压加工过程中出现毛边等质量问题，以及模具在使用过程中出现裂纹、备件损坏等轻微损伤时，对模具进行修复所需要的时间。其统计口径是指从本月1日至31日，为完成修模相关作业，实际参与的人工作业时间。按照修模时间，分配与修模相关的作业成本，如“专用工装维修”。

动因五：返修时间，即对不合格品进行修理的时间。其统计口径为本月1日至31日，为完成返修相关作业，实际参与的人工作业时间。按照返修时间，分配与返修相关的作业成本，如“零件补焊”“零件打磨”。

动因六：完工产量，是按能源抄表周期与人工薪酬计算周期分别统计各生产线的完工产品数量，使作业动因与作业成本的计算周期保持一致。其统计口径分为能源月完工产量和自然月完工产量，为了与能源抄表周期保持一致，将上月21日至本月20日的完工产量计入能源月完工产量；为了与人工薪酬计算周期保持一致，将本月1日至31日的完工产量计入自然月完工产量。不能通过前面五个作业动因分配的作业成本，均按完工产量进行分配。

（七）产品成本计算

第一步：汇集分配作业成本。按照作业动因和生产线，将各项作业耗用的人工成本、燃动费、折旧费及维修费分类汇总，形成作业成本库，并按产品的作业动因数计算出作业成本分配率，计算公式为：作业成本分配率=与某项作业动因相关的作业成本总额÷该动因数量之和。汇集分配作业成本见表14-1。

第二步：计算产品成本。归集各个产品的作业动因数量与作业成本分配率，计算公式为：分摊作业成本=某作业成本（库）分配率×某产品耗用作业动因数量，试模成本=某生产线某产品当月试模时间×试模作业成本分配率，冲次成本=某生产线某产品当月冲次总和×冲次作业成本分配率，换模成本=某生产线某产品当月换模时间×换模作业成本分配率，修模成本=某生产线某产品当月修模时间×修模作业成本分配率，返修成本=某生产线某产品当月返修时间×返修作业成本分配率，完工产量成本=某生产线某产品当月完工产量×完工产量作业成本分配率。

表 14-1 汇集分配作业成本

作业动因		作业成本	项目						合计
			A线	A1线	B线	C线	D线	辅助生产	
换模时间	总成本（元）	人工作业成本	4 777	8 654	9 023	8 324	8 616	54 535	93 930
		燃动作业成本	8 482	5 603	13 642	10 639	2 478	0	40 844
		系统折旧作业成本	356	0	7 115	4 616	17	0	12 104
		手工折旧作业成本	12 474	3 578	6 423	7 020	2 667	0	32 163
		维修作业成本	2 008	38	0	108	11	0	2 165
	分配率	人工作业成本	0.56	0.42	0.69	0.76	0.45		
		燃动作业成本	3.12	1.41	2.48	2.53	1.59		
		系统折旧作业成本	0.13	0	1.29	1.10	0.01		
		手工折旧作业成本	4.59	0.90	1.17	1.67	1.71		
		维修作业成本	0.74	0.01	0	0.03	0.01		

第三步：汇总产品成本。将作业成本（库）的分摊成本和直接成本合并汇总，计算该产品的总成本，再将总成本除以产品数量，计算该产品的单位成本。汇总产品成本见表 14-2。

表 14-2 汇总产品成本

半成品件号	名称	模具状态	换模成本（元）			
			人工	燃动	折旧	制造费用
2801351-K01	前风窗盖板连接板（左）	左右共模	941	85	54	1
2801462-K01	前风窗盖板连接板（右）	左右共模	941	85	54	1
5104311-K01	后地板前横梁	0	1 086			
5300011-K01	发动机舱连接板（左）	左右共模	714			
5300022-K01	发动机舱连接板（右）	左右共模	714			
3N21F27846BB	侧围外板（右）	0				
280111-01	纵梁前段（左）	0	2 713	1 019	650	7
280113-04	纵梁中段（左）	0	2 264	271	290	129
2801131-E01	纵梁后段（左）	0	2 335	679	434	5
2801131-E02	纵梁后段（左）	0				
2801222-01	纵梁前段（右）	0	2 378	1 019	650	7
2801224-04	纵梁中段（右）	0	1 551	546	525	
2801242-E01	纵梁后段（右）	0	2 378	1 019	650	7
2801242-E02	纵梁后段（右）	0				
5102111-02	前地板	0	1 746	286	310	1
5102123-01	发动机仓前板	0	2 463	678	724	323

综合以上七大步骤，在作业成本法下，长安汽车从产品成本层层分解到资源项目，又从资源项目逐层归集到产品成本，形成严密的逻辑关系。以8408111-E02前罩外板为例，图14-2描述了其在作业成本法下成本与资源项目的关系。

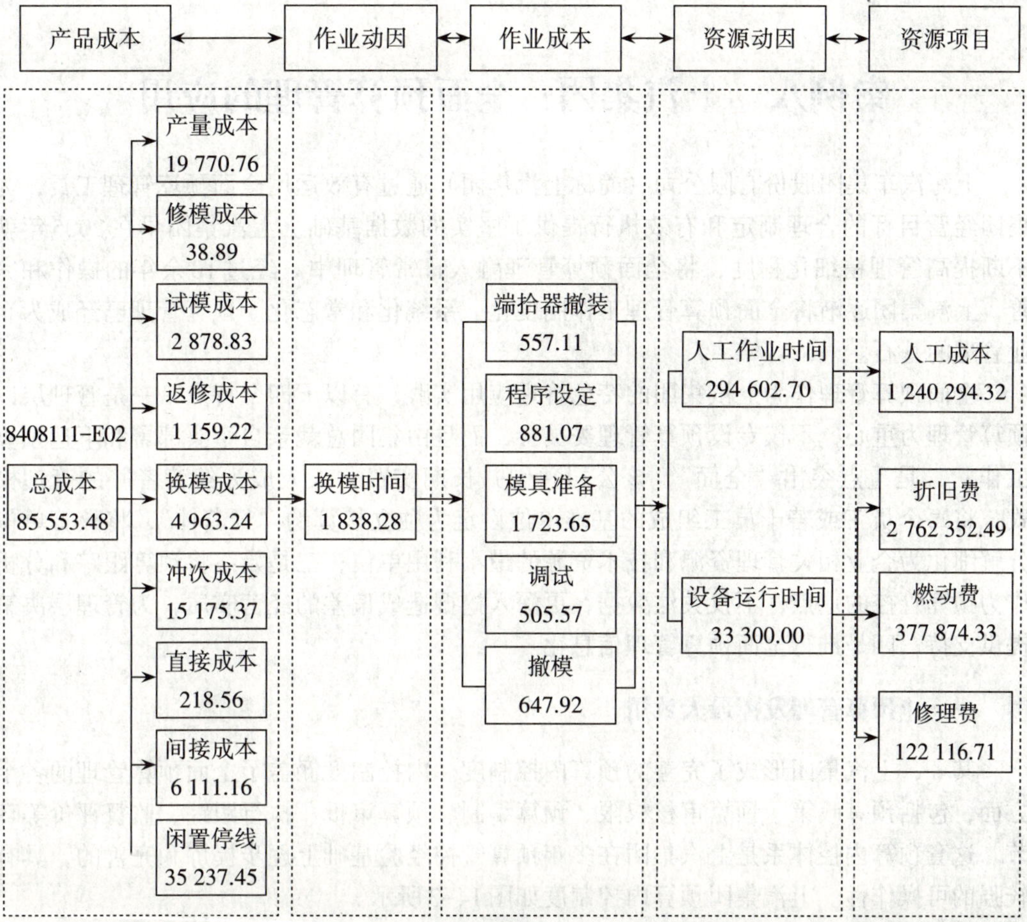

图 14-2　前罩外板的作业成本

三、长安汽车作业成本法试点的初步成效

长安汽车通过探索尝试作业成本工具在江北工厂冲压车间的实施运用，初步表现出阶段性实施效果。

一是调整产品结构，持续降低成本。按照最优成本结构的方案，逐步优化生产线排产，提升低成本生产线利用率，降低单冲次成本。

二是优化改善流程，提升作业效率。通过有针对性的业务技能培训，作业效率得到提高，换模时间减少；车间设备团队通过跟踪生产线换模步骤，找出制约换模时间的因素；加强模具预防维护，提高模具使用质量。

三是消除非增值作业，降低库房管理成本。减少原材料重复吊运现象，避免原材料多次吊运；合理安排生产，降低实物库存，减少半成品保管成本；减少计划调整频率，固化生产周计划，减少计划对接次数，达到按计划配送的目的。

四是减少浪费，提高资产利用率。通过对设备作业时间的分析，提出建议措施，提高资产设备利用率。

案例八　上汽集团：全面预算管理的应用

上海汽车集团股份有限公司（简称上汽集团）通过有效运用全面预算管理工具，为集团经营目标的合理制定和有效执行提供了坚实的数据基础。上汽集团早在2005年就不断提高管理精细化程度，将全面预算管理融入日常管理中。经过10余年的操作和完善，上汽集团逐渐将全面预算管理工作制度化、系统化和常态化。预算管理已经成为企业管理的基石。

全面预算管理作为上汽集团的特色管理应用实践，有以下四个特点：一是管理层以预算管理为重心，不仅专设预算管理委员会，而且由集团总裁亲自牵头部署和下达预算工作；二是重点突出“全面”，该公司独创并长期实践“人人成为经营者”的管理模式，将每个员工或若干员工组成的基准单位设定为独立核算的“经营体”，将核算单位分解细化为企业相关管理资源和技术资源的最小利用单位；三是始终将预算跟踪和分析作为预算管控的重点，不仅关注数据，更深入挖掘造成偏差的经营实质，为管理层决策提供支持；四是推行全面预算管理信息化。

一、让预算管理发挥最大效用

其一，上汽集团形成了完善的预算内控制度。内控制度涵盖了全面预算管理的各个方面，包括预算政策、预算审核权限、预算编制、预算审批、执行跟踪、监督评价等环节。这套预算内控体系是上汽集团在多年预算管控经验基础上逐步提炼和完善的，具有较强的可操作性。上汽集团预算内控制度如图14-3所示。

近年来上汽集团经营规模不断增长，企业数量不断增加，明确一套可操作、可复制的预算内控制度，对于统一集团预算管控要求、提升预算管控效率都起到了积极的作用。

其二，上汽集团建立了系统的预算管理流程。预算编制、预算执行、预算评价等各个预算管控环节紧密相连，形成了一套完整的闭环管理系统。对于系统中每一个预算管控环节，上汽集团都作为一项重点工作来落实，做好每一个预算管控环节，确保预算管控系统平衡、有效地运行。

其三，上汽集团将全面预算管理融入日常运营和管理。全面预算管理是企业管理系统中的工具，要真正发挥其作用，还需要与其他管理手段联合使用，比如与绩效管理相结合，与风险预警相联系等。全面预算管理的重点在于“全面”两字，不仅要把预算管控落实到企业经营的方方面面，还要让预算管理理念渗透到企业的其他各项管理系统中，渗透到企业的文化中，这样才能让全面预算管理发挥出最大的效用。

二、五项实践措施

一是建立具有上汽集团特色的预算管理系统。上汽集团不断向合资外方学习先进的预算管理理念以及领先的预算管理系统，并积极将其用于实际经营管理中。集团将这些

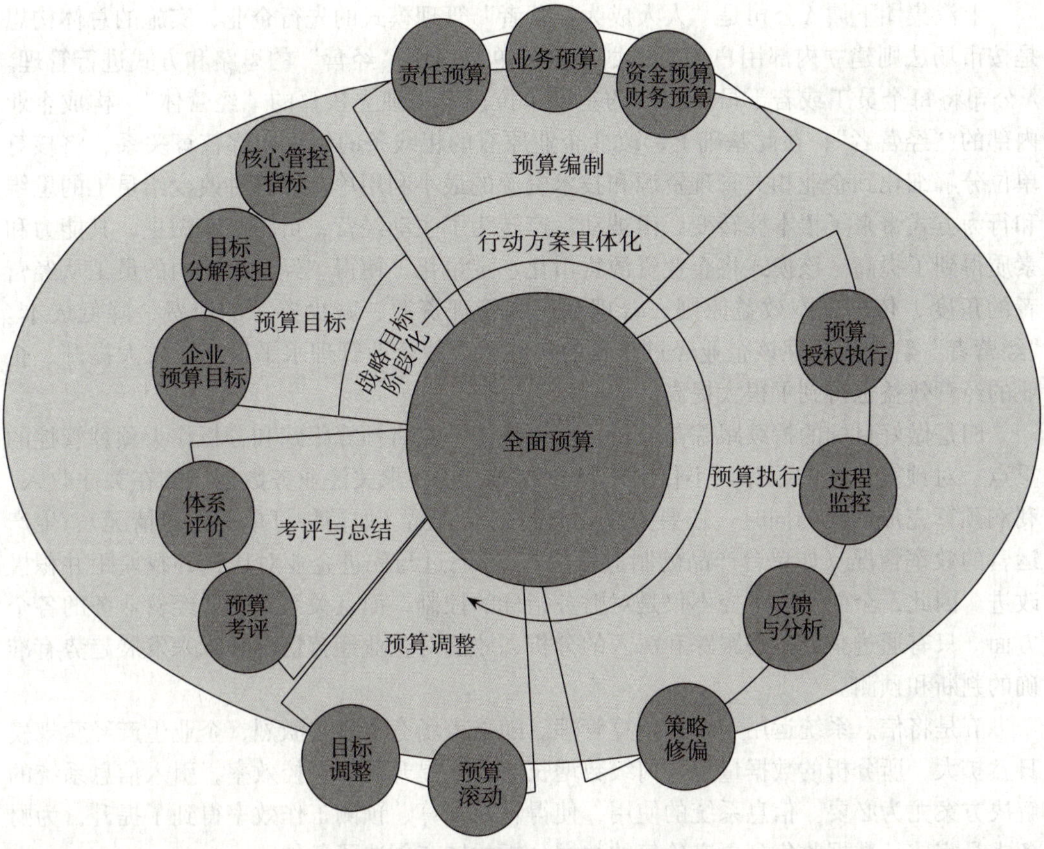

图 14-3　上汽集团预算内控制度

成熟的预算管理方法付诸实践，不断总结提炼经验，并结合集团自身运营的实际情况，逐步形成了现有的具有上汽集团特色的全面预算管理系统。这套全面预算管理系统是可复制、可操作的。随着上汽集团经营规模的不断扩大，新设和收购的企业数量也在不断增加，上汽集团预算管控的理念和方法能很快地在新企业中得到应用。

二是集团对全面预算管理高度重视。上汽集团设立了预算管理委员会，在预算管理委员会的领导下开展预算编制、预测执行、预算控制和监督等工作。集团总裁牵头落实预算目标的制定工作，负责预算编制总体要求的下达。年度预算目标经过多次“由上而下、由下而上”的充分沟通和讨论，经董事会审核批准后执行。在上汽集团预算管控过程中，无论是工作汇报还是考核评定等具体工作，管理层都以预算目标的执行情况作为主要评价依据。这些都充分体现了集团管理层以预算管理为重心，以预算目标为抓手，将全面预算管理工作作为集团基本的管理工具之一。

三是全面预算管理重点突出“全面”。“人人成为经营者”的管理模式，是上汽集团独创并长期实践的管理模式。这一管理模式突破了传统的管理理论和思维方法，以人为本，把市场机制引入企业内部管理，精细有效地整体优化了企业的管理结构、管理环节和管理过程，把员工当家做主真正落到实处，极大地调动了广大员工的创造性和积极性。

上汽集团下属A公司是“人人成为经营者”管理模式的先行企业，实施的总体构思是按市场法则建立内部用户关系，划小核算单位，用“经营”的思路和方式进行管理。A公司将每个员工或若干员工组成的基准单位设定为独立核算的“经营体”，构成企业内部的“经营者”；在此基础上，改变企业原有的粗线条的组织内部核算关系，将核算单位分解细化到企业相关管理资源和技术资源的最小利用单位。这种改变给员工的思维和行为方式带来了根本性转变，由被动生产转为了主动经营，员工当家做主，其能力和素质得到了提高。该模式将企业资源货币化、定量化，使得“经营体”内的员工从经营者的角度，依据成本效益原则，合理利用和管理资源，减少资源的浪费，降低成本。“经营者”管理模式在该企业经过几年的实践后，使企业管理水平得到了较大提升，企业的经营效益也得到了很大提高。

四是做好目标的持续跟踪与分析。上汽集团一贯将预算跟踪和分析作为预算管控的重点。对预算目标的跟踪，不仅限于财务数据，还要求关注业务数据。如在关注收入、利润预算完成情况的同时，还要关注业务的完成情况（如销售订单的获得情况）、生产运营的效率情况（如单台产品的制造费用），并通过与先进企业对比，寻找差距并积极改进。因此，全面预算管控不仅是对财务指标的控制，而且关系到企业经营业务的各个方面。只有通过全方位的跟踪和深入的分析，才能对企业经营情况和未来发展趋势有准确的判断和预测。

五是将信息系统运用于全面预算管理。随着市场竞争日趋激烈，企业生产经营规模日益扩大，所分析的数据量呈几何级数增长。为了提升预算管控效率，引入信息系统的解决方案尤为必要。信息系统的使用，使得日常预算、预测工作效率得到了提升，为财务人员完成从数据收集到更有价值的数据分析的转变创造了条件。

管控的载体包括分产品的利润表、资产负债表、现金流量表、结构成本、转移价以及贯穿其中的物料成本预测和税收预测等。此外，企业会越来越多地要求进行多维度、全方位的比较和分析。这些变化导致传统的Excel手工分析模式越来越难以满足需求，为了提升预算管控效率，必须引入信息系统解决方案。

上汽集团本部实施了SAP系统及其他辅助系统（如电子PR系统、采购E-Purchasing系统等），对本部费用尤其是开发费用的全面预算管理起到积极的推动作用。通过SAP系统的应用，可以打通并规范业务流程，实现数据在业务部门和相关业务链共享，可以通过系统积累强大的基础数据，为事前、事中和事后全过程控制提供依据。

上汽集团在合并层面实施了HFM系统，给全面预算管理带来了多方面的好处。首先，形成了整合的数据平台，可以及时掌握下属企业预算、预测信息；其次，通过预算、预测科目系统化，确保数据准确、结构稳定、关系可靠；再次，运用统一的科目定义，便于对比、沟通和管理；最后，系统可根据需求灵活取数并生成管理分析报告，而且大大提高工作效率。

全面预算管理工作在集团内的推行和不断完善，保障了上汽集团经营目标的合理制定和有效执行。上汽集团近年来销量、收入和净利润等各项指标都呈现较快增长；集团连续9年入围《财富》杂志世界500强企业榜单，且排名不断提升，2014年位列第85名。

三、留心三大误区

在上汽集团的全面预算管理实践中，也有实务上的误区。

第一，预算目标和实际经营结果偏差很大，缺乏对实际经营的引导和控制。究其原因，主要是对于全面预算管理的认识还停留在经营预算或财务预算的层面，还是为预算而预算。没有认识到全面预算管理是一种管理模式，这种模式的起点是企业的发展战略，核心是企业经营管理的全过程。只有把预算目标和企业战略、经营实质结合起来，才能更好地反映出未来的发展趋势，才能更有效地为企业发展配置必要的资源。

第二，预算管控各环节的被重视程度不一，重编制轻执行。要做好预算管理，目标的编制很重要，但预算的执行更重要。只有做好预算控制和分析，才能真正发挥出预算目标对于企业经营的控制和引导作用，才能有效地通过差异分析找出企业未来经营中的机会和风险。

第三，对于预算管理认识不深，缺乏必要的组织保障。只有企业管理层对全面预算管理有完整的了解，对预算管理工作予以重视，企业的预算工作才能真正得到组织保障，预算管理才能得到有效和深入的推行。

案例九　美的集团：采购供应链管控模式

美的集团股份有限公司（以下简称美的集团）的前身是一家创办于1968年的乡镇企业，在1980年前生产过塑料瓶盖、汽车刹车阀、柴油发电机等产品。目前美的集团是以家电业为主，涉足房产、物流等领域的大型综合性现代化企业集团，是中国最具规模的白色家电生产基地和出口基地。美的集团主要通过拉通“四条业务线”进行供应链一体化的管控：一是拉通外销从订单到收款；二是拉通内销从商机到收款，精准分析成本和毛利；三是拉通采购到付款，规范透明交易结算；四是拉通计划到执行，提升运营效率。

集团构建采购供应链价值服务平台主要掌控两个关键点：

一是供应部。美的集团供应部作为事业部采购计划和采购中心资源部的衔接，主动、快速反应以满足事业部生产需要是最重要的，并确保准时送货；在公司“提供最优化供应链增值服务，以降成本为目标而非利润最大化”的前提下，确保公司正常运营，及时、清晰处理账务，收回货款。作为采购中心面向事业部的窗口，供应部起到美的集团采购供应链中枢的作用，不仅要根据事业部需求变化、市场变化来优化采购供应链，而且要根据事业部自身需求提供个性化服务。采购供应链流程如图14-4所示。

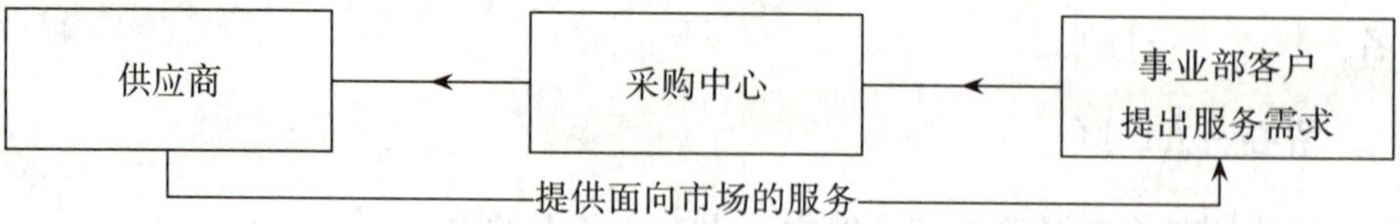

图 14-4 采购供应链流程

供应部主要应做好以下工作：实现准时送货，满足事业部生产；协助事业部和资源部做好降成本要求；协助事业部和技术研究所做好材料替代、寻找先进材料的工作；处理好信息流；处理好行情分析及趋势沟通；做好内部管理。

二是资源部。供应部针对美的集团内部事业部群这样的市场客户服务需求，必须推动资源部通过与供应商的合作关系来满足这样的市场需求，此时，资源部就代表了美的集团采购中心，更代表了整个美的集团，需要站在战略的位置来进行供应商管理。

资源部要根据“二八”原则，抓住20%的关键供应商，通过战略合作伙伴的关系维护，稳定美的集团80%的材料供应，通过规模化、高效化、计划化、准时化来完成资源的保障工作，并降低大宗材料成本，获取优质资源。根据“长尾”理论（长尾效应不只存在于网络，也存在于实体经济中），细抓80%的散户供应商，此时，对供应商管理体系平台的建立就显得更为迫切。根据事业部客户的需求，寻找优质先进、性价比高的材料，从而提高制造源头的材料技术水平，通过事业部与采购中心的“绑定立项”来高效执行；提供快速和精准的资讯行情分析，以及专业的套期保值操作服务。资源部流程如图14-5所示。

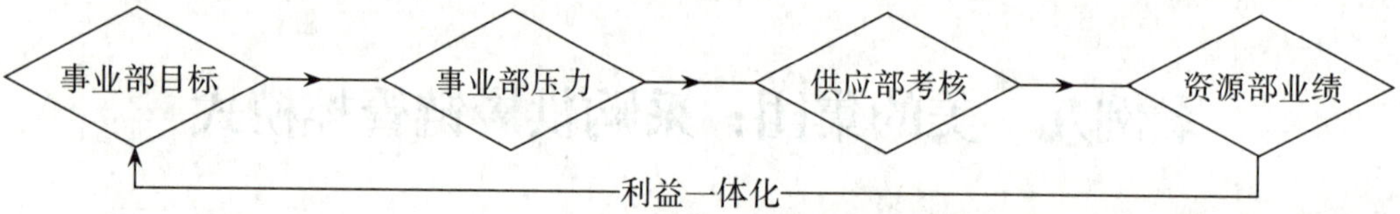

图 14-5 资源部流程

资源部应主要做好以下工作：做好供应商管理；建立优秀的资讯行情研究团队；提供优秀专业的技术服务；为事业部做好套期保值工作；保障资源，降低成本。

打造“采购中心-群事业部”“群事业部-采购中心-群事业部”“单供应商-采购中心-群事业部”“同类群供应商-采购中心-群事业部”的多元高效交流平台，定期举行采购供应链信息分析峰会、材料技术研讨会等，从而使信息在供应链上高效流转，削弱牛鞭效应的负面效果。内部协作链如图14-6所示。

内部协作链协助做好“利益一体化、业务一体化、信息一体化”的工作，并融入风险控制与监督的管理体系，使各部门进行同位合作，理顺内部协作链流程；推进采购供应链价值服务平台间的隐形点（引入公司内“鲶鱼”，激活内部；加强公司人力资源管理；搭建好电子供应链平台，跟进目前网络信息技术的步伐，从而提高内部管理效应；开通员工与员工、员工与上司的沟通渠道，达到内部高效沟通）。

由于目前采购中心的定位已经转向美的集团内部服务，采购中心将随着美的集团制造地位的弱化而逐渐降低。作为一家独立的服务公司，采购中心本来可以向专业化的采购供应链服务公司发展，进而在华南区称雄，面向全国，为各类企业提供原材料的供应和优秀的供应链设计服务。

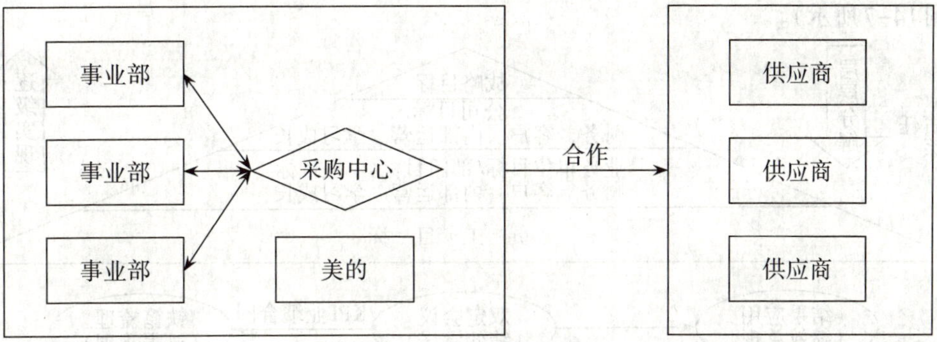

图 14-6 内部协作链

案例十 许继集团：基于战略执行的全员绩效管理体系的构建

国家电网许继集团有限公司（以下简称许继集团）经过40多年的发展，规模不断壮大，运营复杂度急剧上升，运营效率停滞不前，运营矛盾日渐成为公司的主要矛盾，根据国资委的要求，在深入分析公司面临的机遇、挑战与存在的主要矛盾后开启了基于战略执行的全员绩效管理变革。该体系模型以公司全员目标责任体系为中心，以全闭环绩效过程管理体系为主线，以全面综合保障体系为基础支撑。全员目标责任体系将公司战略层层分解落实到每一位员工实际工作中，做到"千斤重担有人挑，人人肩上有指标"。

为破除国有企业"考核激励机制僵化、效益低下"等问题，许继集团建立起管理者能上能下、员工能进能出、薪酬能升能降的有效绩效管理机制，全闭环绩效过程管理体系通过绩效承诺的"双定（定任务、定报酬）"会议、绩效过程管理的铁篦梳理、绩效评价和结果应用对公司经营目标实行全过程跟踪、辅导与评估，顺利实现公司经营目标。全面综合保障体系以科学的组织体系、完备的制度体系、业绩导向的绩效文化及先进的信息技术为主要构成，全面支撑公司绩效管理高效运行。

一、全员绩效管理体系模型的构建与内涵

为适应公司新的战略目标要求，许继集团在原有"目标牵引、过程管控"的绩效管理体系基础上引入战略管理与全员管理思想，紧紧围绕公司战略目标，以公司全员目标责任体系为中心，以全闭环绩效过程管理体系为主线，以全面综合保障体系为基础支撑，逐步实施绩效管理变革。全员目标责任体系将公司战略层层分解落实到每一位员工实际工作中，做到了"千斤重担有人挑，人人肩上有指标"；全闭环绩效过程管理体系通过"双定"会议、铁篦梳理、绩效评价和结果应用对公司经营目标实行全过程跟踪、辅导与评估，确保公司经营目标顺利实现；全面综合保障体系以科学的组织体系、完备的制度体系、业绩导向的绩效文化及先进的信息技术为主要构成，全面支撑公司绩效管理高效运行。三者实现有机统一，共同构成许继集团基于战略执行的全员绩效管理体系

（如图 14-7 所示）。

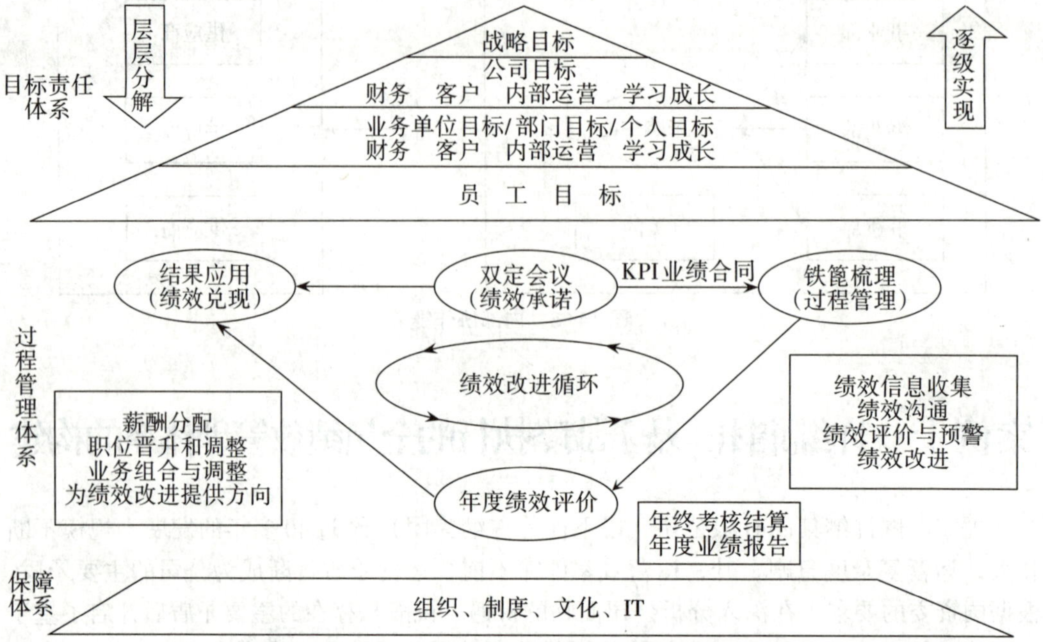

图 14-7　许继集团基于战略执行的全员绩效管理体系

二、全员绩效管理实践

（一）全员目标责任体系

公司绩效目标体系以企业战略目标为起点，通过战略回顾将战略目标化为年度经营目标和战略举措矩阵，进而通过经营计划目标细化与分解建立覆盖公司全员的目标体系，然后运用平衡计分卡与 KPI 思想构建起全员 KPI 体系。

1. 战略目标确定与回顾

传统绩效管理的目标设定是基于部门岗位或职责的，容易和企业战略目标脱节，因此，明晰战略目标是公司建立基于战略执行的绩效管理体系的先决条件和逻辑起点。通过对宏观经济环境和同业竞争研究，公司制订出战略草案，经审批后下达，为确保战略执行，又建立了一套战略回顾流程，对战略执行情况进行检查，将公司战略目标转化为年度经营目标与战略举措矩阵（如图 14-8 所示）。其指导思想是：以战略为导向，聚焦关键，瞄准短板；兼顾平衡，持续发展。

2. 经营计划制订与分解

经营计划的制订与分解过程是各级组织与人员明确公司年度目标的过程。它是许继集团目标责任体系落地的中枢环节，其上承战略规划与目标，下启公司各级绩效目标与行动计划。

（1）经营计划制订过程。以战略回顾的成果为起点，启动经营计划编制程序（如图 14-9 所示）。在经营计划管理部门的组织下，各部门编制新一年度经营计划大纲，并对业务单位编制的各项计划进行管控与指导。各业务单位编制本单位经营计划，经集团公司审批后下达执行。各业务单位以其年度经营计划涵盖的各项目标作为新年度经营目标。

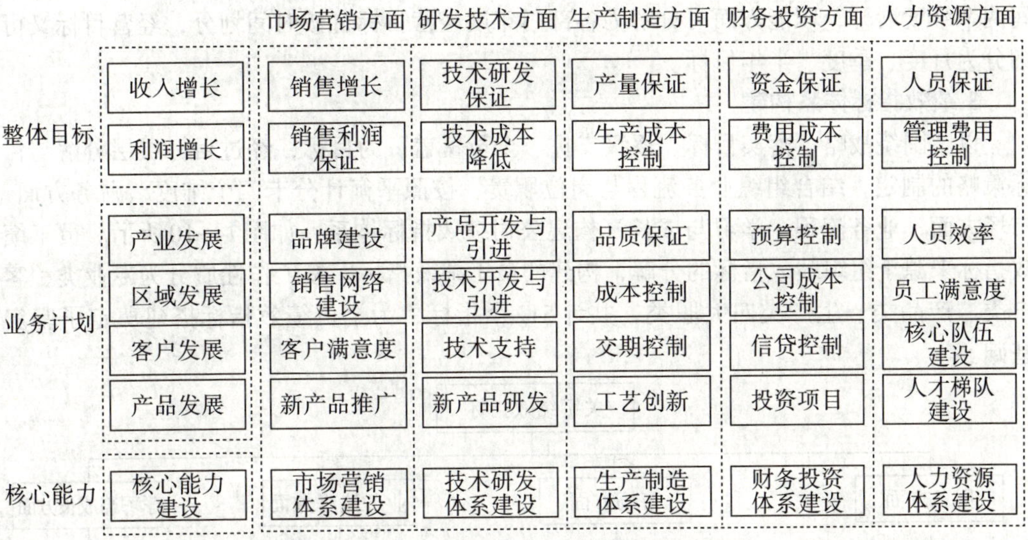

图 14-8　年度经营目标和关键战略举措矩阵

（2）经营计划的内容。许继集团经营计划主要涵盖三部分内容，即上年度经营情况回顾、经营环境分析及本年度经营计划。其中本年度经营计划分为销售、财务、生产运营、科研等经营目标及对应行动计划。

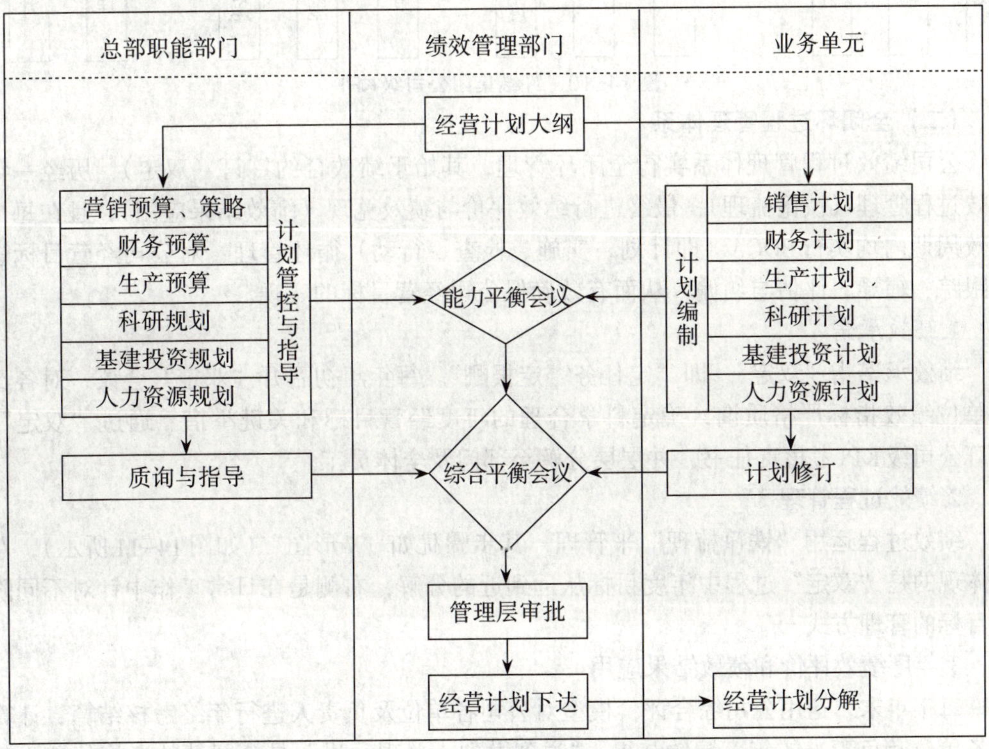

图 14-9　许继集团经营计划编制流程图

（3）经营计划的分解。经营计划下达之后，经营计划的分解即为目标层层分解的过程，公司各级组织及责任人员的年度业绩目标逐步确定。许继集团经营目标从职能与时间两个维度展开，职能方面可分解为各部门年度经营目标；按时间划分，经营目标又可细分为月度、季度、半年目标。

3.绩效指标体系构建

以“围绕战略、落实目标、逐级支撑、全员覆盖”为目标，经过目标层层分解与目标策略的制定，结合组织业务流程与岗位职责，按照平衡计分卡四个维度（财务方面、市场方面、业务流程、学习与成长）构建公司绩效指标体系，如图14-10所示。员工绩效指标来源于组织绩效指标的分解，构建的员工绩效指标库按工作性质分为专业类、客户类、产品类、生产类四大职类，共计512个指标，为全员绩效指标搭建奠定了坚实基础。

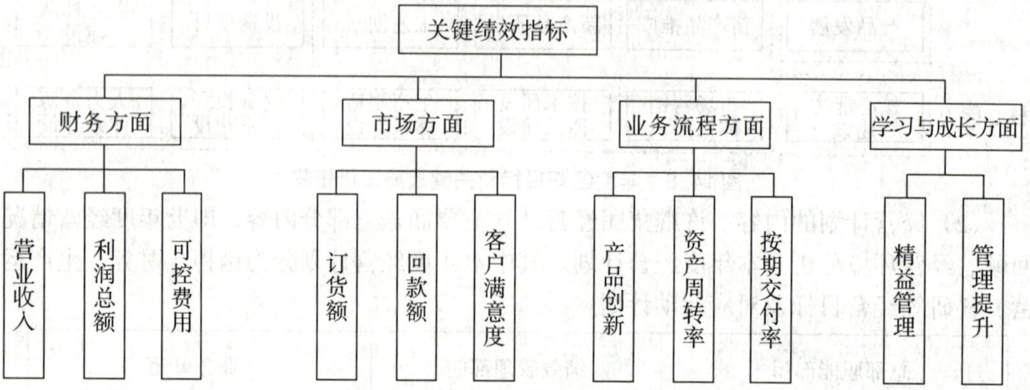

图14-10 许继集团公司级KPI

（二）全闭环过程管理体系

公司绩效过程管理体系实行全闭环管理，其始于绩效合约签订（双定），历经一年绩效过程管理（铁篦梳理），最终进行绩效评价与绩效兑现（绩效结果应用），且在每个绩效周期内均实行PDCA（即计划、实施、检查、行动）循环管理，对公司经营目标进行跟踪、辅导、评估与纠偏，从而有效确保公司经营目标的实现。

1.绩效承诺

绩效承诺指“双定”，即“定任务、定报酬”。每年年初召开“双定”会议，对各经营单位绩效指标严格质询，确定科学合理的年度经营目标和关键举措。通过“双定”，签订公司级KPI考核责任书，并层层分解至部门及全体员工。

2.绩效过程管理

绩效过程运用“铁篦梳理”来管理，其步骤犹如“V形图”（如图14-11所示），左侧体现的是“双定”过程中年度目标从远到近的分解，右侧是在日常工作中针对不同阶段目标的管理方式。

3.年度绩效评价和绩效结果应用

每年年末，运用公司综合评价模型对公司各单位及负责人进行年终考核结算，计算出各单位及负责人的年度绩效结果。“说到做到，兑现承诺”是公司绩效考核的核心理念之一。每年年末，公司按照考核结果对被考核者兑现承诺。许继集团的绩效考核结果

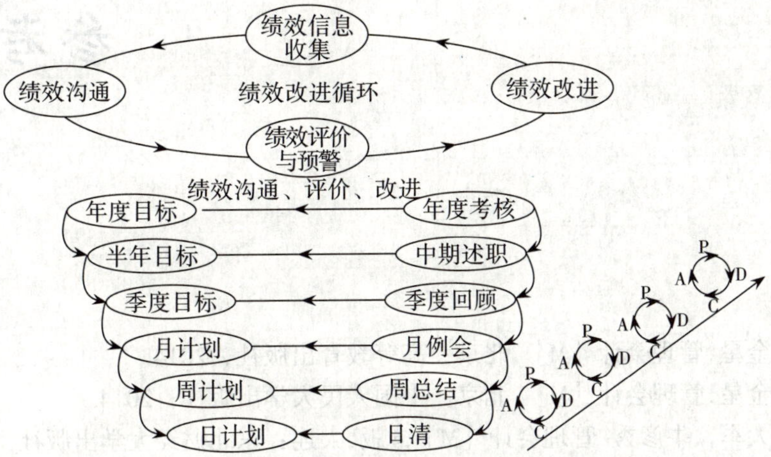

图 14-11　绩效过程管理 V 形图

主要应用于四个方面：一是薪酬分配；二是职位晋升与调整；三是业务组合与调整；四是为绩效改进提供方向。

（三）全面综合保障体系

1. 构建科学的组织体系

为保障公司持续发展和战略执行，公司构建了科学的绩效管理组织体系，包括绩效管理委员会、秘书处、执考团队、项目团队，明确分工与职责，为绩效管理执行建立强大的组织保障。

2. 建立完备的制度体系

完善的绩效管理制度是绩效管理有效落实的重要保证。公司先后下发了一系列绩效管理制度，对公司绩效管理的目的、原则、组织机构、工作规范等方面作了全面规定。

3. 塑造业绩导向的绩效文化

企业绩效文化具有价值性、独特性、传承性和不可模仿性，能够为企业带来长期竞争优势。公司营造价值创造的氛围，注重引导员工持续改进绩效，为公司带来驱动力和创造力。

4. 运用先进的信息技术

企业绩效管理过程中涉及烦琐庞杂的信息采集与处理。公司开发应用了全员绩效管理信息系统，有力支持和保障了绩效管理体系的运转。

参考文献

[1] 刘金星.管理会计 [M] .北京：高等教育出版社，2014.

[2] 刘金星.管理会计 [M] .北京：中国人民大学出版社，2014.

[3] 吴大军，牛彦秀.管理会计 [M] .4版.大连：东北财经大学出版社，2017.

[4] 韩文连.管理会计 [M] .北京：首都经济贸易大学出版社，2009.

[5] 陈兴滨.管理会计 [M] .北京：中国财政经济出版社，2012.

[6] 孙茂竹，文光伟，杨万贵.管理会计学 [M] .7版.北京：中国人民大学出版社，2016.

[7] 于树彬，刘萍，王忠民.管理会计 [M] .5版.大连：东北财经大学出版社，2015.

[8] 周亚力.管理会计：理论·方法·案例 [M] .上海：立信会计出版社，2006.

[9] 马林芳，乔新欢.京东集团基于价值链的全方位成本管理 [J] .财务与会计，2015 (7) .

[10] 王琨，等.长安汽车的作业成本法探索实践及成效 [J] .财务与会计，2015 (3) .

[11] 夏明涛.全面预算管理在上汽集团的应用 [N] .中国会计报，2015-04-10.

[12] 李巧红.许继集团基于战略执行的全员绩效管理体系的构建 [J] .财务与会计，2015 (4) .

[13] MAGRETTA J.The power of virtual integration：An interview with Dell Computers' Michael Dell [J] .Harvard Business Review，1998 (4-5)：73-83.

附录　管理会计技能大赛试题

竞赛题型一：单项选择题

一、管理会计基本素养部分单项选择题

1.管理会计是以强化企业内部管理（　　）为最终目的。

A.降低成本　　B.降低保本点

C.实现最佳经济效益　　D.增加销售量

2.管理会计对企业的经济活动进行预测、决策、规划、控制和考核，主要利用（　　）。

A.财务会计资料　　B.业务资料　　C.计划资料　　D.统计资料

3.关于管理会计的描述中正确的是（　　）。

A.管理会计在执行内部管理职能时，只能利用财务会计提供的资料

B.财务会计的信息质量特征，管理会计无法满足

C.管理会计在满足公认会计准则及相关法律的基础上可根据管理需要提供其他的报告

D.管理会计的信息计量可以把货币性计量与非货币性计量相结合

4.现代管理会计的核心是（　　）。

A.成本管理　　B.预算管理　　C.绩效管理　　D.营运管理

5.在前后各期产量和成本水平均不变的条件下，若本期完全成本法下计算的利润大于变动成本法下计算的利润，则意味着（　　）。

A.本期生产量等于零　　B.本期生产量等于销售量

C.期末存货量大于期初存货量　　D.期末存货量小于期初存货量

6.某企业2017年6月生产并销售A产品100件，每件产品售价1 200元，发生变动成本45 000元，变动性管理费用和变动性销售费用共计3 800元，固定性制造费用10 000元，固定成本50 000元。则按变动成本法计算成本时，营业利润为（　　）元。

A.11 200　　B.21 200　　C.30 000　　D.71 200

7.某企业只生产加工一种产品，其保本点销售额为120 000元，企业正常开工销售量为1 000件，销售收入200 000元，固定成本40 000元，则其保本点作业率为（　　）。

A.75%　　B.66.67%　　C.80%　　D.60%

8.某企业只产销一种产品，单位变动成本为36元，固定成本总额为4 000元，单位

售价56元，要使安全边际率达到60%，该企业的销售量应达到（　　）件。

A.143　　B.222　　C.400　　D.500

9.下列属于敏感系数所具有的性质的是（　　）。

A.敏感系数为负数，因素值与目标值发生同方向变化

B.敏感系数为正数，因素值与目标值发生同方向变化

C.只有敏感系数大于1的因素才是敏感因素

D.只有敏感系数小于1的因素才是敏感因素

10.单价单独发生变动时，会使安全边际（　　）。

A.不变　　B.不一定变动　　C.同方向变动　　D.反方向变动

11.某公司2020年11月份的预测销售量为40 000件，实际销售量为42 000件，若公司选用0.7的平滑系数进行销售预测，则12月份的预测销售量为（　　）件。

A.41 400　　B.39 400　　C.40 600　　D.57 400

12.下列适用于销售业务略有波动产品的预测方法的是（　　）。

A.加权平均法　　B.移动平均法　　C.趋势平均法　　D.平滑指数法

13.某企业为满足客户追加订货的需要，增加了一些成本开支，其中以下选项属于专属固定成本的是（　　）。

A.为及时完成该批产品的生产，需要购入一台新设备

B.为及时完成该批追加订货，需要支付职工加班费

C.生产该批产品机器设备增加的耗电量

D.该厂为该批产品及以后产品的生产，租赁一栋新的厂房

14.如某企业需用甲零件，外购单价20元，自制单位产品变动成本12元。若自制，需每年追加固定成本24 000元，当需要量为2 500件时，应（　　）。

A.自制　　B.外购　　C.均可　　D.不确定

15.亏损产品是需要停产或是继续生产取决于（　　）。

A.亏损产品是否能提供边际贡献

B.亏损产品是否能提供销售利润

C.亏损产品是否为企业主要产品

D.亏损产品是否为市场滞销产品

16.在零部件外购与自制决策时，如有剩余生产能力，且如零部件外购，该剩余生产能力无其他用途时，固定成本属于决策的（　　）。

A.相关成本　　B.无关成本　　C.机会成本　　D.历史成本

17.某项目年营业收入140万元，年付现成本60万元，年折旧40万元。所得税税率25%。则该方案经营期的年现金净流量为（　　）万元。

A.40　　B.70　　C.78　　D.52

18.当贴现率为10%时，某项目的净现值为500元，则说明该项目的内含报酬率（　　）。

A.高于10%　　B.等于10%　　C.低于10%　　D.无法确定

19.下列关于长期投资决策特点的叙述错误的是（　　）。

A.投资额大　　B.资金占用时间长

C.一次投资、分次收回　　D.风险较小

20.与年金终值系数互为倒数的是（　　）。

A.年金现值系数　　B.投资回收系数　　C.偿债基金系数　　D.现值系数

21.某企业编制第四季度的直接材料消耗与采购预算，预计季初材料存量为500千克，季度生产需用量为2 500千克，预计期末存量为300千克，材料采购单价为10元，若材料采购货款有40%当期付清，另外60%在下季度付清，则该企业预计资产负债表年末“应付账款”项目为（　　）元。

A.1 080　　B.13 800　　C.23 000　　D.1 620

22.与预算成本不同，标准成本是一种（　　）。

A.总额的概念　　B.单位成本的概念　　C.历史成本　　D.实际成本

23.标准成本控制系统的前提和关键是（　　）。

A.标准成本的制定　　B.成本差异的分析

C.成本差异的计算　　D.成本差异的账务处理

24.拒绝采纳某项行动而损失的潜在利益，此项成本通常不在账上予以记录，但在决策时予以考虑。这种成本称为（　　）。

A.沉没成本　　B.机会成本　　C.边际成本　　D.不相关成本

25.职业道德是指职业人士在执业中所遵从的（　　），也是产生于职业活动中的相对具体的道德规范。

A.职业标准　　B.职业规范　　C.行为规范　　D.行为特征

26.下列项目中，不属于职业道德所起到的作用的是（　　）。

A.促进职业活动的进行，提高职业活动的效果

B.提升本人的职业形象，乃至所服务机构及行业的形象

C.促进社会风气好转

D.提高全社会的职业道德水准

27.下列项目中，不属于管理会计职业道德与会计法律制度的区别的是（　　）。

A.两者的目的不同　　B.两者性质不同

C.两者作用范围不同　　D.两者表现形式不同

28.下列项目中，表述不正确的是（　　）。

A.会计法律制度具有强制性，而管理会计职业道德具有自律性

B.会计法律制度具有明确的法律条款，而管理会计职业道德是一种思想深处的自律意识

C.管理会计职业道德是对管理会计人员的最低要求，而会计法律制度是最高要求

D.管理会计职业道德以会计法律制度为基础

29.下列项目中，关于管理会计职业道德的作用表述不正确的是（　　）。

A.管理会计职业道德是规范管理会计师行为的基础

B.管理会计职业道德是指导管理会计师行为的方向

C.管理会计职业道德通常属于道德规范在具体职业领域的表现

D.管理会计职业道德属于法律制度的范畴

30.作为管理会计师应具备相应的能力并不断地提高自己的能力。这里的“能力”不包括（　　）。

A.专业能力　　B.职业技能

C.对业务、行业和宏观政策的把握能力　　D.团队创新能力

31.管理会计在决策支持、战略支持等方面，主要从事的工作是（　　）。

A.控制工作　　B.核算工作　　C.服务工作　　D.预算工作

32.管理会计师行业自律组织是（　　）。

A.中国注册会计师协会　　B.中国总会计师协会

C.中国注册资产评估师协会　　D.中国管理会计师协会

33.管理会计师除了专业能力和职业能力外，还需要学习和关注相关知识和信息。下列项目中，不属于管理会计师学习和关注的相关领域的是（　　）。

A.对业务的深度认知　　B.对行业的深度认知

C.对微观环境政策的深度认知　　D.对宏观环境政策的深度认知

34.财政部颁布《管理会计基本指引》的时间是（　　）。

A.2014年　　B.2015年　　C.2016年　　D.2017年

35.下列关于管理会计的目标的说法中，正确的是（　　）。

A.管理会计的目标是通过运用绩效管理工具方法，参与单位规划、决策、控制、评价活动并为之提供有用信息，推动单位实现战略规划

B.管理会计的目标是通过运用财务会计工具方法，参与单位规划、决策、控制、评价活动并为之提供有用信息，推动单位实现战略规划

C.管理会计的目标是通过运用战略管理工具方法，参与单位规划、决策、控制、评价活动并为之提供有用信息，推动单位实现战略规划

D.管理会计的目标是通过运用管理会计工具方法，参与单位规划、决策、控制、评价活动并为之提供有用信息，推动单位实现战略规划

36.王某是一家大型企业的财务总监，在其下列的会议发言中，不恰当的是（　　）。

A.建立与我国社会主义市场经济体制相适应的管理会计体系是全面推进管理会计体系建设的主要目标之一

B.管理会计工作是会计工作的重要组成部分

C.管理会计是在公司规划、决策、控制和评价等方面发挥重要作用的管理活动

D.全面推进管理会计体系建设的主要目标不包括管理会计咨询服务市场方面的内容

37.《财政部关于全面推进管理会计体系建设的指导意见》中指出：需要在（　　）建立与我国社会主义市场经济体制相适应的管理会计体系。

A.3年　　B.3～5年　　C.5～10年　　D.10年

38.下列项目中，不属于绩效管理领域应用的管理会计工具方法的是（　　）。

A.资本成本分析　　B.关键指标法　　C.经济增加值　　D.平衡计分卡

39.下列关于战略导向原则的说法中正确的是（　　）。

A.管理会计的应用应以战略规划为导向，以持续创新为核心，促进单位可持续发展

B.管理会计的应用应以战略规划为导向，以持续创造为核心，促进单位可持续发展

C.管理会计的应用应以战略规划为导向，以持续创造价值为核心，保障单位持续盈利

D.管理会计的应用应以战略规划为导向，以持续创造价值为核心，促进单位可持续发展

40.下列关于管理会计信息与报告的说法中错误的是（　　）。

A.管理会计信息包括管理会计应用过程中所使用和生成的财务性信息和非财务性信息

B.单位生成的管理会计信息应相关、可靠、及时、可理解

C.管理会计报告按内容可以分为综合性报告和专项报告等类别

D.单位应以公历期间作为报告期间，不可以根据需要设定报告期间

41.敏感系数所具有的性质是（　　）。

A.敏感系数为正数，参量值与目标值发生同方向变化

B.敏感系数为负数，参量值与目标值发生同方向变化

C.只有敏感系数大于1的参量值才是敏感因素

D.只有敏感系数小于1的参量值才是敏感因素

42.管理会计对成本相关性的正确解释是（　　）。

A.与决策方案有关的成本特性　　B.与控制标准有关的成本特性

C.与资产价值有关的成本特性　　D.与归集对象有关的成本特性

43.北京宝莱公司生产的某减肥产品单价50元，边际贡献率为40%，每年固定成本为300万元，预计下年产销量为20万件，则预计实现利润（　　）万元。

A.40　　B.80　　C.100　　D.200

44.根据本量利分析原理，只提高安全边际而不会降低保本点的措施是（　　）。

A.提高单价　　B.增加产量

C.降低单位变动成本　　D.降低固定成本

45.企业在短期经营决策中，企业不接受特殊价格追加进货的原因是买方出价低于（　　）。

A.正常价格　　B.单位产品成本　　C.单位变动成本　　D.单位固定成本

46.下列变动成本差异中，无法从生产过程的分析中找出产生原因的是（　　）。

A.变动性制造费用效率差异　　B.变动性制造费用耗用差异

C.材料价格差异　　D.直接人工效率差异

47.下列项目中，只能在发生当期予以补偿、不可能递延到下期的成本是（　　）。

A.直接成本　　B.间接成本　　C.产品成本　　D.期间成本

48.就同一个企业而言，同一成本项目在不同时期可能有不同的性态。这是因为成本在相关范围内具有（　　）。

A.相对性　　B.暂时性　　C.可转化性　　D.变动性

49.下列各项中，属于满足客户需求所必需的作业是（　　）

A.成本动因　　B.增值作业　　C.非增值作业　　D.价值链

50.下列各项中，能够反映作业量与产品之间因果关系的是（　　）。

A.资源动因　　B.作业动因　　C.产品动因　　D.成本动因

51.变动成本法的优点是能反映出（　　）。

A.产量越小，利润越低　　B.产量越大，利润越高

C.销量越大，利润越高　　D.产量越小，利润越高

52.销售费用和管理费用是（　　）。

A.变动成本法下的产品成本

B.完全成本法下的产品成本

C.变动成本法下固定性制造费用的组成部分

D.完全成本法下和变动成本法下的期间费用

53.有利的材料价格差异加上不利的材料数量差异最可能的结果是（　　）。

A.人工效率问题

B.机器效率问题

C.材料的购买和使用比标准质量高

D.材料的购买和使用比标准质量低

54.销售单价和成本变化对保本点的影响中，错误的是（　　）。

A.销售单价降低使保本点上升

B.销量上升使保本点下降

C.固定成本上升使保本点上升

D.单位变动成本降低使保本点上升

55.管理会计所提供的信息是为了满足内部管理的特定要求而选择的，其中涉及的未来的信息不要求具备（　　）。

A.精确性　　B.相关性　　C.及时性　　D.统一性

56.下列项目中，不属于《管理会计基本指引》宗旨的是（　　）。

A.促进单位加强管理会计工作

B.促进经济转型升级

C.规范管理会计核算方法

D.提升内部管理水平

57.下列项目中，不属于经营层管理会计报告的是（　　）。

A.全面预算管理报告　　B.盈利分析报告

C.研究开发报告　　D.成本管理报告

58.下列项目中，不属于责任中心的是（　　）。

A.利润中心　　B.投资中心　　C.成本中心　　D.销售中心

59.管理会计与财务会计在工作客体上有相似之处，是指（　　）。

A.工作对象都是企业经营活动的价值运动

B.研究对象都是企业的总成本

C.目的都是提高企业的经济效益

D.都是只有整个企业这一个成本核算层次

60.与边际贡献率之和等于1的指标是（　　）。

A.销售利润率　　B.变动成本率　　C.安全边际率　　D.保本作业率

二、预算及绩效管理部分单项选择题

1.最适用于对企业所有被评价对象的绩效评价的是（　　）。

A.月度绩效评价　　B.季度绩效评价　　C.年度绩效评价　　D.任期绩效评价

2.下列关于预算管理委员会表述正确的是（　　）。

A.预算管理决策机构　　B.一般为常设机构

C.预算执行机构　　D.一般设在财会部门

3.根据企业内部控制基本规范，对企业内部控制负责的机构是（　　）。

A.监事会　　B.理事会　　C.财会部门　　D.董事会

4.预算管理应通过及时监控、分析等把握预算目标的实现进度并实施有效评价，这是（　）的要求。

A.战略导向原则　　B.过程控制原则　　C.平衡管理原则　　D.融合性原则

5.按照规定，预算编制完成后经审议批准，应以（　　）形式下达执行。

A.通知　　B.告示　　C.通告　　D.正式文件

6.不使用货币计量单位的业务预算是（　　）。

A.销售预算　　B.生产预算　　C.采购预算　　D.人力资源预算

7.某企业预计2020年第一、二季度销售额分别为150万元、165万元，当季度销售收现率为65%，其余部分下个季度收回，则该企业第二季度销售现金收入为（　　）万元。

A.107.25　　B.155.25　　C.165　　D.159.75

8.预算控制、预算调整等程序属于（　）。

A.预算执行　　B.预算编制　　C.预算审批　　D.考核评价

9.预算管理的工作机构一般设在（　　）。

A.董事会办公室　　B.总经理办公室　　C.财会部门　　D.审计部门

10.某米厂预计稻谷第四季度期初存量22吨，季度生产需用量660吨，预计期末存量为30吨，价格为3 000元/吨，若采购货款70%在本季度内支付，其余在以后4个月内付清，则该厂预计资产负债表年末“应付账款”项目为（　　）元。

A.150 300　　B.350 700　　C.601 200　　D.1 402 800

11.预算编制的最终环节是（　　）。

A.业务预算　　B.投融资决策预算　　C.预算调整　　D.财务预算

12.预计：产品期初库存为200件，期末库存为180件，该期销量为980件。则该期产品生产预算为（　　）件。

A.980　　B.1 160　　C.960　　D.1 000

13.编制成本费用预算时，不考虑以往会计期间所发生的费用项目、数额的是（　　）。

A.固定预算　　B.弹性预算　　C.滚动预算　　D.零基预算

14. 某企业税前利润680万元，利息支出36万元，投资资本的年初余额1 500万元，年末余额1 620万元。企业所得税税率为25%，则投资资本回报率为（　　）。

A.13%　　B.30%　　C.35%　　D.46%

15. 作为企业实施激励管理的重要依据的是（　　）。

A.绩效管理　　B.绩效评价　　C.薪资计划　　D.净资产收益率

16. 下列项目中，属于中长期薪酬激励计划的是（　　）。

A.绩效工资　　B.绩效福利　　C.绩效奖金　　D.虚拟股票

17. 下列关于激励管理报告说法不正确的是（　　）。

A.激励管理报告反映被评价对象的激励计划实施情况

B.激励管理报告包括激励情况说明和管理建议两部分

C.激励管理报告应该定期报告

D.激励管理报告要及时报送薪酬与考核委员会

18. 某企业2020年债务资本3 000万元，股权资本5 000万元。债务资本成本为8%；无风险报酬率为6%，股权资本市场预期回报率为10%，风险溢价1.5。企业所得税税率为25%。则该企业2020年加权平均资本成本为（　　）。

A.7%　　B.9.75%　　C.10.5%　　D.14%

19. 某企业2020年税后净营业利润1 120万元，债务资本4 000万元，股权资本6 000万元。债务加权平均资本成本为8%；股权资本成本为12%。企业所得税税率为25%。则该企业2020年经济增加值（EVA）为（　　）万元。

A.80　　B.160　　C.−60　　D.27

20. 某企业2020年净利润为900万元，其中包括：财务费用120万元（全部为利息支出），营业外收入17万元，营业外支出5万元，资产减值损失22万元，销售费用600万元（其中本年7月支付大型广告费400万元，摊销期规定为5年）。企业所得税税率为25%。则该企业税后净营业利润为（　　）万元。

A.1 177.5　　B.1 267.5　　C.1 297.5　　D.1 700

21. 责任会计核算的主体是（　）。

A.责任中心　　B.产品成本　　C.生产部门　　D.管理部门

22. 平衡计分卡最突出的优点是（　）。

A.计算方便　　B.使用简单

C.从战略角度考虑全面　　D.使用人力、物力较少

23. 对于任何一个成本中心来说，其责任成本应等于该中心的（　　）。

A.产品成本　　B.固定成本之和

C.可控成本之和　　D.不可控成本之和

24. 制造类企业编制预算的正确顺序是（　　）。

A.销售预算、现金收入预算、直接材料预算、直接人工预算

B.生产预算、销售预算、直接材料预算、直接人工预算

C.销售预算、现金收入预算、生产预算、直接材料预算

D.生产预算、直接人工预算、现金支出预算、预计财务报表

25.预计产量通过哪个公式计算得到（　　）。

A.预计销量+预计期末存货-期初存货　　B.预计销量+期初存货-预计期末存货

C.预计销量+预计期末存货　　D.预计销量-期初存货

26.预算的一个最主要作用是（　　）。

A.消除了大部分与商业环境有关的不确定性

B.保证管理层的目标实现

C.要求管理者优先考虑制订计划

D.取消了严格控制的要求

27.下列哪一项是跨国公司在编制预算时需特别考虑的问题（　　）。

A.公司注册地所在国家　　B.外币汇率

C.货物的装船和运输　　D.最惠国待遇

28.下列哪种说法是错误的（　　）。

A.预算在决策中的战略重要性在产品生命周期的各个阶段不同

B.经营预算一般一年编制一次，而忽略月度和季度的数据

C.滚动预算的预算期间为12个月，并且保持当本月或本季度完成预算时立即补上下一个月或下一季度的预算

D.滚动预算要求管理者经常思考，并制定12个月的详细计划

29.下列的哪个责任中心依据销售利润率和资产周转率进行评价比较恰当（　　）。

A.成本中心　　B.利润中心　　C.投资中心　　D.收入中心

30.下列各项中，哪一项不是内部控制系统的组成部分（　　）。

A.公司员工　　B.影响公司实现目标的风险

C.控制风险的活动　　D.监督内部控制系统的程序

三、成本管理部分单项选择题

1.与某一特定对象有直接的联系，可按特定标准将其直接归属于该对象的成本称为（　　）。

A.可追溯成本　　B.不可追溯成本　　C.间接成本　　D.直接成本

2.企业可以采用多种方法对辅助生产成本进行分配，其中分配结果最精确的是（　　）。

A.计划成本分配法　B.直接分配法　　C.交互分配法　　D.代数分配法

3.如果企业各月在产品数量变化较大，各成本项目消耗比较均衡，且定额管理基础不够完善，一般应采用的完工产品与月末在产品成本分配方法的是（　　）。

A.定额比例法　　B.定额成本法　　C.约当产量法　　D.原材料扣除法

4.某种产品经过两道工序加工而成。各道工序的工时定额为：第一道工序32小时，第二道工序12小时。由于各在产品的完工程度不同，为了简化完工程度的测算工作，在产品在本道工序一律按平均完工率50%计算。则第二道工序在产品累计工时定额为（　　）小时。

A.22　　B.28　　C.38　　D.44

5.下列项目中，不属于制造费用项目的是（　　）。

A.生产部门的办公费　　　　　　　　B.生产部门的业务招待费

C.季节性和修理期间的停工损失　　　　D.劳动保护费

6.企业应建立健全成本管理的制度体系。下列项目中，不属于企业成本管理的制度体系的是（　　）。

A.费用审核制度　　　　　　　　　　B.财产物资领退制度

C.定额管理制度　　　　　　　　　　D.责任成本制度

7.以下关于逐步结转分步法的表述正确的是（　　）。

A.逐步结转分步法下，半成品成本不随实物半成品转移而结转

B.逐步结转分步法是一种不计列半成品成本法

C.逐步结转分步法无法为半成品出售提供定价的信息

D.逐步结转分步法实际上是多个品种法的连用

8.下列属于“废品损失”核算内容的有（　　）。

A.出售不合格产品的降价损失

B.返修过程中的可修复废品的修复费用

C.半成品在保管过程中发生的霉烂变质损失

D.生产过程中的可修复废品的生产成本

9.下列项目中，不适用采用作业成本法管理的企业的是（　　）。

A.作业类型较多且作业链较长的企业

B.同一生产线生产多种产品的企业

C.企业规模较大且管理层对产品成本准确性要求不高的企业

D.间接或辅助资源费用所占比重较大的企业

10.对于作业成本法的局限性，以下说法中不正确的是（　　）。

A.开发和维护费用较高　　　　　　　B.不符合对外财务报告的需要

C.计算的单位成本是完全成本　　　　D.确定成本动因比较困难

11.下列选项中，不属于变动成本法的优点的是（　　）。

A.有利于明确企业产品盈利能力的责任

B.保持利润与销售量增减相一致

C.揭示了销售量、成本和利润之间的依存关系

D.有利于长期预测和决策

12.联产品成本在分离后发生的进一步加工成本称为（　　）。

A.间接成本　　　B.联合成本　　　C.可分成本　　　D.直接成本

13.方圆公司2020年9月份投入直接材料52 500元，直接人工10 500元，制造费用12 500元，联合生产出1 750千克甲产品和750千克乙产品。无期初、期末在产品。甲产品的售价为35元/千克，乙产品的售价为40元/千克，产品已经全部售出。如按实物量分配法，则甲产品的成本、毛利和毛利率分别是（　　）。

A.22 650元，8 400元，24.5%　　　　B.52 850元，7 350元，13.71%

C.22 650元，7 350元，24.5%　　　　D.52 850元，8 400元，13.71%

14.下列项目中，属于标准成本法优点的是（　　）。

A.有利于考核相关部门及人员的业绩　　B.系统维护成本低

C.不受市场价格波动对产品的影响　　D.有助于提升产品的综合竞争力

15.当销量大于产量时，按完全成本法计算确定的税前利润比按变动成本法计算确定的税前利润（　　）。

A.高　　B.低　　C.相等　　D.不可确定

16.下列项目中，不属于建筑企业成本项目的是（　　）。

A.直接人工　　B.公共配套设施费　　C.机械使用费　　D.材料费用

17.下面项目中，不属于变动成本法应用程序的是（　　）。

A.成本性态分析　　B.变动成本计算　　C.损益计算　　D.短期经营分析

18.变动成本法下，下列各项中属于产品成本项目的是（　　）。

A.固定性制造费用　　B.变动性制造费用

C.变动性管理费用　　D.固定性销售费用

19.下列项目中，属于成本事中管理的是（　　）。

A.成本计划　　B.成本核算　　C.成本控制　　D.成本分析

20.下列项目中，不属于成本管理领域应用的管理会计工具方法的是（　　）。

A.目标成本管理　　B.标准成本管理

C.生命周期成本管理　　D.固定成本管理

21.人工效率差异体现的是（　　）。

A.实际工时与标准工时之间的差异　　B.实际工时与预算工时之间的差异

C.预算工时与标准工时之间的差异　　D.实际工资率与标准工资率之间的差异

22.如果直接人工的实际工资率超过了标准工资率，但实际耗用工时低于标准工时，则直接人工的效率差异和工资率差异的性质是（　　）。

A.效率差异为有利；工资率差异为不利　　B.效率差异为有利；工资率差异为有利

C.效率差异为不利；工资率差异为不利　　D.效率差异为不利；工资率差异为有利

23.下列项目中，不影响边际贡献总额的是（　　）。

A.销售单价　　B.单位变动成本　　C.销售量　　D.固定成本总额

24.对正常成本费用支出可以从简控制，重点抓住那些重要的、不正常的、不符合常规的成本差异，对成本细微尾数、数额很小的费用和无关大局的事项可以忽略，该项原则是（　　）。

A.全面控制原则　　B.经济效益原则　　C.因地制宜原则　　D.例外管理原则

25.在下列各项中，属于标准成本控制系统前提和关键的是（　　）。

A.标准成本的制定　　B.成本差异的计算

C.成本差异的分析　　D.成本差异的账务处理

26下列关于制定正常标准成本的表述中，正确的是（　　）。

A.直接材料的价格标准不包括购进材料发生的检验成本

B.直接人工标准工时包括直接加工操作必不可少的时间，不包括各种原因引起的停工工时

C.直接人工的价格标准是指标准工资率，它可以是预定的工资率，也可以是正常

的工资率

D.固定性制造费用和变动性制造费用的用量标准可以相同，也可以不同。例如，以直接人工工时作为变动性制造费用的用量标准，同时以机器工时作为固定性制造费用的用量标准

27.区分各种成本计算的基本方法的主要标志是（　　）。

A.成本计算对象　　B.成本计算日期

C.成本项目的确定　　D.企业成本管理要求

28.在小批单件多步骤生产情况下，如果管理不要求分步计算产品成本，应采用的成本计算方法是（　　）。

A.分批法　　B.分步法　　C.分类法　　D.品种法

29.某企业辅助生产成本采用成本分步分配法进行分配。运输车间的计划单位成本为2.55元/吨千米，本月实际发生运输费用13 500元，运输里程为6 000吨千米；锅炉车间分配转入的计划成本2 000元，运输车间分配给锅炉车间的计划成本1 530元。则运输车间本月成本差异为（　　）。

A.超支1 800元　　B.超支200元　　C.超支270元　　D.超支13 970元

30.下列制造费用分配方法中，可能使制造费用月末出现余额的是（　　）。

A.生产工人工时比例法　　B.机器工时比例法

C.生产工人工资比例法　　D.年度计划分配率分配法

竞赛题型二：多项选择题

一、管理会计基本素养部分多项选择题

1.构成我国管理会计知识框架体系的项目有（　　）。

A.管理会计基本指引　　B.应用指引

C.管理会计基本准则　　D.管理会计案例库

2.管理会计与财务会计的联系在于（　　）。

A.基本信息同源　　B.服务对象完全相同

C.目标一致　　D.主要指标相互渗透

3.固定成本具有的特点有（　　）。

A.成本总额的不变性　　B.单位成本的反比例变动性

C.成本总额的正比例变动性　　D.单位成本的不变性

4.变动成本计算法的局限性主要有（　　）。

A.所确定的分期损益难以为管理部门所理解

B.产品成本不符合传统的成本概念的要求

C.不利于成本的控制和管理

D.所提供的成本数据较难适应长期决策的需要

5.以下关于完全成本法和变动成本法的说法正确的是（　　）。

A.在没有期初、期末存货的情况下，按完全成本法与按变动成本法计算的净利润相等

B.在没有期初存货，但有期末存货的情况下，按完全成本法计算的净利润小于按变动成本法计算的净利润

C.在有期初存货，但没有期末存货的情况下，按完全成本法计算的净利润小于按变动成本法计算的净利润

D.若期末存货中包含的固定生产成本大于期初存货中的固定生产成本，则按完全成本法计算的净利润大于按变动成本法计算的净利润

6.影响保本点的因素有（　　）。

A.单位售价　　B.单位变动成本　　C.销售量　　D.品种结构

7.从保本图得知（　　）。

A.保本点左边，成本大于收入，是亏损区

B.在销售量一定的情况下，保本点越高，盈利区越大

C.实际销售量超过保本点销售量部分即是安全边际

D.在其他因素不变的情况下，保本点越低，盈利面积越小

8.较大的平滑指数可用于（　　）情况的销售预测。

A.近期　　B.远期　　C.波动较大　　D.波动较小

9.下列短期决策正确的有（　　）。

A.将亏损产品停产，将其生产能力用来生产边际贡献更大的产品

B.边际贡献为负数的产品立即停产

C.亏损产品若仍然能提供边际贡献，则不一定立即停产

D.有剩余生产能力时，只要客户出价高于单位产品变动成本即可为其加工生产

10.某企业年需要A材料2 000千克，单价100元，一次订货成本40元，年储存成本为买价的1%，则其经济订货量和经济订货次数分别为（　　）。

A.经济订货量400千克　　B.经济订货量500千克

C.经济订货次数5次　　D.经济订货次数4次

11.影响经济订货点的因素有（　　）。

A.经济订货量　　B.正常消耗量　　C.提前期　　D.安全储备量

12.递延年金具有的特点有（　　）。

A.终值大小与递延期无关　　B.计算终值的方法与普通年金相同

C.计算现值的方法与普通年金相同　　D.最后一期没有收入或支付金额

13.下列关于现金流量计算正确的有（　　）。

A.现金净流量=现金流入量-现金流出量

B.现金净流量=销售收入-付现成本-所得税

C.现金净流量=销售收入-付现成本+所得税

D.现金净流量=税后净利+折旧

14.某项目的净现值小于零，则表明（　　）。

A.各年利润小于零，不可行

B.其内含报酬率小于零，不可行

C.其内含报酬率没有达到预定的贴现率，不可行

D.现值指数小于零

15.下列预算中，属于业务预算的有（　　）。

A.资本支出预算　B.销售预算　C.生产预算　D.现金预算

16.下列各项中，属于编制现金预算依据的有（　　）。

A.销售预算和生产预算　B.直接材料采购预算

C.直接人工预算和制造费用预算　D.预计利润表

17.在实务中，贯彻成本控制的例外管理原则时，确定“例外”的标准通常可考虑的标志有（　　）。

A.重要性　B.一贯性　C.可控性　D.特殊性

18.影响直接材料耗用量差异的因素有（　　）。

A.工人的技术熟练程度　B.设备的完好程度

C.用料的责任心　D.材料质量

19.对投资中心考核的重点有（　　）。

A.边际贡献　B.营业利润　C.投资报酬率　D.剩余收益

20.计算责任中心的成本，必须把成本划分为（　　）。

A.可控成本　B.直接成本　C.间接成本　D.不可控成本

21.下列项目中，属于职业道德特征的有（　　）。

A.实践性　B.职业性　C.规范性　D.多样性和稳定性

22.下列项目中，属于管理会计职业道德特征的有（　　）。

A.具有职业性和实践性　B.具有公众利益的符合性

C.具有多样性　D.具有超前性

23.下列项目中，属于管理会计职业道德的有（　　）。

A.诚信从业　B.客观公正　C.保守职业秘密　D.廉洁自律

24.作为管理会计师，必须有充足的专业技能准备。这里的专业技能包括（　　）。

A.熟悉法律法规、财税法规及规则

B.具备管理能力，利用财务的工具和思维参与企业管理

C.战略决策支持、投融资支持与管理

D.计划、总结能力

25.管理会计职业道德教育的形式主要有（　　）。

A.外在教育　B.自我教育　C.自我修养　D.岗位培训

26.管理会计职业道德建设组织与实施包括（　　）。

A.财政部门的组织推动　B.管理会计行业的自律

C.单位的内部监督　D.社会各界的监督与配合

27.管理会计职业道德检查与奖惩机制涉及（　　）。

A.检查主体　B.检查对象　C.检查范围　D.检查标准

28.下列项目中，关于管理会计职业道德的作用表述正确的有（　　）。

A. 管理会计职业道德是规范管理会计师行为的基础
B. 管理会计职业道德是指导管理会计师行为的方向
C. 管理会计职业道德通常属于道德规范在具体职业领域的表现
D. 管理会计职业道德属于法律制度的范畴

29. 下列项目中，属于管理会计师职业道德的“职业认知和价值观”体系的有（　　）。
A. 热爱管理会计工作　B. 诚信从业
C. 保守秘密　D. 廉洁自律

30. 为保证管理会计体系建设符合我国实务，应坚持的基本原则有（　　）。
A. 坚持立足国情，借鉴国际
B. 坚持人才带动，整体推进
C. 坚持创新机制，协调发展
D. 坚持因地制宜，分类指导

二、预算及绩效管理部分多项选择题

1. 企业绩效管理的核心包括（　　）。
A. 绩效评价　B. 激励管理　C. 经济增加值　D. 平衡计分卡

2. 激励计划是企业为激励被评价对象而采取的行动方案，包括（　　）。
A. 激励对象　B. 激励周期　C. 激励条件　D. 激励形式

3. 下列项目中，影响经济增加值的有（　　）。
A. 税后净营业利润　B. 平均资本占用
C. 资产总额　D. 加权平均资本成本

4. 下列项目中，属于企业结果类关键绩效指标的有（　　）。
A. 资本性支出　B. 自由现金流　C. 息税前利润　D. 投资回报率

5. 在计算经济增加值时，需要进行调整的会计事项有（　　）。
A. 大型广告费　B. 营业外收支　C. 递延税金　D. 资产减值损失

6. 预算管理的内容主要包括（　　）。
A. 经营预算　B. 专门决策预算　C. 财务预算　D. 全面预算

7. 绩效责任书的签订周期一般为（　　）。
A. 年度　B. 半年度　C. 任期　D. 季度

8. 下列属于财务预算的有（　　）。
A. 投融资决策预算　B. 预计利润表
C. 预计资产负债表　D. 资金预算

9. 预算审批包括（　　）。
A. 预算执行审批　B. 预算内审批　C. 超预算审批　D. 预算外审批

10. 下列项目中，关于预算考核说法正确的有（　　）。
A. 预算考核主要针对定量指标进行考核
B. 企业应按照公开、公平、公正的原则实施预算考核
C. 企业应建立健全预算考核制度

D.预算考核以预算完成情况为考核核心

11.平衡计分卡基本框架的建立包括（ ）。

A.财务 B.顾客 C.内部业务流程 D.学习与成长

12.考核投资中心投资效果的主要指标有（ ）。

A.责任成本 B.营业收入 C.剩余收益 D.投资利润率

13.下列关于全面预算的表述中，正确的有（ ）。

A.全面预算是业绩考核的基本标准

B.营业预算与业务各环节有关，因此属于综合预算

C.企业应当设立预算管理部审议企业预算方案

D.在全面预算中，生产预算是唯一没有按货币计量的预算

14.下列有关预算的说法正确的有（ ）。

A.预算是组织计划经营和财务活动的一种形式

B.预算仅关注企业的现金状况

C.预算一般不以年度为基础来制定

D.预算为组织整体而不是个别部门编制

15.一个拥有成熟的预算文化的企业包含的特点有（ ）。

A.鼓励所有层级的管理者参与预算编制

B.要求职能部门的跨部门协调

C.预算作为激励标准和业绩评估工具

D.预算明确了有关成本发生和活动开展的责任

16.编制现金预算应包括的项目有（ ）。

A.现金收入 B.现金支出 C.现金余缺 D.融资要求

17.当公司考虑投资购买某一自动化设备时，它应该（ ）。

A.着眼于降低直接人工成本

B.主要选净现值为正的项目

C.考虑该项目带来的有形的和无形的好处

D.对整个生产流程进行自动化改造而不仅仅是对部分流程进行自动化改造

18.在进行资本投资决策时，应该考虑的项目有（ ）。

A.投资的寿命期 B.投资的残值

C.投资项目的折旧费 D.以上都正确

19.下列属于非财务方面的业绩评价指标的有（ ）。

A.生产周期 B.生产效率 C.生产能力 D.经济附加值

20.下列项目中，属于转移定价方法的有（ ）。

A.以成本为基础 B.以市场为基础

C.协商价格 D.以上都不是

三、成本管理部分多项选择题

1.按照《企业产品成本核算制度（试行）》的规定，工业企业发生的制造费用，应当按照合理的分配标准按月分配计入各成本核算对象的生产成本。企业可以采取的分配

方法包括（ ）。

A.机器工时法 B.直接分配法 C.人工工时法 D.计划分配率

2.为了实现成本的精细化管理，企业应根据标准成本法的应用环境，结合内部管理要求，确定成本应用对象。下列项目中，可以作为标准成本法的成本计算对象的有（ ）。

A.产品种类 B.产品批别 C.产品步骤 D.产品作业

3.按照《企业产品成本核算制度（试行）》的规定，影响企业确定产品成本核算的对象、项目、范围，及时对有关费用进行归集、分配和结转的因素有（ ）。

A.产品生产过程的特点 B.生产经营组织的类型

C.产品种类的繁简 D.成本管理的要求

4.企业应用标准成本法进行成本管理，应具备的条件有（ ）。

A.企业生产的产品比较稳定 B.企业产品生产条件相对稳定

C.企业固定成本较大 D.生产流程与工艺标准化程度较高

5.下列项目属于作业成本法中“资源费用”的有（ ）。

A.房屋及建筑物的耗费 B.土地使用权的耗费

C.人力资源的耗费 D.相关税费支出

6.下列项目中，可以作为目标成本法的应用对象的有（ ）。

A.拟开发的新产品

B.功能与设计存在较大的弹性空间、产销量较大且处于亏损状态的老产品

C.盈利水平低，对企业经营业绩具有重大影响的老产品

D.盈利水平高，对企业经营业绩具有重大影响的老产品

7.下列项目属于混合成本分解方法的有（ ）。

A.高低点法 B.回归分析法 C.合同确认法 D.技术测定法

8.在目标成本法下，企业寻求消除当前成本偏离容许成本差异而采取的措施和手段有（ ）。

A.价值工程 B.流程再造 C.全面质量管理 D.拆装分析

9.按照《企业产品成本核算制度（试行）》的规定，工业企业按照成本支出的经济性质，可以设置的成本项目有（ ）。

A.原材料 B.燃料和动力 C.职工薪酬 D.折旧和摊销

10.作业成本会计中，成本动因可以分为（ ）。

A.资源动因 B.作业动因 C.产品动因 D.价格动因

11.在确定直接人工正常标准成本时，标准工时包括（ ）。

A.直接加工操作必不可少的时间 B.必要的工间休息

C.设备调整时间 D.不可避免的废品耗用工时

12.生产特点和管理要求对产品成本计算的影响，主要表现在（ ）。

A.成本计算对象 B.间接费用的分配方法

C.成本计算日期 D.完工产品与在产品之间分配费用的方法

13.成本计算方法应根据（ ）来确定。

A.产品产量　　　　B.生产组织的特点
C.生产工艺的特点　　　　D.成本管理要求

14.产品成本计算期与产品生产周期不一致的成本计算方法有（　　）。
A.品种法　　B.分批法　　C.分步法　　D.定额比例法

15.影响批发零售企业计算和结转商品销售成本的因素有（　　）。
A.实物流转方式　　B.企业管理要求　　C.实物性质　　D.货物的存放地点

16.判断公司处于保本点状态的标准有（　　）。
A.边际贡献等于固定成本　　B.安全边际等于零
C.安全边际率等于零　　D.保本作业率等于100%

17.下列有关资源动因的表述正确的有（　　）。
A.它是引起作业成本变动的因素
B.它是引起产品成本变动的因素
C.它是被用来计量各项作业对资源的耗用，运用它可以将资源成本分配给各有关作业
D.它计量各种产品对作业耗用的情况，并被用来作为作业成本分配的基础

18.现代管理会计认为，变动成本法的优点是（　　）。
A.便于分清部门的责任，实施成本控制　　B.简化产品成本计算
C.易于为管理部门所理解和掌握　　D.符合传统的成本概念

19.各成本差异的贷方登记（　　）。
A.成本超支差异　　B.节约差异转出额
C.成本节约差异　　D.超支差异转出额

20.下列各项属于约束性固定成本的有（　　）。
A.折旧费　　B.长期租赁费　　C.直接材料　　D.职工培训费

竞赛题型三：案例分析题与计算分析题

一、案例分析题

新时代集团公司是一家上市公司，主要从事药品的生产和销售。为了贯彻落实《财政部关于全面推进管理会计体系建设的指导意见》，公司组织全体中层管理人员进行管理会计知识培训。培训完成后，为了加强管理会计职业道德建设，更好地落实管理会计各种工具和方法的应用，促进管理会计各项工作顺利开展，公司专门为会计人员举行一次务虚会，请大家谈谈对管理会计建设及管理会计职业道德的认识。现就主要观点摘录如下：

（1）关于管理会计职业道德与会计职业道德关系的问题。A观点认为，国家已经颁布的会计职业道德既适应会计人员，也适应注册会计师，更适应管理会计人员。也就是说，会计职业道德包括了管理会计职业道德，没有必要再另搞一套。

（2）关于管理会计职业道德规范的问题。B观点认为，管理会计主要为企业、事业

单位内部的管理服务，不存在、也没有必要遵守诚实守信原则。

（3）关于管理会计职业技能的问题。C观点认为，管理会计师要有观点，并且敢于坚持正确的观点，至少是自己认为正确的观点。

（4）关于管理会计职业道德廉洁自律的问题。D观点认为管理会计人员只要不行贿、不利用职务之便谋取私利就行了。

（5）关于管理会计职业道德教育建设组织和实施的问题。E观点认为管理会计职业道德建设组织目前处于无人监管状态，其实施也就非常难。

要求：从管理会计建设或管理会计职业道德建设角度，分别分析判断这五种观点是否正确？并简要说明正确或错误的理由。

二、预算编制与计算题

力胜企业生产销售A产品，为编制2018年度预算，该企业预算编制部门收集的有关资料如下：

1.预计2020年销售A产品10 200件，1—4季度分别为2 000件、2 250件、3 000件、2 950件。销售单价为500元。收款条件为当季现收占销售额的60%，余款在后两个季度分别收到30%和10%，不考虑坏账对应收账款的影响。2019年第3、4季度的销售额分别为1 400 000元和1 350 000元。

2.经测算，预计在每季度末保有产品库存量为下一季度销售量的20%（延续2019年度的政策）。预计2021年第一季度销售量为1 900件。

3.假定生产A产品只耗用一种材料，预计2019年末材料库存量为1 600千克，每一季度的期末材料库存量为下一季度的生产耗用量的10%。产品的材料消耗定额为3千克/件，材料单价为50元/千克。材料采购货款当季付现70%，余款下一季度付清。2017年末材料库存量为1 400千克，2019年年末“应付账款”余额为80 000元。

4.直接人工小时工资率为15元，单位产品工时定额为4小时。

5.变动性制造费用与人工工时密切相关。变动性制造费用分配率为10元/小时，其中：间接材料为2元/小时，间接人工1元/小时，水电费为3元/小时，变动维修费用为1.5元/小时，其他变动性制造费用为2.5元/小时。假定固定性制造费用各季均衡，全年预计为600 000元，其中：人员工资200 000元，折旧费140 000元，维修费60 000元，保险费80 000元，其他费用120 000元。预计所有费用均需当季支付。

6.采用变动成本法，变动性制造费用定额为4小时/件。

7.预计单位变动性销售费用为15元；预计固定性销售及管理费用为每季106 000元（其中含每季折旧费125 00元）。

8.2019年产品单位成本为260元。库存商品发出采用先进先出法核算。

9.2019年年末现金余额为125 000元，每季季末最低现金余额为300 000~400 000元。预计4月全款购置一套价值500 000元的设备，10月初将进行长期股权投资900 000元。企业现有未到期长期借款500 000元，年利率8%，每年年末付息。另获得银行3月期贷款授信额度600 000元，年利率为10%，每季季初借入，下季季初还本付息，预计第2季度贷款120 000元、第4季度贷款400 000元。预计每季缴纳所得税80 000元（假定不考虑其他税费）。

10. 力胜企业2019年度资产负债表（简表）见表附-1。

表附-1 资产负债表（简表）

编制单位：力胜 2017年12月31日 单位：元

资产	金额	负债及所有者权益	金额
流动资产		负债	
货币资金	125 000	应付账款	80 000
应收账款	680 000	长期借款	500 000
原材料	70 000	负债合计	580 000
库存商品	104 000		
流动资产合计	979 000	所有者权益	
非流动资产		实收资本	1 000 000
固定资产	717 000	留存收益	116 000
非流动资产合计	717 000	所有者权益合计	1 116 000
资产总计	1 696 000	负债及所有者权益总计	1 696 000

要求：根据以上资料编制力胜企业2020年各项预算。

三、计算分析题

（一）案例1

某粮食贸易公司经营小麦、大豆、玉米等三种主要农作物。有关资料如下：

（1）2019年有关经营情况及损益明细资料见表附-2：

表附-2 2019年有关经营情况及损益明细资料

品种	数量（万吨）	销售收入（万元）	销售成本（万元）	分配费用（万元）	利润（万元）
小麦	46	110 400	110 289.47	124	-13.47
大豆	34	71 400	71 361.47	46.90	-8.37
玉米	20	36 000	35 983.96	34	-17.96
合计	100	217 800	217 634.90	204.90	-39.80

（2）公司全年间接费用204.90万元，其中：工资费用160万元，仓库维修费18.90万元、粮食集并费用（包括包装费、装卸费和运输费等）11.50万元、粮食保管费6.50万元，基本管理费用（包括办公费、水电费等）8万元。

（3）根据表附-2计算结果显示，小麦、大豆、玉米等三种主要农作物全面亏损。

为了准确分析经营情况，准确找出经营中存在的问题和缺陷，企业财务部门改用作业成本法重新计算2019年小麦、大豆、玉米等三种主要农作物的盈利情况。具体程序如下：

1.划分作业。该粮食贸易公司业务流程，一般划分为订单作业、购销作业、通风作业、调运作业、结算作业和维修作业等六个作业。

2.确定资源费用分配方式：

（1）工资费和管理费以人数为资源动因计算。与作业相关的人数25人，其中订单作业5人、购销作业10人、通风作业3人、调运作业4人、结算作业3人。

（2）粮食集并费直接追溯至调运作业。

（3）保管费直接追溯至通风作业。

（4）维修费直接追溯至维修作业。

3.确定作业动因。

（1）订单作业、购销作业和结算作业以销售合同签订的份数为作业动因计算，其中小麦签订480份、大豆签订320份，玉米签订200份。

（2）调运作业和维修作业均以经营量为作业动因计算。

（3）通风作业以机械通风次数为作业动因，本年机械通风100次，小麦、大豆、玉米分别通风50次、30次和20次。

要求：

1.将资源费用分配至作业中心，并填写表附-3。

表附-3　资源费用分配至作业中心计算表

资源	动因	作业成本库							
		总成本	订单作业	购销作业	通风作业	调运作业	结算作业	维修作业	
工资费	人数								
维修费	经营量								
集并费	经营量								
保管费	通风次数								
管理费	人数								
合计									

2.计算作业成本分配率，请填写表附-4（分配率保留两位小数）

表附-4　作业成本分配率计算表

作业项目	作业成本动因	成本总额	成本动因数量	作业成本分配率
订单作业	订单数量			
购销作业	订单数量			
通风作业	通风次数			
调运作业	经营量（万吨）			
结算作业	订单数量			
维修作业	经营量（万吨）			
合计				

3.把作业成本分配至各种商品，请填写表附-5。

表附-5 作业成本分配至各种商品计算表

产品名称	作业成本	作业成本分配率	作业动因消耗量	作业成本（万元）
小麦	订单作业			
	购销作业			
	通风作业			
	调运作业			
	结算作业			
	维修作业			
	小计			
大豆	订单作业			
	购销作业			
	通风作业			
	调运作业			
	结算作业			
	维修作业			
	小计			
玉米	订单作业			
	购销作业			
	通风作业			
	调运作业			
	结算作业			
	维修作业			
	小计			

4.计算每种商品的盈利情况（见表附-6）

表附-6 每种商品盈利情况计算表

品种	数量（万吨）	销售收入（万元）	销售成本（万元）	分配费用（万元）	利润（万元）
小麦					
大豆					
玉米					
合计					

（二）案例2

1. 方圆公司根据直接材料、直接人工和制造费用的标准成本，编制出A产品的标准成本卡，见表附-7。

表附-7 标准成本卡

A产品标准成本卡			
项目	数量标准	价格标准（元）	标准成本（元）
直接材料	3吨	40	120
直接人工	36工时	5	180
变动性制造费用	36工时	5	180

2. 方圆公司设计生产能力：总工时为18 000工时，月计划生产500件。

3. 甲产品本月实际产量为400件。

4. 其实际单位成本见表附-8。

表附-8 实际单位成本计算单

实际成本单			
成本项目	耗用数量	实际价格（元）	实际成本（元）
直接材料	2.5吨	42	105
直接人工	40工时	6	240
变动性制造费用	40工时	4	160

4. 固定性制造费用的标准成本和实际成本资料见表附-9。

表附-9 固定性制造费用的标准成本和实际成本表 单位：元

项目	固定性制造费用标准成本	固定性制造费用实际成本
车间管理人员工资	7 800	10 080
车间厂房租金	5 600	5 600
车间折旧费	7 400	7 120
车间其他费	2 000	2 000
固定性制造费用合计	22 800	24 800

要求：计算各成本差异，并填写标准成本差异分析表（见表附-10和表附-11）。

表附-10 材料成本和人工成本差异分析

直接材料成本差异分析		直接人工成本差异分析	
直接材料实际成本		直接人工实际成本	
直接材料标准成本		直接人工标准成本	
直接材料成本差异		直接人工成本差异	
直接材料数量差异		直接人工效率差异	
直接材料价格差异		直接人工工资率差异	

表附-11 制造费用成本差异分析

变动性制造费用成本差异分析		固定性制造费用成本差异分析	
变动性制造费用实际成本		固定性制造费用实际成本	
变动性制造费用标准成本		固定性制造费用标准成本	
变动性制造费用成本差异		固定性制造费用成本差异	
变动性制造费用数量差异		固定性制造费用标准分配率	
变动性制造费用价格差异			

（三）案例3

1.方正公司过去3年的产销量资料见表附-12。

表附-12 方正公司有关产销量资料

项目 \ 期间		第1年	第2年	第3年
产销量与存货量（件）	期初存货量	0	0	2 000
	本年生产量	8 000	8 000	8 000
	本年销售量	8 000	6 000	10 000
	期末存货量	0	2 000	0

假定：（1）每年的产量即当年投产且全部完工的产量（即无期初、期末在产品）；（2）每年的销售量中不存在销售退回、折让和折扣问题；（3）各期成本水平（单位变动成本和固定成本总额）、售价水平不变；（4）存货计价采用先进先出法。

2.方正公司成本及售价资料如下：

单位售价20元/件

生产成本：

单位变动生产成本10元/件

每期固定生产成本20 000元

销售及管理费用：

单位变动性非生产成本0.6元/件

每期固定性非生产成本8 200元

要求：

1.根据资料1和资料2中有关资料，求出完全成本法和变动成本法下的单位产品成本（见表附-13）。

表附-13 单位产品成本计算表

单位产品成本	
完全成本法	变动成本法

2. 在表附-14中分别按完全成本法和变动成本法计算确定近3年的营业利润。

表附-14 按完全成本法和变动成本法计算的营业利润

项目	第1年	第2年	第3年	合计
（按完全成本法编制）				
销售收入				
销售成本：				
期初存货成本				
本期生产成本				
可供销售的产品成本				
减：期末存货成本				
销货成本总额				
销售毛利				
减：销售及管理费用				
营业利润				
（按变动成本法编制）				
销售收入				
变动成本				
变动生产成本				
变动非生产成本				
变动成本合计				
边际贡献				
减：固定成本				
固定生产成本				
固定非生产成本				
固定成本合计				
营业利润				

参考答案

附表

一元复利终值系数表

期数	1%	2%	3%	4%	5%	6%	7%	8%	9%	10%	11%	12%	13%	14%	15%
1	1.01	1.02	1.03	1.04	1.05	1.06	1.07	1.08	1.09	1.1	1.11	1.12	1.13	1.14	1.15
2	1.0201	1.0404	1.0609	1.0816	1.1025	1.1236	1.1449	1.1664	1.1881	1.21	1.2321	1.2544	1.2769	1.2996	1.3225
3	1.0303	1.0612	1.0927	1.1249	1.1576	1.191	1.225	1.2597	1.295	1.331	1.3676	1.4049	1.4429	1.4815	1.5209
4	1.0406	1.0824	1.1255	1.1699	1.2155	1.2625	1.3108	1.3605	1.4116	1.4641	1.5181	1.5735	1.6305	1.689	1.749
5	1.051	1.1041	1.1593	1.2167	1.2763	1.3382	1.4026	1.4693	1.5386	1.6105	1.6851	1.7623	1.8424	1.9254	2.0114
6	1.0615	1.1262	1.1941	1.2653	1.3401	1.4185	1.5007	1.5869	1.6771	1.7716	1.8704	1.9738	2.082	2.195	2.3131
7	1.0721	1.1487	1.2299	1.3159	1.4071	1.5036	1.6058	1.7138	1.828	1.9487	2.0762	2.2107	2.3526	2.5023	2.66
8	1.0829	1.1717	1.2668	1.3686	1.4775	1.5938	1.7182	1.8509	1.9926	2.1436	2.3045	2.476	2.6584	2.8526	3.059
9	1.0937	1.1951	1.3048	1.4233	1.5513	1.6895	1.8385	1.999	2.1719	2.3579	2.558	2.7731	3.004	3.2519	3.5179
10	1.1046	1.219	1.3439	1.4802	1.6289	1.7908	1.9672	2.1589	2.3674	2.5937	2.8394	3.1058	3.3946	3.7072	4.0456
11	1.1157	1.2434	1.3842	1.5395	1.7103	1.8983	2.1049	2.3316	2.5804	2.8531	3.1518	3.4786	3.8359	4.2262	4.6524
12	1.1268	1.2682	1.4258	1.601	1.7959	2.0122	2.2522	2.5182	2.8127	3.1384	3.4985	3.896	4.3345	4.8179	5.3503
13	1.1381	1.2936	1.4685	1.6651	1.8856	2.1329	2.4098	2.7196	3.0658	3.4523	3.8833	4.3635	4.898	5.4924	6.1528
14	1.1495	1.3195	1.5126	1.7317	1.9799	2.2609	2.5785	2.9372	3.3417	3.7975	4.3104	4.8871	5.5348	6.2613	7.0757
15	1.161	1.3459	1.558	1.8009	2.0789	2.3966	2.759	3.1722	3.6425	4.1772	4.7846	5.4736	6.2543	7.1379	8.1371
16	1.1726	1.3728	1.6047	1.873	2.1829	2.5404	2.9522	3.4259	3.9703	4.595	5.3109	6.1304	7.0673	8.1372	9.3576
17	1.1843	1.4002	1.6528	1.9479	2.292	2.6928	3.1588	3.7	4.3276	5.0545	5.8951	6.866	7.9861	9.2765	10.7613
18	1.1961	1.4282	1.7024	2.0258	2.4066	2.8543	3.3799	3.996	4.7171	5.5599	6.5436	7.69	9.0243	10.5752	12.3755
19	1.2081	1.4568	1.7535	2.1068	2.527	3.0256	3.6165	4.3157	5.1417	6.1159	7.2633	8.6128	10.1974	12.0557	14.2318
20	1.2202	1.4859	1.8061	2.1911	2.6533	3.2071	3.8697	4.661	5.6044	6.7275	8.0623	9.6463	11.5231	13.7435	16.3665
21	1.2324	1.5157	1.8603	2.2788	2.786	3.3996	4.1406	5.0338	6.1088	7.4002	8.9492	10.8038	13.0211	15.6676	18.8215
22	1.2447	1.546	1.9161	2.3699	2.9253	3.6035	4.4304	5.4365	6.6586	8.1403	9.9336	12.1003	14.7138	17.861	21.6447
23	1.2572	1.5769	1.9736	2.4647	3.0715	3.8197	4.7405	5.8715	7.2579	8.9543	11.0263	13.5523	16.6266	20.3616	24.8915
24	1.2697	1.6084	2.0328	2.5633	3.2251	4.0489	5.0724	6.3412	7.9111	9.8497	12.2392	15.1786	18.7881	23.2122	28.6252
25	1.2824	1.6406	2.0938	2.6658	3.3864	4.2919	5.4274	6.8485	8.6231	10.8347	13.5855	17.0001	21.2305	26.4619	32.919
26	1.2953	1.6734	2.1566	2.7725	3.5557	4.5494	5.8074	7.3964	9.3992	11.9182	15.0799	19.0401	23.9905	30.1666	37.8568
27	1.3082	1.7069	2.2213	2.8834	3.7335	4.8223	6.2139	7.9881	10.2451	13.11	16.7387	21.3249	27.1093	34.3899	43.5353
28	1.3213	1.741	2.2879	2.9987	3.9201	5.1117	6.6488	8.6271	11.1671	14.421	18.5799	23.8839	30.6335	39.2045	50.0656
29	1.3345	1.7758	2.3566	3.1187	4.1161	5.4184	7.1143	9.3173	12.1722	15.8631	20.6237	26.7499	34.6158	44.6931	57.5755
30	1.3478	1.8114	2.4273	3.2434	4.3219	5.7435	7.6123	10.0627	13.2677	17.4494	22.8923	29.9599	39.1159	50.9502	66.2118

续表

期数	16%	17%	18%	19%	20%	21%	22%	23%	24%	25%	26%	27%	28%	29%	30%
1	1.16	1.17	1.18	1.19	1.2	1.21	1.22	1.23	1.24	1.25	1.26	1.27	1.28	1.29	1.3
2	1.3456	1.3689	1.3924	1.4161	1.44	1.4641	1.4884	1.5129	1.5376	1.5625	1.5876	1.6129	1.6384	1.6641	1.69
3	1.5609	1.6016	1.643	1.6852	1.728	1.7716	1.8158	1.8609	1.9066	1.9531	2.0004	2.0484	2.0972	2.1467	2.197
4	1.8106	1.8739	1.9388	2.0053	2.0736	2.1436	2.2153	2.2889	2.3642	2.4414	2.5205	2.6014	2.6844	2.7692	2.8561
5	2.1003	2.1924	2.2878	2.3864	2.4883	2.5937	2.7027	2.8153	2.9316	3.0518	3.1758	3.3038	3.436	3.5723	3.7129
6	2.4364	2.5652	2.6996	2.8398	2.986	3.1384	3.2973	3.4628	3.6352	3.8147	4.0015	4.1959	4.398	4.6083	4.8268
7	2.8262	3.0012	3.1855	3.3793	3.5832	3.7975	4.0227	4.2593	4.5077	4.7684	5.0419	5.3288	5.6295	5.9447	6.2749
8	3.2784	3.5115	3.7589	4.0214	4.2998	4.595	4.9077	5.2389	5.5895	5.9605	6.3528	6.7675	7.2058	7.6686	8.1573
9	3.803	4.1084	4.4355	4.7854	5.1598	5.5599	5.9874	6.4439	6.931	7.4506	8.0045	8.5948	9.2234	9.8925	10.6045
10	4.4114	4.8068	5.2338	5.6947	6.1917	6.7275	7.3046	7.9259	8.5944	9.3132	10.0857	10.9153	11.8059	12.7614	13.7858
11	5.1173	5.624	6.1759	6.7767	7.4301	8.1403	8.9117	9.7489	10.6571	11.6415	12.708	13.8625	15.1116	16.4622	17.9216
12	5.936	6.5801	7.2876	8.0642	8.9161	9.8497	10.8722	11.9912	13.2148	14.5519	16.012	17.6053	19.3428	21.2362	23.2981
13	6.8858	7.6987	8.5994	9.5964	10.6993	11.9182	13.2641	14.7491	16.3863	18.1899	20.1752	22.3588	24.7588	27.3947	30.2875
14	7.9875	9.0075	10.1472	11.4198	12.8392	14.421	16.1822	18.1414	20.3191	22.7374	25.4207	28.3957	31.6913	35.3391	39.3738
15	9.2655	10.5387	11.9737	13.5895	15.407	17.4494	19.7423	22.314	25.1956	28.4217	32.0301	36.0625	40.5648	45.5875	51.1859
16	10.748	12.3303	14.129	16.1715	18.4884	21.1138	24.0856	27.4462	31.2426	35.5271	40.3579	45.7994	51.923	58.8079	66.5417
17	12.4677	14.4265	16.6722	19.2441	22.1861	25.5477	29.3844	33.7588	38.7408	44.4089	50.851	58.1652	66.4614	75.8621	86.5042
18	14.4625	16.879	19.6733	22.9005	26.6233	30.9127	35.849	41.5233	48.0386	55.5112	64.0722	73.8698	85.0706	97.8622	112.4554
19	16.7765	19.7484	23.2144	27.2516	31.948	37.4043	43.7358	51.0737	59.5679	69.3889	80.731	93.8147	108.8904	126.2422	146.192
20	19.4608	23.1056	27.393	32.4294	38.3376	45.2593	53.3576	62.8206	73.8641	86.7362	101.7211	119.1446	139.3797	162.8524	190.0496
21	22.5745	27.0336	32.3238	38.591	46.0051	54.7637	65.0963	77.2694	91.5915	108.4202	128.1685	151.3137	178.406	210.0796	247.0645
22	26.1864	31.6293	38.1421	45.9233	55.2061	66.2641	79.4175	95.0413	113.5735	135.5253	161.4924	192.1683	228.3596	271.0027	321.1839
23	30.3762	37.0062	45.0076	54.6487	66.2474	80.1795	96.8894	116.9008	140.8312	169.4066	203.4804	244.0538	292.3003	349.5935	417.5391
24	35.2364	43.2973	53.109	65.032	79.4968	97.0172	118.205	143.788	174.6306	211.7582	256.3853	309.9483	374.1444	450.9756	542.8008
25	40.8742	50.6578	62.6686	77.3881	95.3962	117.3909	144.2101	176.8593	216.542	264.6978	323.0454	393.6344	478.9049	581.7585	705.641
26	47.4141	59.2697	73.949	92.0918	114.4755	142.0429	175.9364	217.5369	268.5121	330.8722	407.0373	499.9157	612.9982	750.4685	917.3333
27	55.0004	69.3455	87.2598	109.5893	137.3706	171.8719	214.6424	267.5704	332.955	413.5903	512.867	634.8929	784.6377	968.1044	1 192.5333
28	63.8004	81.1342	102.9666	130.4112	164.8447	207.9651	261.8637	329.1115	412.8642	516.9879	646.2124	806.314	1 004.3363	1 248.8546	1 550.2933
29	74.0085	94.9271	121.5005	155.1893	197.8136	251.6377	319.4737	404.8072	511.9516	646.2349	814.2276	1 024.0187	1 285.5504	1 611.0225	2 015.3813
30	85.8499	111.0647	143.3706	184.6753	237.3763	304.4816	389.7579	497.9129	634.8199	807.7936	1 025.9267	1 300.5038	1 645.5046	2 078.219	2 619.9956

一元复利现值系数表

期数	1%	2%	3%	4%	5%	6%	7%	8%	9%	10%	11%	12%	13%	14%	15%
1	0.9901	0.9804	0.9709	0.9615	0.9524	0.9434	0.9346	0.9259	0.9174	0.9091	0.9009	0.8929	0.885	0.8772	0.8696
2	0.9803	0.9612	0.9426	0.9246	0.907	0.89	0.8734	0.8573	0.8417	0.8264	0.8116	0.7972	0.7831	0.7695	0.7561
3	0.9706	0.9423	0.9151	0.889	0.8638	0.8396	0.8163	0.7938	0.7722	0.7513	0.7312	0.7118	0.6931	0.675	0.6575
4	0.961	0.9238	0.8885	0.8548	0.8227	0.7921	0.7629	0.735	0.7084	0.683	0.6587	0.6355	0.6133	0.5921	0.5718
5	0.9515	0.9057	0.8626	0.8219	0.7835	0.7473	0.713	0.6806	0.6499	0.6209	0.5935	0.5674	0.5428	0.5194	0.4972
6	0.942	0.888	0.8375	0.7903	0.7462	0.705	0.6663	0.6302	0.5963	0.5645	0.5346	0.5066	0.4803	0.4556	0.4323
7	0.9327	0.8706	0.8131	0.7599	0.7107	0.6651	0.6227	0.5835	0.547	0.5132	0.4817	0.4523	0.4251	0.3996	0.3759
8	0.9235	0.8535	0.7894	0.7307	0.6768	0.6274	0.582	0.5403	0.5019	0.4665	0.4339	0.4039	0.3762	0.3506	0.3269
9	0.9143	0.8368	0.7664	0.7026	0.6446	0.5919	0.5439	0.5002	0.4604	0.4241	0.3909	0.3606	0.3329	0.3075	0.2843
10	0.9053	0.8203	0.7441	0.6756	0.6139	0.5584	0.5083	0.4632	0.4224	0.3855	0.3522	0.322	0.2946	0.2697	0.2472
11	0.8963	0.8043	0.7224	0.6496	0.5847	0.5268	0.4751	0.4289	0.3875	0.3505	0.3173	0.2875	0.2607	0.2366	0.2149
12	0.8874	0.7885	0.7014	0.6246	0.5568	0.497	0.444	0.3971	0.3555	0.3186	0.2858	0.2567	0.2307	0.2076	0.1869
13	0.8787	0.773	0.681	0.6006	0.5303	0.4688	0.415	0.3677	0.3262	0.2897	0.2575	0.2292	0.2042	0.1821	0.1625
14	0.87	0.7579	0.6611	0.5775	0.5051	0.4423	0.3878	0.3405	0.2992	0.2633	0.232	0.2046	0.1807	0.1597	0.1413
15	0.8613	0.743	0.6419	0.5553	0.481	0.4173	0.3624	0.3152	0.2745	0.2394	0.209	0.1827	0.1599	0.1401	0.1229
16	0.8528	0.7284	0.6232	0.5339	0.4581	0.3936	0.3387	0.2919	0.2519	0.2176	0.1883	0.1631	0.1415	0.1229	0.1069
17	0.8444	0.7142	0.605	0.5134	0.4363	0.3714	0.3166	0.2703	0.2311	0.1978	0.1696	0.1456	0.1252	0.1078	0.0929
18	0.836	0.7002	0.5874	0.4936	0.4155	0.3503	0.2959	0.2502	0.212	0.1799	0.1528	0.13	0.1108	0.0946	0.0808
19	0.8277	0.6864	0.5703	0.4746	0.3957	0.3305	0.2765	0.2317	0.1945	0.1635	0.1377	0.1161	0.0981	0.0829	0.0703
20	0.8195	0.673	0.5537	0.4564	0.3769	0.3118	0.2584	0.2145	0.1784	0.1486	0.124	0.1037	0.0868	0.0728	0.0611
21	0.8114	0.6598	0.5375	0.4388	0.3589	0.2942	0.2415	0.1987	0.1637	0.1351	0.1117	0.0926	0.0768	0.0638	0.0531
22	0.8034	0.6468	0.5219	0.422	0.3418	0.2775	0.2257	0.1839	0.1502	0.1228	0.1007	0.0826	0.068	0.056	0.0462
23	0.7954	0.6342	0.5067	0.4057	0.3256	0.2618	0.2109	0.1703	0.1378	0.1117	0.0907	0.0738	0.0601	0.0491	0.0402
24	0.7876	0.6217	0.4919	0.3901	0.3101	0.247	0.1971	0.1577	0.1264	0.1015	0.0817	0.0659	0.0532	0.0431	0.0349
25	0.7798	0.6095	0.4776	0.3751	0.2953	0.233	0.1842	0.146	0.116	0.0923	0.0736	0.0588	0.0471	0.0378	0.0304
26	0.772	0.5976	0.4637	0.3607	0.2812	0.2198	0.1722	0.1352	0.1064	0.0839	0.0663	0.0525	0.0417	0.0331	0.0264
27	0.7644	0.5859	0.4502	0.3468	0.2678	0.2074	0.1609	0.1252	0.0976	0.0763	0.0597	0.0469	0.0369	0.0291	0.023
28	0.7568	0.5744	0.4371	0.3335	0.2551	0.1956	0.1504	0.1159	0.0895	0.0693	0.0538	0.0419	0.0326	0.0255	0.02
29	0.7493	0.5631	0.4243	0.3207	0.2429	0.1846	0.1406	0.1073	0.0822	0.063	0.0485	0.0374	0.0289	0.0224	0.0174
30	0.7419	0.5521	0.412	0.3083	0.2314	0.1741	0.1314	0.0994	0.0754	0.0573	0.0437	0.0334	0.0256	0.0196	0.0151

续表

期数	16%	17%	18%	19%	20%	21%	22%	23%	24%	25%	26%	27%	28%	29%	30%
1	0.8621	0.8547	0.8475	0.8403	0.8333	0.8264	0.8197	0.813	0.8065	0.8	0.7937	0.7874	0.7813	0.7752	0.7692
2	0.7432	0.7305	0.7182	0.7062	0.6944	0.683	0.6719	0.661	0.6504	0.64	0.6299	0.62	0.6104	0.6009	0.5917
3	0.6407	0.6244	0.6086	0.5934	0.5787	0.5645	0.5507	0.5374	0.5245	0.512	0.4999	0.4882	0.4768	0.4658	0.4552
4	0.5523	0.5337	0.5158	0.4987	0.4823	0.4665	0.4514	0.4369	0.423	0.4096	0.3968	0.3844	0.3725	0.3611	0.3501
5	0.4761	0.4561	0.4371	0.419	0.4019	0.3855	0.37	0.3552	0.3411	0.3277	0.3149	0.3027	0.291	0.2799	0.2693
6	0.4104	0.3898	0.3704	0.3521	0.3349	0.3186	0.3033	0.2888	0.2751	0.2621	0.2499	0.2383	0.2274	0.217	0.2072
7	0.3538	0.3332	0.3139	0.2959	0.2791	0.2633	0.2486	0.2348	0.2218	0.2097	0.1983	0.1877	0.1776	0.1682	0.1594
8	0.305	0.2848	0.266	0.2487	0.2326	0.2176	0.2038	0.1909	0.1789	0.1678	0.1574	0.1478	0.1388	0.1304	0.1226
9	0.263	0.2434	0.2255	0.209	0.1938	0.1799	0.167	0.1552	0.1443	0.1342	0.1249	0.1164	0.1084	0.1011	0.0943
10	0.2267	0.208	0.1911	0.1756	0.1615	0.1486	0.1369	0.1262	0.1164	0.1074	0.0992	0.0916	0.0847	0.0784	0.0725
11	0.1954	0.1778	0.1619	0.1476	0.1346	0.1228	0.1122	0.1026	0.0938	0.0859	0.0787	0.0721	0.0662	0.0607	0.0558
12	0.1685	0.152	0.1372	0.124	0.1122	0.1015	0.092	0.0834	0.0757	0.0687	0.0625	0.0568	0.0517	0.0471	0.0429
13	0.1452	0.1299	0.1163	0.1042	0.0935	0.0839	0.0754	0.0678	0.061	0.055	0.0496	0.0447	0.0404	0.0365	0.033
14	0.1252	0.111	0.0985	0.0876	0.0779	0.0693	0.0618	0.0551	0.0492	0.044	0.0393	0.0352	0.0316	0.0283	0.0254
15	0.1079	0.0949	0.0835	0.0736	0.0649	0.0573	0.0507	0.0448	0.0397	0.0352	0.0312	0.0277	0.0247	0.0219	0.0195
16	0.093	0.0811	0.0708	0.0618	0.0541	0.0474	0.0415	0.0364	0.032	0.0281	0.0248	0.0218	0.0193	0.017	0.015
17	0.0802	0.0693	0.06	0.052	0.0451	0.0391	0.034	0.0296	0.0258	0.0225	0.0197	0.0172	0.015	0.0132	0.0116
18	0.0691	0.0592	0.0508	0.0437	0.0376	0.0323	0.0279	0.0241	0.0208	0.018	0.0156	0.0135	0.0118	0.0102	0.0089
19	0.0596	0.0506	0.0431	0.0367	0.0313	0.0267	0.0229	0.0196	0.0168	0.0144	0.0124	0.0107	0.0092	0.0079	0.0068
20	0.0514	0.0433	0.0365	0.0308	0.0261	0.0221	0.0187	0.0159	0.0135	0.0115	0.0098	0.0084	0.0072	0.0061	0.0053
21	0.0443	0.037	0.0309	0.0259	0.0217	0.0183	0.0154	0.0129	0.0109	0.0092	0.0078	0.0066	0.0056	0.0048	0.004
22	0.0382	0.0316	0.0262	0.0218	0.0181	0.0151	0.0126	0.0105	0.0088	0.0074	0.0062	0.0052	0.0044	0.0037	0.0031
23	0.0329	0.027	0.0222	0.0183	0.0151	0.0125	0.0103	0.0086	0.0071	0.0059	0.0049	0.0041	0.0034	0.0029	0.0024
24	0.0284	0.0231	0.0188	0.0154	0.0126	0.0103	0.0085	0.007	0.0057	0.0047	0.0039	0.0032	0.0027	0.0022	0.0018
25	0.0245	0.0197	0.016	0.0129	0.0105	0.0085	0.0069	0.0057	0.0046	0.0038	0.0031	0.0025	0.0021	0.0017	0.0014
26	0.0211	0.0169	0.0135	0.0109	0.0087	0.007	0.0057	0.0046	0.0037	0.003	0.0025	0.002	0.0016	0.0013	0.0011
27	0.0182	0.0144	0.0115	0.0091	0.0073	0.0058	0.0047	0.0037	0.003	0.0024	0.0019	0.0016	0.0013	0.001	0.0008
28	0.0157	0.0123	0.0097	0.0077	0.0061	0.0048	0.0038	0.003	0.0024	0.0019	0.0015	0.0012	0.001	0.0008	0.0006
29	0.0135	0.0105	0.0082	0.0064	0.0051	0.004	0.0031	0.0025	0.002	0.0015	0.0012	0.001	0.0008	0.0006	0.0005
30	0.0116	0.009	0.007	0.0054	0.0042	0.0033	0.0026	0.002	0.0016	0.0012	0.001	0.0008	0.0006	0.0005	0.0004

一元年金终值系数表

期数	1%	2%	3%	4%	5%	6%	7%	8%	9%	10%	11%	12%	13%	14%	15%
1	1	1	1	1	1	1	1	1	1	1	1	1	1	1	1
2	2.01	2.02	2.03	2.04	2.05	2.06	2.07	2.08	2.09	2.1	2.11	2.12	2.13	2.14	2.15
3	3.0301	3.0604	3.0909	3.1216	3.1525	3.1836	3.2149	3.2464	3.2781	3.31	3.3421	3.3744	3.4069	3.4396	3.4725
4	4.0604	4.1216	4.1836	4.2465	4.3101	4.3746	4.4399	4.5061	4.5731	4.641	4.7097	4.7793	4.8498	4.9211	4.9934
5	5.101	5.204	5.3091	5.4163	5.5256	5.6371	5.7507	5.8666	5.9847	6.1051	6.2278	6.3528	6.4803	6.6101	6.7424
6	6.152	6.3081	6.4684	6.633	6.8019	6.9753	7.1533	7.3359	7.5233	7.7156	7.9129	8.1152	8.3227	8.5355	8.7537
7	7.2135	7.4343	7.6625	7.8983	8.142	8.3938	8.654	8.9228	9.2004	9.4872	9.7833	10.089	10.4047	10.7305	11.0668
8	8.2857	8.583	8.8923	9.2142	9.5491	9.8975	10.2598	10.6366	11.0285	11.4359	11.8594	12.2997	12.7573	13.2328	13.7268
9	9.3685	9.7546	10.1591	10.5828	11.0266	11.4913	11.978	12.4876	13.021	13.5795	14.164	14.7757	15.4157	16.0853	16.7858
10	10.4622	10.9497	11.4639	12.0061	12.5779	13.1808	13.8164	14.4866	15.1929	15.9374	16.722	17.5487	18.4197	19.3373	20.3037
11	11.5668	12.1687	12.8078	13.4864	14.2068	14.9716	15.7836	16.6455	17.5603	18.5312	19.5614	20.6546	21.8143	23.0445	24.3493
12	12.6825	13.4121	14.192	15.0258	15.9171	16.8699	17.8885	18.9771	20.1407	21.3843	22.7132	24.1331	25.6502	27.2707	29.0017
13	13.8093	14.6803	15.6178	16.6268	17.713	18.8821	20.1406	21.4953	22.9534	24.5227	26.2116	28.0291	29.9847	32.0887	34.3519
14	14.9474	15.9739	17.0863	18.2919	19.5986	21.0151	22.5505	24.2149	26.0192	27.975	30.0949	32.3926	34.8827	37.5811	40.5047
15	16.0969	17.2934	18.5989	20.0236	21.5786	23.276	25.129	27.1521	29.3609	31.7725	34.4054	37.2797	40.4175	43.8424	47.5804
16	17.2579	18.6393	20.1569	21.8245	23.6575	25.6725	27.8881	30.3243	33.0034	35.9497	39.1899	42.7533	46.6717	50.9804	55.7175
17	18.4304	20.0121	21.7616	23.6975	25.8404	28.2129	30.8402	33.7502	36.9737	40.5447	44.5008	48.8837	53.7391	59.1176	65.0751
18	19.6147	21.4123	23.4144	25.6454	28.1324	30.9057	33.999	37.4502	41.3013	45.5992	50.3959	55.7497	61.7251	68.3941	75.8364
19	20.8109	22.8406	25.1169	27.6712	30.539	33.76	37.379	41.4463	46.0185	51.1591	56.9395	63.4397	70.7494	78.9692	88.2118
20	22.019	24.2974	26.8704	29.7781	33.066	36.7856	40.9955	45.762	51.1601	57.275	64.2028	72.0524	80.9468	91.0249	102.4436
21	23.2392	25.7833	28.6765	31.9692	35.7193	39.9927	44.8652	50.4229	56.7645	64.0025	72.2651	81.6987	92.4699	104.7684	118.8101
22	24.4716	27.299	30.5368	34.248	38.5052	43.3923	49.0057	55.4568	62.8733	71.4027	81.2143	92.5026	105.491	120.436	137.6316
23	25.7163	28.845	32.4529	36.6179	41.4305	46.9958	53.4361	60.8933	69.5319	79.543	91.1479	104.6029	120.2048	138.297	159.2764
24	26.9735	30.4219	34.4265	39.0826	44.502	50.8156	58.1767	66.7648	76.7898	88.4973	102.1742	118.1552	136.8315	158.6586	184.1678
25	28.2432	32.0303	36.4593	41.6459	47.7271	54.8645	63.249	73.1059	84.7009	98.3471	114.4133	133.3339	155.6196	181.8708	212.793
26	29.5256	33.6709	38.553	44.3117	51.1135	59.1564	68.6765	79.9544	93.324	109.1818	127.9988	150.3339	176.8501	208.3327	245.712
27	30.8209	35.3443	40.7096	47.0842	54.6691	63.7058	74.4838	87.3508	102.7231	121.0999	143.0786	169.374	200.8406	238.4993	283.5688
28	32.1291	37.0512	42.9309	49.9676	58.4026	68.5281	80.6977	95.3388	112.9682	134.2099	159.8173	190.6989	227.9499	272.8892	327.1041
29	33.4504	38.7922	45.2189	52.9663	62.3227	73.6398	87.3465	103.9659	124.1354	148.6309	178.3972	214.5828	258.5834	312.0937	377.1697
30	34.7849	40.5681	47.5754	56.0849	66.4388	79.0582	94.4608	113.2832	136.3075	164.494	199.0209	241.3327	293.1992	356.7868	434.7451

续表

期数	16%	17%	18%	19%	20%	21%	22%	23%	24%	25%	26%	27%	28%	29%	30%
1	1	1	1	1	1	1	1	1	1	1	1	1	1	1	1
2	2.16	2.17	2.18	2.19	2.2	2.21	2.22	2.23	2.24	2.25	2.26	2.27	2.28	2.29	2.3
3	3.5056	3.5389	3.5724	3.6061	3.64	3.6741	3.7084	3.7429	3.7776	3.8125	3.8476	3.8829	3.9184	3.9541	3.99
4	5.0665	5.1405	5.2154	5.2913	5.368	5.4457	5.5242	5.6038	5.6842	5.7656	5.848	5.9313	6.0156	6.1008	6.187
5	6.8771	7.0144	7.1542	7.2966	7.4416	7.5892	7.7396	7.8926	8.0484	8.207	8.3684	8.5327	8.6999	8.87	9.0431
6	8.9775	9.2068	9.442	9.683	9.9299	10.183	10.4423	10.7079	10.9801	11.2588	11.5442	11.8366	12.1359	12.4423	12.756
7	11.4139	11.772	12.1415	12.5227	12.9159	13.3214	13.7396	14.1708	14.6153	15.0735	15.5458	16.0324	16.5339	17.0506	17.5828
8	14.2401	14.7733	15.327	15.902	16.4991	17.1189	17.7623	18.43	19.1229	19.8419	20.5876	21.3612	22.1634	22.9953	23.8577
9	17.5185	18.2847	19.0859	19.9234	20.7989	21.7139	22.67	23.669	24.7125	25.8023	26.9404	28.1287	29.3692	30.6639	32.015
10	21.3215	22.3931	23.5213	24.7089	25.9587	27.2738	28.6574	30.1128	31.6434	33.2529	34.9449	36.7235	38.5926	40.5564	42.6195
11	25.7329	27.1999	28.7551	30.4035	32.1504	34.0013	35.962	38.0388	40.2379	42.5661	45.0306	47.6388	50.3985	53.3178	56.4053
12	30.8502	32.8239	34.9311	37.1802	39.5805	42.1416	44.8737	47.7877	50.895	54.2077	57.7386	61.5013	65.51	69.78	74.327
13	36.7862	39.404	42.2187	45.2445	48.4966	51.9913	55.7459	59.7788	64.1097	68.7596	73.7506	79.1066	84.8529	91.0161	97.625
14	43.672	47.1027	50.818	54.8409	59.1959	63.9095	69.01	74.528	80.4961	86.9495	93.9258	101.4654	109.6117	118.4108	127.9125
15	51.6595	56.1101	60.9653	66.2607	72.0351	78.3305	85.1922	92.6694	100.8151	109.6868	119.3465	129.8611	141.3029	153.75	167.2863
16	60.925	66.6488	72.939	79.8502	87.4421	95.7799	104.9345	114.9834	126.0108	138.1085	151.3766	165.9236	181.8677	199.3374	218.4722
17	71.673	78.9792	87.068	96.0218	105.9306	116.8937	129.0201	142.4295	157.2534	173.6357	191.7345	211.723	233.7907	258.1453	285.0139
18	84.1407	93.4056	103.7403	115.2659	128.1167	142.4413	158.4045	176.1883	195.9942	218.0446	242.5855	269.8882	300.2521	334.0074	371.518
19	98.6032	110.2846	123.4135	138.1664	154.74	173.354	194.2535	217.7116	244.0328	273.5558	306.6577	343.758	385.3227	431.8696	483.9734
20	115.3797	130.0329	146.628	165.418	186.688	210.7584	237.9893	268.7853	303.6006	342.9447	387.3887	437.5726	494.2131	558.1118	630.1655
21	134.8405	153.1385	174.021	197.8474	225.0256	256.0176	291.3469	331.6059	377.4648	429.6809	489.1098	556.7173	633.5927	720.9642	820.2151
22	157.415	180.1721	206.3448	236.4385	271.0307	310.7813	356.4432	408.8753	469.0563	538.1011	617.2783	708.0309	811.9987	931.0438	1 067.2796
23	183.6014	211.8013	244.4868	282.3618	326.2369	377.0454	435.8607	503.9166	582.6298	673.6264	778.7707	900.1993	1 040.3583	1 202.0465	1 388.4635
24	213.9776	248.8076	289.4945	337.0105	392.4842	457.2249	532.7501	620.8174	723.461	843.0329	982.2511	1 144.2531	1 332.6586	1 551.64	1 806.0026
25	249.214	292.1049	342.6035	402.0425	471.9811	554.2422	650.9551	764.6054	898.0916	1 054.7912	1 238.6363	1 454.2014	1 706.8031	2 002.6156	2 348.8033
26	290.0883	342.7627	405.2721	479.4306	567.3773	671.633	795.1653	941.4647	1 114.6336	1 319.489	1 561.6818	1 847.8358	2 185.7079	2 584.3741	3 054.4443
27	337.5024	402.0323	479.2211	571.5224	681.8528	813.6759	971.1016	1 159.0016	1 383.1457	1 650.3612	1 968.7191	2 347.7515	2 798.7061	3 334.8426	3 971.7776
28	392.5028	471.3778	566.4809	681.1116	819.2233	985.5479	1 185.744	1 426.5719	1 716.1007	2 063.9515	2 481.586	2 982.6444	3 583.3438	4 302.947	5 164.3109
29	456.3032	552.5121	669.4475	811.5228	984.068	1 193.5129	1 447.6077	1 755.6835	2 128.9648	2 580.9394	3 127.7984	3 788.9583	4 587.6801	5 551.8016	6 714.6042
30	530.3117	647.4391	790.948	966.7122	1 181.8816	1 445.1507	1 767.0813	2 160.4907	2 640.9164	3 227.1743	3 942.026	4 812.9771	5 873.2306	7 162.8241	8 729.9855

一元年金现值系数表

期数	1%	2%	3%	4%	5%	6%	7%	8%	9%	10%	11%	12%	13%	14%	15%
1	0.9901	0.9804	0.9709	0.9615	0.9524	0.9434	0.9346	0.9259	0.9174	0.9091	0.9009	0.8929	0.885	0.8772	0.8696
2	1.9704	1.9416	1.9135	1.8861	1.8594	1.8334	1.808	1.7833	1.7591	1.7355	1.7125	1.6901	1.6681	1.6467	1.6257
3	2.941	2.8839	2.8286	2.7751	2.7232	2.673	2.6243	2.5771	2.5313	2.4869	2.4437	2.4018	2.3612	2.3216	2.2832
4	3.902	3.8077	3.7171	3.6299	3.546	3.4651	3.3872	3.3121	3.2397	3.1699	3.1024	3.0373	2.9745	2.9137	2.855
5	4.8534	4.7135	4.5797	4.4518	4.3295	4.2124	4.1002	3.9927	3.8897	3.7908	3.6959	3.6048	3.5172	3.4331	3.3522
6	5.7955	5.6014	5.4172	5.2421	5.0757	4.9173	4.7665	4.6229	4.4859	4.3553	4.2305	4.1114	3.9975	3.8887	3.7845
7	6.7282	6.472	6.2303	6.0021	5.7864	5.5824	5.3893	5.2064	5.033	4.8684	4.7122	4.5638	4.4226	4.2883	4.1604
8	7.6517	7.3255	7.0197	6.7327	6.4632	6.2098	5.9713	5.7466	5.5348	5.3349	5.1461	4.9676	4.7988	4.6389	4.4873
9	8.566	8.1622	7.7861	7.4353	7.1078	6.8017	6.5152	6.2469	5.9952	5.759	5.537	5.3282	5.1317	4.9464	4.7716
10	9.4713	8.9826	8.5302	8.1109	7.7217	7.3601	7.0236	6.7101	6.4177	6.1446	5.8892	5.6502	5.4262	5.2161	5.0188
11	10.3676	9.7868	9.2526	8.7605	8.3064	7.8869	7.4987	7.139	6.8052	6.4951	6.2065	5.9377	5.6869	5.4527	5.2337
12	11.2551	10.5753	9.954	9.3851	8.8633	8.3838	7.9427	7.5361	7.1607	6.8137	6.4924	6.1944	5.9176	5.6603	5.4206
13	12.1337	11.3484	10.635	9.9856	9.3936	8.8527	8.3577	7.9038	7.4869	7.1034	6.7499	6.4235	6.1218	5.8424	5.5831
14	13.0037	12.1062	11.2961	10.5631	9.8986	9.295	8.7455	8.2442	7.7862	7.3667	6.9819	6.6282	6.3025	6.0021	5.7245
15	13.8651	12.8493	11.9379	11.1184	10.3797	9.7122	9.1079	8.5595	8.0607	7.6061	7.1909	6.8109	6.4624	6.1422	5.8474
16	14.7179	13.5777	12.5611	11.6523	10.8378	10.1059	9.4466	8.8514	8.3126	7.8237	7.3792	6.974	6.6039	6.2651	5.9542
17	15.5623	14.2919	13.1661	12.1657	11.2741	10.4773	9.7632	9.1216	8.5436	8.0216	7.5488	7.1196	6.7291	6.3729	6.0472
18	16.3983	14.992	13.7535	12.6593	11.6896	10.8276	10.0591	9.3719	8.7556	8.2014	7.7016	7.2497	6.8399	6.4674	6.128
19	17.226	15.6785	14.3238	13.1339	12.0853	11.1581	10.3356	9.6036	8.9501	8.3649	7.8393	7.3658	6.938	6.5504	6.1982
20	18.0456	16.3514	14.8775	13.5903	12.4622	11.4699	10.594	9.8181	9.1285	8.5136	7.9633	7.4694	7.0248	6.6231	6.2593
21	18.857	17.0112	15.415	14.0292	12.8212	11.7641	10.8355	10.0168	9.2922	8.6487	8.0751	7.562	7.1016	6.687	6.3125
22	19.6604	17.658	15.9369	14.4511	13.163	12.0416	11.0612	10.2007	9.4424	8.7715	8.1757	7.6446	7.1695	6.7429	6.3587
23	20.4558	18.2922	16.4436	14.8568	13.4886	12.3034	11.2722	10.3711	9.5802	8.8832	8.2664	7.7184	7.2297	6.7921	6.3988
24	21.2434	18.9139	16.9355	15.247	13.7986	12.5504	11.4693	10.5288	9.7066	8.9847	8.3481	7.7843	7.2829	6.8351	6.4338
25	22.0232	19.5235	17.4131	15.6221	14.0939	12.7834	11.6536	10.6748	9.8226	9.077	8.4217	7.8431	7.33	6.8729	6.4641
26	22.7952	20.121	17.8768	15.9828	14.3752	13.0032	11.8258	10.81	9.929	9.1609	8.4881	7.8957	7.3717	6.9061	6.4906
27	23.5596	20.7069	18.327	16.3296	14.643	13.2105	11.9867	10.9352	10.0266	9.2372	8.5478	7.9426	7.4086	6.9352	6.5135
28	24.3164	21.2813	18.7641	16.6631	14.8981	13.4062	12.1371	11.0511	10.1161	9.3066	8.6016	7.9844	7.4412	6.9607	6.5335
29	25.0658	21.8444	19.1885	16.9837	15.1411	13.5907	12.2777	11.1584	10.1983	9.3696	8.6501	8.0218	7.4701	6.983	6.5509
30	25.8077	22.3965	19.6004	17.292	15.3725	13.7648	12.409	11.2578	10.2737	9.4269	8.6938	8.0552	7.4957	7.0027	6.566

续表

期数	16%	17%	18%	19%	20%	21%	22%	23%	24%	25%	26%	27%	28%	29%	30%
1	0.8621	0.8547	0.8475	0.8403	0.8333	0.8264	0.8197	0.813	0.8065	0.8	0.7937	0.7874	0.7813	0.7752	0.7692
2	1.6052	1.5852	1.5656	1.5465	1.5278	1.5095	1.4915	1.474	1.4568	1.44	1.4235	1.4074	1.3916	1.3761	1.3609
3	2.2459	2.2096	2.1743	2.1399	2.1065	2.0739	2.0422	2.0114	1.9813	1.952	1.9234	1.8956	1.8684	1.842	1.8161
4	2.7982	2.7432	2.6901	2.6386	2.5887	2.5404	2.4936	2.4483	2.4043	2.3616	2.3202	2.28	2.241	2.2031	2.1662
5	3.2743	3.1993	3.1272	3.0576	2.9906	2.926	2.8636	2.8035	2.7454	2.6893	2.6351	2.5827	2.532	2.483	2.4356
6	3.6847	3.5892	3.4976	3.4098	3.3255	3.2446	3.1669	3.0923	3.0205	2.9514	2.885	2.821	2.7594	2.7	2.6427
7	4.0386	3.9224	3.8115	3.7057	3.6046	3.5079	3.4155	3.327	3.2423	3.1611	3.0833	3.0087	2.937	2.8682	2.8021
8	4.3436	4.2072	4.0776	3.9544	3.8372	3.7256	3.6193	3.5179	3.4212	3.3289	3.2407	3.1564	3.0758	2.9986	2.9247
9	4.6065	4.4506	4.303	4.1633	4.031	3.9054	3.7863	3.6731	3.5655	3.4631	3.3657	3.2728	3.1842	3.0997	3.019
10	4.8332	4.6586	4.4941	4.3389	4.1925	4.0541	3.9232	3.7993	3.6819	3.5705	3.4648	3.3644	3.2689	3.1781	3.0915
11	5.0286	4.8364	4.656	4.4865	4.3271	4.1769	4.0354	3.9018	3.7757	3.6564	3.5435	3.4365	3.3351	3.2388	3.1473
12	5.1971	4.9884	4.7932	4.6105	4.4392	4.2784	4.1274	3.9852	3.8514	3.7251	3.6059	3.4933	3.3868	3.2859	3.1903
13	5.3423	5.1183	4.9095	4.7147	4.5327	4.3624	4.2028	4.053	3.9124	3.7801	3.6555	3.5381	3.4272	3.3224	3.2233
14	5.4675	5.2293	5.0081	4.8023	4.6106	4.4317	4.2646	4.1082	3.9616	3.8241	3.6949	3.5733	3.4587	3.3507	3.2487
15	5.5755	5.3242	5.0916	4.8759	4.6755	4.489	4.3152	4.153	4.0013	3.8593	3.7261	3.601	3.4834	3.3726	3.2682
16	5.6685	5.4053	5.1624	4.9377	4.7296	4.5364	4.3567	4.1894	4.0333	3.8874	3.7509	3.6228	3.5026	3.3896	3.2832
17	5.7487	5.4746	5.2223	4.9897	4.7746	4.5755	4.3908	4.219	4.0591	3.9099	3.7705	3.64	3.5177	3.4028	3.2948
18	5.8178	5.5339	5.2732	5.0333	4.8122	4.6079	4.4187	4.2431	4.0799	3.9279	3.7861	3.6536	3.5294	3.413	3.3037
19	5.8775	5.5845	5.3162	5.07	4.8435	4.6346	4.4415	4.2627	4.0967	3.9424	3.7985	3.6642	3.5386	3.421	3.3105
20	5.9288	5.6278	5.3527	5.1009	4.8696	4.6567	4.4603	4.2786	4.1103	3.9539	3.8083	3.6726	3.5458	3.4271	3.3158
21	5.9731	5.6648	5.3837	5.1268	4.8913	4.675	4.4756	4.2916	4.1212	3.9631	3.8161	3.6792	3.5514	3.4319	3.3198
22	6.0113	5.6964	5.4099	5.1486	4.9094	4.69	4.4882	4.3021	4.13	3.9705	3.8223	3.6844	3.5558	3.4356	3.323
23	6.0442	5.7234	5.4321	5.1668	4.9245	4.7025	4.4985	4.3106	4.1371	3.9764	3.8273	3.6885	3.5592	3.4384	3.3254
24	6.0726	5.7465	5.4509	5.1822	4.9371	4.7128	4.507	4.3176	4.1428	3.9811	3.8312	3.6918	3.5619	3.4406	3.3272
25	6.0971	5.7662	5.4669	5.1951	4.9476	4.7213	4.5139	4.3232	4.1474	3.9849	3.8342	3.6943	3.564	3.4423	3.3286
26	6.1182	5.7831	5.4804	5.206	4.9563	4.7284	4.5196	4.3278	4.1511	3.9879	3.8367	3.6963	3.5656	3.4437	3.3297
27	6.1364	5.7975	5.4919	5.2151	4.9636	4.7342	4.5243	4.3316	4.1542	3.9903	3.8387	3.6979	3.5669	3.4447	3.3305
28	6.152	5.8099	5.5016	5.2228	4.9697	4.739	4.5281	4.3346	4.1566	3.9923	3.8402	3.6991	3.5679	3.4455	3.3312
29	6.1656	5.8204	5.5098	5.2292	4.9747	4.743	4.5312	4.3371	4.1585	3.9938	3.8414	3.7001	3.5687	3.4461	3.3317
30	6.1772	5.8294	5.5168	5.2347	4.9789	4.7463	4.5338	4.3391	4.1601	3.995	3.8424	3.7009	3.5693	3.4466	3.3321